현직 교사가 알려주는 **진짜** 디지털 교육 이야기

우리 아이
디지털 학교생활

현직 교사가 알려주는 **진짜** 디지털 교육 이야기

우리 아이 디지털 학교생활

이민정, 계호연, 김성준, 김지수, 박현진, 양정은, 조기성 지음

문학세계사

프롤로그

세상이 무섭게 변하고 있습니다. 4차 산업혁명이라는 말이 나온 지가 얼마 안 된 것 같은데 AI가 계속 발전하고 있습니다. 2022년 11월 기존의 GPT를 조금 개량하면서 조용히 등장했던 ChatGPT는 2023년 4월 GPT4가 출시되면서 지식의 혁명을 가져왔습니다. 이후 GPT-4o가 등장하면서 AI와의 대화는 더 이상 낯선 모습이 아니게 되었으며 구글과 마이크로소프트도 Gemini와 Copilot을 경쟁적으로 발전시켜 왔고 중국도 딥시크를 개발하여 세상을 놀라게 하였습니다.

미래는, 아니 지금의 세상은 디지털을 활용하지 않고는 살 수 없는 시대가 되었습니다. 그래서 우리 아이들의 디지털 리터러시(디지털 플랫폼의 다양한 미디어를 접하면서 명확한 정보를 찾고, 평가하고, 조합하는 개인의 능력)가 중요해지고 있습니다. 책 본문에도 언급되지만 '피할 수 없다면 즐겨라'가 아니라 활용하지 않을 수 없다면 잘 쓸 수 있게 만들어야 합니다.

학교에서도 디지털을 활용한 모습은 낯선 모습이 아닙니다. 2011년부터 시작된 스마트 교육은 코로나19를 거치면서 온라인 개학을 통해 대중화되었습니다. 또 에듀테크(Edutech)라고 하는 디지털 도구를 활용한 다양한 수업 방법이 보편적으로 자리 잡게 되었습니다. 정부는 2025년부터 AI 디지털교과서를 적용하기 시작했습니다. 수학과 영어, 정보교과를 시작으로 전면 도입은 무산되었지만 학교에서 선택하여 활용하게 되었습니다. 교실에서는 무선 인터넷이 가능하며 커다란 디스플레이(전자칠판)를 통해 미디어를 보여주고 개인 디바이스를 활용하여 맞춤형 학습을 하는 모습은 익숙한 풍경입니다. AI 디지털교과서 전에도 코스웨어라는 이름으로 다양한 교과에 적용된 사례를 볼 수 있었습니다.

이제 우리 아이들은 디지털 리터러시를 갖추고 한 명 한 명 모두 소중한 사람으로 살아가야 합니다. 시시각각 변화하는 지식의 홍수 속에서 단편적으로 지식을 암기하는 것이 아닌 다양한 지식을 찾아서 정리하고 우리 주변의 문제를 해결할 수 있는 역량을 갖춘 사람으로 자라나야 합니다. 꼭 디지털 교육이 정답이라고 할 수는 없지만 아이들이 살아갈 세상에서 디지털을 피할 수 없다면 바르게 사용할 수 있도록 가르쳐주어야 합니다.

- ☑ 본 책에서는 디지털을 활용하는 교육의 변화와 새롭게 도입되고 있는 맞춤형 학습에 대해 안내가 되어 있습니다.
- ☑ 아이들이 학습한 내용이 데이터가 되어 분석되고 부족한 부분을 채워줄 수 있는 교육의 모습을 볼 수 있습니다.
- ☑ 공부를 잘하는 아이들이 주인공인 교실이 아닌 모두가 함께 참여하고 모두가 주인공인 교실의 모습을 볼 수 있습니다.
- ☑ 다양한 디지털 도구를 활용하여 수업하는 예시가 있습니다.

이 책을 통해 우리 아이의 디지털 역량을 체크하고 향상시킬 수 있도록 디지털 교육 전문가이자 초중고 현직 교사들인 저자들의 노하우를 담았습니다. 디지털 시대의 부모님이라면 우리 아이들을 위해 먼저 알고 준비해야 합니다. 파트1과 2를 통해 변화된 학교 현장을 이해하고, 파트3과 4를 통해 하나하나 기본부터 따라 하고, 파트5를 통해 디지털 교육의 본질을 안다면 변화는 필연적일 것입니다.

지금부터 저자들과 함께 디지털 교육의 세상으로 한걸음 들어가 봅시다.

차례

프롤로그　　　　　　　　　　　　　　　　　　　5

Part 1. 알파세대와 AI · 디지털 교육

01　지금 우리 학교는?　　　　　　　　　　　　14
02　준비되지 않은 상태로 마주한 온라인 교육　　18
03　디지털 교육 정책 알아보기　　　　　　　　　21

Part 2. 현직 교사가 마주한 AI · 디지털 교육 현장

01　100명이 있다면 100개의 수준이 있다　　　　28
02　모든 활동에 흔적이 남도록　　　　　　　　　36
03　모두가 참여하는 실시간 수업　　　　　　　　42
04　아이들의 산출물이 로켓배송 됩니다　　　　　49
05　자기 표현이 늘어난 아이들　　　　　　　　　61
06　글쓰기도 도와줄게!　　　　　　　　　　　　77
07　불가능을 현실로, 실감형 콘텐츠　　　　　　83
08　블록쌓기부터 텍스트 코딩까지　　　　　　　91

09	AI와 함께하는 교실	98
10	태블릿과 절친	105
11	전자 칠판이 만들어 가는 새로운 교실 풍경	112
12	슬기롭게 종이와 이별하는 법	117
13	디지털 기술로 만드는 다문화 학생 지원의 새로운 길	127
14	온라인으로 만나는 학부모	135

Part 3. 우리 아이 AI·디지털 역량 기르기(초등편)

00	초등학생을 위한 디지털 역량 체크리스트	
01	디지털 기기의 활용	152
02	소프트웨어의 활용	158
03	인공지능의 활용	162
04	자료의 수집과 저장	168
05	정보의 분석과 표현	175
06	디지털 콘텐츠 생성	180
07	디지털 의사소통	188
08	디지털 문제 해결	195
09	디지털 윤리	201
10	디지털 정보 보호	208

Part 4. 우리 아이 AI·디지털 역량 기르기(중등편)

00 중, 고등학생을 위한 디지털 역량 체크리스트
01 디지털 기기의 활용　　　　　　　　　　218
02 소프트웨어의 활용　　　　　　　　　　224
03 인공지능의 활용　　　　　　　　　　　229
04 자료의 수집과 저장　　　　　　　　　　234
05 정보의 분석과 표현　　　　　　　　　　240
06 디지털 콘텐츠 생성　　　　　　　　　　246
07 디지털 의사소통　　　　　　　　　　　251
08 디지털 문제 해결　　　　　　　　　　　260
09 디지털 윤리　　　　　　　　　　　　　267
10 디지털 정보 보호　　　　　　　　　　　275

Part 5. AI·디지털 교육의 미래

01 AI·디지털 교육이 우리에게 가져다준 것　　282
02 기본으로 돌아가기 Back to basic　　　　309
03 디지털만으로는 성공할 수 없다　　　　　332
04 우리 아이, 디지털 교육에서 살아남기　　　346

에필로그	366
부록	368
저자 소개	376
참고 문헌	378
그림 출처	379

01 지금 우리 학교는?
02 준비되지 않은 상태로 마주한 온라인 교육
03 디지털 교육 정책 알아보기

1
알파세대와 AI·디지털 교육

01 지금 우리 학교는?

디지털 네이티브로 자란 아이들

어린아이와 외식을 하는 부모를 보면 아이들이 소란스럽지 않게 하기 위해서나 조용한 식사를 즐기기 위해 스마트폰이나 패드로 애니메이션 등의 동영상을 보여주는 경우를 흔히 볼 수 있습니다.

아이와 함께 있으면서도 손에 스마트폰을 떼어 놓지 못하는 나 자신도 발견할 수 있습니다. 아이는 자라면서 자연스럽게 스마트 기기에 익숙해지고 부모의 동작을 따라서 스마트 기기를 만지며 커갑니다.

어느 정도 자란 아이들에게 부모는 연락의 수단으로 스마트폰을 사줍니다. 부모가 먼저 사주지 않아도 친구들이 스마트폰을 갖고 있는 모습을 본 아이들이 사달라고 조르고 결국 스마트폰을 사주게 됩니다.

하지만 사용하는 방법을 가르쳐주는 사람은 거의 없습니다. 부모님이 사용하는 모습을 본 아이들은 혼자서 영상을 보고 메시지를 보내고 게임을 합니다.

학부모 대상의 강연을 하면 많은 부모들이 아이들이 스마트폰이나 게임에 과몰입한다고 고민을 이야기합니다.

아이에게 스마트 기기를 보여준 사람은 누구도 아닌 부모 자신이고 아이에게 소유권을 주었기 때문에 부모와 자녀의 갈등의 씨앗이 됩니다.

학부모님들께는 이렇게 팁을 드립니다.

"이미 소유권을 줬다면 뺏을 수 없다. 만약 아직 주지 않았다면 대여 계약서를 써라. 명의도 부모이고 요금도 부모가 지불하기 때문에 부모 것을 빌려주는 것이다."

자녀의 게임에 대해 고민하는 부모님께는 이렇게 팁을 드립니다.

"아이가 하는 게임은 부모도 꼭 플레이해 보세요. 그래야 그 게임의 속성을 알고 멈출 때를 약속할 수 있습니다. 자녀가 네트워크 게임을 하는데 부모가 '그만해'라고 말하면 아이는 멈출 수 없습니다. 다른 사람들에게 빌런이 되기 때문입니다. '오늘은 레벨3까지만 해봐? 어느 스테이지까지 가는 게 목표야?'라고 이

야기를 한다면 자녀는 목표를 달성하고 멈출 수 있습니다. 그 약속을 어긴다면 자녀에게 책임을 물을 수 있습니다."

자녀들은 디지털네이티브(디지털 원어민으로서 개인용 컴퓨터, 휴대전화, 인터넷과 같은 디지털 환경을 태어나면서부터 생활처럼 사용하는 세대)로 태어났습니다. 디지털 기기에 익숙하지만 제대로 사용하는 방법을 배운 적은 없습니다.

디지털을 활용해 수업하는 교실

이제 학교에서 디지털을 활용하여 교육하는 게 낯설지 않습니다. 코로나19로 인한 온라인 개학으로 학교에 인프라가 갖춰지면서 많은 선생님들이 디지털 기기를 활용한 수업을 합니다.

디지털 기기를 활용한 수업이 싫으신가요? 아이들의 눈이 나빠져서? 과몰입을 할까봐? 많은 학부모님들이 이런 걱정으로 반대 의견을 내시기도 합니다.

하지만 아이들이 앞으로 살아가야 할 세상은 어떤가요? ChatGPT로 대표되는 생성형 AI가 세상을 바꿔가고 있습니다. 디지털 기기로 일상생활을 보내고 업무를 하고 문제를 해결하는 세상입니다. 이런 세상을 피할 수 없다면 디지털을 올바르게 사용하는 방법을 알려주는 것은 어떨까요? 오히려 디지털 역량을 키워 리더로 만들 수 있다면 어떨까요?

2011년부터 학교에서 스마트 교육을 해왔습니다. 학교에서 올바르게 디지털을 활용하는 방법을 배우고 지식을 찾아 정리하고 친구들과 함께 문제를 해결했던 아이들은 게임이나 미디어에 과몰입하지 않고 적절하게 활용을 했으며 훌륭하게 성장한 성인이 되었습니다.

우리 교실에서 하던 디지털 활용 수업이 이젠 모든 교실에서 가능하게 되었습니다. 모든 교실에 무선 인터넷이 가능해지고 초등학교 3학년부터는 학생 1인당 1스마트 기기가 생겼습니다.

교실에서 디지털 교육 전문가인 선생님들이 학생들에게 바르게 활용하는 방법을 가르쳐줍니다. 이 책에서도 디지털 교육을 실천하는 초중고 선생님들이 자녀들의 디지털 역량을 키워주는 방법을 정리했습니다.

'피할 수 없다면 즐겨라'가 아니라 '피할 수 없다면 잘 사용할 수 있게 도와줘라'입니다.

02 준비되지 않은 상태로 마주한 온라인 교육

    2020년 초 코로나19가 찾아왔습니다. 세계 보건 기구는 2020년 1월에 국제적 공중 보건 비상사태를 선언하였고, 3월에는 팬데믹으로 일상생활이 불가능해졌습니다. 학교에 갈 수 없던 상황에서 교육부는 코로나19로 인한 온라인 개학(2020년 4월 9일)을 선언하였습니다.

    온라인 개학은 학생도 교사도 처음이기에 우왕좌왕할 수밖에 없었습니다. 선생님들이 준비할 수 있는 시간은 한 달도 되지 않았습니다.

    온라인 개학 초기에는 시중에 웹캠이 품절되어 구매할 수도 없었고 지금이야 누구나 쉽게 하는 실시간 화상 대화도 처음이라 어렵게 생각되어 시도조차 하지 않았습니다.

    시간이 지나면서 선생님들도 수업 노하우가 생기고 실시간 화상 수업의 비중도 높아지고 다양한 에듀테크 도구를 활용하여 학생들과 소통하면서 수업을 하게 되었습니다.

"교사도 학생도 학교에서 원격수업을 안 해봐서 두려운 겁니다. 익숙해지면 등교 출석 이후에도 수업에 온라인 기기를 활용할 역량이 생길 겁니다."
10여년 간 원격교육을 학교 현장에 접목해온 조기성 서울 계성초등학교 교사(스마트교육학회 회장)는 8일 "온라인 개학에 대한 우려는 당연히 있다"면서도 "경험에 비춰볼 때 학생들 적응력이 굉장히 뛰어났다. 개학 초기 발생할 문제를 대비하면 학교 교육이 도약하는 계기가 될 것"이라고 말했다. 9일 전국 초·중·고등학교가 순차적 온라인 개학을 시작하는 가운데 원격수업을 미리 접해본 교사들로부터 학부모·학생·교사들이 알아야 할 '슬기로운 수업 방법'을 들어봤다.

◇교사들, 플랫폼은 다양하게 준비를
"체육수업, 소풍을 준비할 때 교사들은 우천시를 대비한 '플랜B'를 짠다. 원격수업 준비도 마찬가지라야 한다."(조기성 교사) 원격교육을 먼저 경험해본 교사들은 하나같이 수업 플랫폼을 다양하게 구축해 만약의 사태를 대비하라고 조언했다.

〈한국일보 이윤주 기자 2020. 04. 08
"스스로 수업 따라가는 습관 만들어줘야" 전문가들의 원격수업 연착륙 솔루션〉

이렇게 예고 없이 찾아온 코로나19 팬데믹을 준비 없이 맞이한 온라인 개학으로 이겨낼 수 있었고 학생들은 2020년 고3들의 등교를 시작으로 온라인과 대면 수업을 병행하면서 2022년부터는 완전 등교 수업으로 전환되었습니다.

만약 코로나 팬데믹 이전에 스마트 수업이나 디지털 교육이 먼저 정착되었다면 교사도 학생도 학부모도 온라인 수업을 두려워하지 않았을 것입니다. 교육의 디지털 전환은 계속 시도되어 왔기 때문입니다.

03 디지털 교육 정책 알아보기

우리나라 디지털 정책의 흐름

20세기 후반부터 교단 선진화 정책(1997년부터 추진)으로 교실에 컴퓨터와 대형 TV가 보급되어 멀티미디어 자료를 수업에 활용하였습니다. 성적 처리도 컴퓨터를 활용해서 추진(1977년부터)하면서 현재의 차세대 나이스라는 4세대 지능형 나이스 시스템으로 정착되었습니다.

2011년 6월 스마트 교육 추진 전략이 발표되면서 거의 현재의 디지털 활용 모습과 유사한 정책이 발표되었고 앞에서 언급한 1인 1디바이스 기반의 교실도 2011년 말부터 모습을 보여주었습니다.

박근혜 정부에서는 친절한 교과서라는 정책으로 디지털교과서 정책(2012년)이 추진되었고 정권이 바뀌고 코로나19로 인해 온라인 개학(2020년 4월 9일)이 진행되면서 한국형 원격 교육을 추진하게 되었습니다.

〈연합뉴스 2020. 04. 23
교육부, '한국형 원격교육' 설계 착수…정책자문단 첫 회의〉

다시 정권이 바뀌면서 AI 디지털교과서 정책이 등장하였습니다. 진보와 보수를 떠나 집권하는 쪽은 교육의 디지털 전환을 추진하였고 야당은 반대를 하는 재미있는 현상을 보여주고 있습니다.

현재 AI 디지털교과서는 2024년 12월 26일 '교육 자료'로 규정하는 법안이 통과되었고 2025년부터의 수학, 영어, 정보 교과를 시작으로 2026년에 사회, 과학, 국어 등의 교과로 확산한다는 계획에서 후퇴해 2025년은 시범 적용, 사회, 과학은 개발 유예, 국어, 기술·가정 교과는 개발을 제외하게 되었습니다.

AI 디지털교과서의 도입 속도는 조절되었지만 진보와 보수 어떤 진영도 정권을 잡으면 교육의 디지털 전환을 추진하였고 앞으로도 이런 방향은 계속될 것이라 보입니다.

이미 학교에는 무선 네트워크와 개인 디바이스가 갖춰져 있기 때문에 다양한 에듀테크를 활용한 수업은 점차 늘어날 것입니다.

디지털 전환 정책과 2022 개정 교육과정

2022 개정 교육과정은 2024년부터 2027년까지 단계적으로 적용되는 국가교육과정입니다. 2024년에 초1, 2학년에 적용되

었고 2025년에는 초3, 4학년, 중1, 고1, 2026년은 초등학교 5, 6학년과 중2, 고1, 2027년은 중3과 고3이 적용됩니다.

2022 교육과정이 적용됨에 따라 고교 학점제와 성취 평가제가 시행되고, 정보 교과의 시수도 확대되었습니다. 이에 따라 단순 암기식 수업에서 벗어나, 교과 재구조화를 통해 문제 해결력과 역량 개발을 강조하게 되었으며, 이를 위한 방법으로 디지털 활용이 가능해졌습니다.

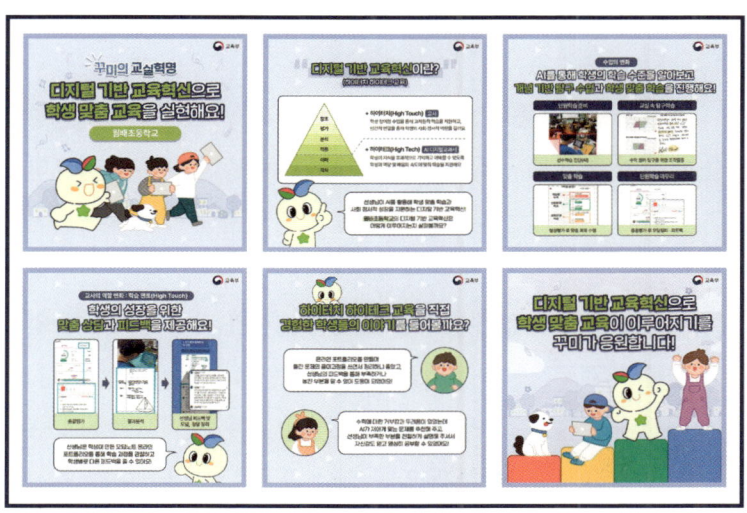

〈교육부 보도자료, [카드뉴스] 디지털 기반 수업혁신으로 학생 맞춤 교육을 실현해요!〉

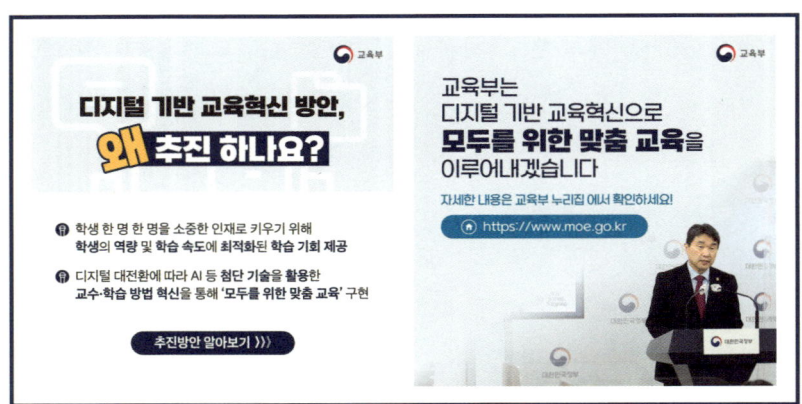

〈[교육부 블로그] 디지털 기반 교육혁신의 추진 이유〉

결국 2022 교육과정이 적용되면서, 우리 아이들 한 명 한 명을 소중한 존재로 성장시키기 위해서는 맞춤형 교육이 필요하며, 이를 위해 아이들의 학습 속도에 맞춘 디지털 기반 교육 혁신이 추진되고 있다고 이해할 수 있습니다.

디지털 교육 환경에서 우리 아이들도 자기 자신의 속도에 맞춰 꿈을 키우고 자신의 강점을 찾아 부족함을 채울 수 있습니다.

예전에는 지도를 보면서 길을 찾았습니다. 내비게이션이 생기면서 처음에는 단순하게 길만 안내해 주었습니다. 점점 발전하면서 교통 상황을 파악하여 최적의 경로를 안내해 주고 빠른 길을 선택합니다. 실수로 길을 잘못 들었거나 운행 중에 목적지가 바뀌어도 그곳에서 최적의 길을 안내해 줍니다.

앞으로의 교육은 내비게이션처럼 발전할 것입니다. 아이들의 속도에 맞게 목표를 정하면 안내를 해 주고 찾아갈 수 있게 해 줍니다. 목표가 바뀌어도 처음으로 돌아가지 않고 그곳에서 최적의 방향을 제시해 줍니다.

디지털 전환을 통해 학습 데이터가 생기면 아이들의 소질과 적성에 맞게 방향을 안내해 주고, 암기하고 경쟁하는 학교가 아니라 친구들과 문제를 해결하고 협업하면서 행복한 유년기와 청소년기를 보낼 수 있게 교육을 변화시킬 것입니다.

01 100명이 있다면 100개의 수준이 있다
02 모든 활동에 흔적이 남도록
03 모두가 참여하는 실시간 수업
04 아이들의 산출물이 로켓배송 됩니다
05 자기 표현이 늘어난 아이들
06 글쓰기도 도와줄게!
07 불가능을 현실로, 실감형 콘텐츠
08 블록쌓기부터 텍스트 코딩까지
09 AI와 함께하는 교실
10 태블릿과 절친
11 전자 칠판이 만들어 가는 새로운 교실 풍경
12 슬기롭게 종이와 이별하는 법
13 디지털 기술로 만드는 다문화 학생 지원의 새로운 길
14 온라인으로 만나는 학부모

2

현직 교사가 마주한 AI·디지털 교육 현장

01. 100명이 있다면 100개의 수준이 있다

따로 또 같이! 하나의 목표를 향해 서로 다르게 학습하는 교실

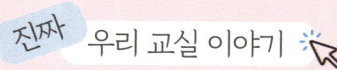

"지우는 아직 3번 문제를 풀고 있네요. 어떤 부분이 어렵나요?"

교사가 AI 코스웨어의 학생 모니터링 화면을 보고 수학 문제를 어려워하는 지우에게 조용히 다가가 이야기합니다.

지우가 어려워하는 문제에 대해 설명하고 있는 와중에 또 다른 목소리가 들립니다.

"선생님! 저 다했어요! 이제 뭐 해요?"

"재환이는 선생님이 조금 더 어려운 학습지를 추가로 보내 줄게요. 조금 어려운 문제가 있을 수 있으니 천천히 풀어보세요."

기존의 학습지가 너무 쉬웠던 재환이에게 교사는 조금 더 어려운 문제가 담긴 학습지를 추가로 보내줍니다.

"자, 여러분. 다 같이 화면을 볼까요? 여러분들이 푼 학습지의 우리 반 전체 결과를 살펴보니 7번 문제를 많이 틀렸네요. 선생님과 같이 풀어봅시다."

단원 평가 결과가 한눈에 보이는 대시보드 화면을 통해 교사는 학생들이 주로 많이 틀리는 문제를 확인하고 함께 풀이하기 시작했습니다.

학생 각자의 생김새가 모두 다르듯 학생 각자마다의 학업 성취도 또한 모두 다릅니다. 기존에는 학생의 학업 성취도를 확인하기 위해 교과서나 학습지를 일일이 걷어 채점하면서 확인하거나, 수업 중 발표와 활동하는 모습을 살펴보면서 수업 이해도와 성취도를 확인해야 했습니다. 하지만 1명의 교사가 20~30명 이상의 학생들의 학습 수준과 심리 상태를 파악하는 것은 쉽지 않은 일입니다.

학생 개개인에 대한 관심과 요구가 높아지면서 교육에 인공지능 기술을 활용한 다양한 AI 코스웨어들이 등장하기 시작했습니다. AI 코스웨어는 인공지능 기술을 활용하여 교육과정의 내용을 포함한 소프트웨어입니다. AI 코스웨어는 인공지능 기능을 활용하여 학생들의 학습 내용을 분석하고, 교육과정을 기반으로 하여 학생의 학업 수준에 맞는 학습을 추천해 줍니다. 이를 통하여 학생 개개인의 부족한 영역에 대한 학업 성취를 보완할 수 있습니다. 넓은 시각에서 보면 느린 학습자, 즉, 기초 학력이 다소 부족한 학생들을 위해 큰 효과를 발휘할 수 있습니다.

사실 사교육 현장에서는 이러한 코스웨어가 많이 사용되고 있습니다. 대표적으로 천재밀크T, 엘리하이, 웅진스마트올 등이 있습니다. 학교 현장에서도 이러한 AI 코스웨어들은 학습에서 큰 효과를 발휘합니다. AI 코스웨어는 교사에게 자동 채점과 대시보드 기능을 제공하고, 데이터를 누적함으로써 학생 지도에 도움을 줍니다. 조금 더 구체적으로 살펴보면 AI 코스웨어는 30명 전후 학생들의 학습지를 버튼 하나만 클릭하면 자동 채점해 주고, 채점 결과를 데이터화하여 기록하고 있으며, 이러한 데이터를 활용한 대시보드를 통해 학습 데이터를 한눈에 정리해 주어 교사로 하여금 학생들의 학습 수준을 쉽게 파악할 수 있게 도와줍니다.

〈AI 코스웨어 활용 사례. 웅진스마트올(위), 지니아튜터(아래)〉

100명이 있다면 100개의 수준이 있다

특히나 언어 학습의 경우 교사가 일일이 학생들의 발음이나 쓰기 등을 교정하고 정정하기 위해서는 많은 시간과 노력이 필요합니다. 이를 위해 각 학급의 교사들이 많은 노력을 기울이지만 수십 명의 학생들의 발음을 모두 듣고, 쓴 글을 교정하기에 정규 수업 시간은 터무니없이 부족합니다. 하지만 AI 코스웨어를 이용하면 손으로 채점하고 종이에 기록하는 과정이 디지털화되면서 그와 관련된 업무 시간이 줄어들고, 그 줄어든 시간에 누적된 데이터를 바탕으로 학생 한 명 한 명에게 필요한 학습을 지도할 수 있게 됩니다. 또한, 인공지능을 통한 발음 교정, 간단한 글씨 교정, 문법 교정 등의 기초 역량 지도 부담을 줄여 줌으로써 학생들을 위한 보다 세밀한 지도에 힘쓸 수 있게 됩니다. 우수한 학생에게는 교육과정 내에서 심화된 지도를, 기초 학력이 부족한 학생에게는 보충적 수준에 맞는 지도를 할 수 있게 된 것입니다. 더 나아가 요즘 중시되는 학생들의 사회 정서적 상담 및 지도를 위한 시간도 확보할 수 있게 됩니다. AI 코스웨어를 적절히 활용하면 교사에게 학생들의 학업 성취도와 관련된 정보를 효율적으로 제공해주고, 학생들에게 적절한 도움을 제공해 줌으로써 학생들의 교수·학습 효과가 크게 증가할 수 있습니다.

이러한 관점에서 AI 디지털교과서를 공교육에 도입하고자 하는 것이 바로 AI 디지털교과서입니다. 인공지능 기술을 활용한 디지털교과서를 통해 학습 수준을 진단하고 처방할 수 있으며, 이러한 환경을 교사와 학생에게 제공함으로써 학생들의 기초 학력 향상에 도움을 줄 수 있게 됩니다. 실제로 방과후 프로그램에서 학생 기초 학력 신장을 위해 개별 수준에 맞춘 문항을 제공하는 AI 코스웨어를 활용하는 경우도 있습니다. 천차만별인 학습 수준을 가진 학생들에게 천편일률적인 수업을 제공하지 않고, 각자 개별화 학습이 가능한 환경을 제공함으로써 개별 학력 신장에 도움을 줍니다. 이러한 과정은 공교육에서 지역별, 학습 환경별 차이에서 나타나는 기회의 차이를 줄여줌으로써 사교육 의존도를 낮출 수 있으며, 학생들의 전반적인 기초 학력을 높여 공교육을 강화할 수 있게 됩니다.

　더 나아가 학생들의 감정 상태 등을 나타내는 부가적인 기능도 추가되어 있어 학생들의 사회 정서적인 부분도 어느 정도 파악할 수 있습니다. 타인의 시선 때문에 자신을 잘 드러내지 않았던 학생도 감정과 정서를 선생님만 볼 수 있는 플랫폼을 통해 표현함으로써, 교사는 정서적으로 도움이 필요한 학생을 조금 더 빨리 파악할 수 있으며, 이를 통해 학생과의 상담과 라포 형성에 힌트를 얻을 수 있습니다.

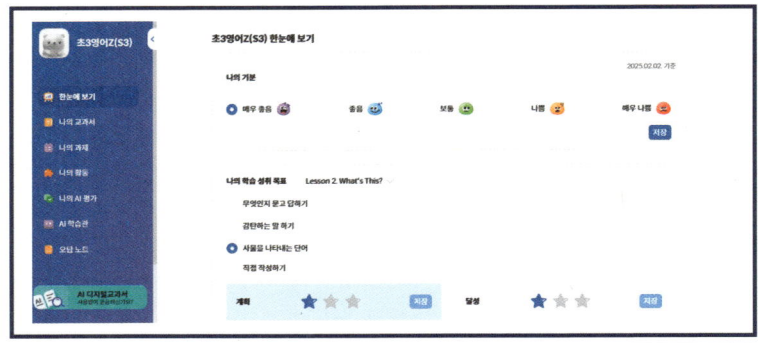

〈AIDT 체험본 감정 날씨 예시, 동아(위) 천재(아래)〉

학교에서 기술은 만능이 아니며, 만능이 될 수도 없습니다. 학생들의 발달 수준에 맞게 적절한 시간에 적절한 방법으로 사용되어야 합니다. 그러나 AI를 활용한 학생 맞춤형 교육을 무작정 거부하는 것도 장기적으로는 옳지 않습니다. 기술의 발전에 발맞춰 '제대로' 활용할 수 있도록 해야 합니다. 우리 아이들의 기본 학습 능력을 키우기 위해, 각 학생의 학습 수준과 성취도에 맞춰 적절한 시기와 방식으로 제공되는 AI 기반 맞춤형 교육의 긍정적인 효과에 주목해야 합니다.

02 모든 활동에 흔적이 남도록

의미 없는 활동은 없다!

> **진짜** 우리 교실 이야기

"여러분들이 작성한 과제 모두 온라인 클래스룸에 업로드 했죠? 활동 마무리합시다."

중학교 사회 수업이 끝나고, 교사가 학생들을 격려하며 활동 마무리를 공지합니다.

"선생님, 저희 과제랑 피드백 나중에 다시 볼 수 있나요?"

지민이가 손을 들어 질문합니다. 그러자 교사는 빙긋 웃으며 노트북 화면을 띄웁니다.

"그럼요. 여러분이 올린 과제와 선생님이 남긴 피드백은 전부 저장됩니다. 그래서 나중에 언제든 다시 확인할 수 있어요. 이 기록들은 선생님이 생활기록부를 작성할 때 참고하는 것뿐만 아니라, 여러분이 자기소개서를 쓸 때도 유용해요. 지원하는 학교에서 단순한 성적보다 여러분의 학습 과정과 성장을 보고 싶어 한다는 거, 알고 있죠? 예를 들어, 어떤 주제에 대해 고민하고 탐구했던 과정이 남아 있다면, 자기소개서에서 구체적인 사례로 활용할 수 있어요."

교사의 말이 끝나자, 학생들은 자연스럽게 본인의 기기를 통해 자신의 활동 기록을 다시 살펴보기 시작합니다.

상급 학교 진학을 위해 자기소개서를 쓰거나, 면접을 준비하면서 학생들이 가장 많이 하는 말이 있습니다. 바로, "그 수업에서 뭐 했는지 기억이 잘 안나요" 입니다. 자기소개서를 쓰거나 면접을 준비하면서 반드시 떠올려 보아야 할 내용들이 교내 활동 실적과 경험이기 때문에 학생들은 3년간의 학교생활을 되짚어 보고, 이전 학년도까지의 학교생활기록부를 발급받아 살펴봅니다.

문제는 생활기록부에 적힌 내용이 자세히 떠오르지 않는다는 것입니다. 예를 들어, 문예창작과 진학을 준비하는 학생이 면접을 준비하면서 본인이 국어 시간에 작성한 단편 소설이 있었다는 것은 기억하지만, 종이에 작성한 결과물을 교사에게 제출했기 때문에 세부적인 작성 내용을 살펴보기는 어렵습니다. 또한, 교사와 친구들로부터 받은 평가를 기억해 내는 것은 더욱 어려운 일입니다. 자기소개서를 작성하거나, 면접에 임할 때 '생생한 경험'이 '본인에게 어떤 영향을 주었는지'를 밝혀야 하는데 이런 부분들이 잘 생각나지 않아 난감해하기도 합니다.

중학교 또는 고등학교 3년간의 학교생활을 하면서 학생들은 수백, 수천 가지의 활동을 하게 됩니다. 상급 학교 진학을 위해 개인적으로 기록을 해 두면 좋지만 학업에 치이는 학생들이 일일이 활동을 기록하기에는 버겁습니다.

이때 디지털 학습 기록은 학생들의 경험을 보다 생생하게 보존하는 강력한 도구가 됩니다. Google Classroom(이하 구글 클래스룸)과 같은 학습 관리 시스템이나 Padlet(이하 패들렛)과 같은 온라인 협업 게시판을 이용하여 학생들이 수업 시간에 작성한 글, 발표 자료, 프로젝트 보고서 등을 디지털 기반으로 저장하면 시간이 지나도 자신의 작업을 다시 확인하고, 발전 과정에 대한 추적이 가능합니다. 교사나 친구들로부터 받은 피드백도 함께 누적되니 언제든지 찾아볼 수 있습니다.

〈학생의 디지털 학습 기록〉

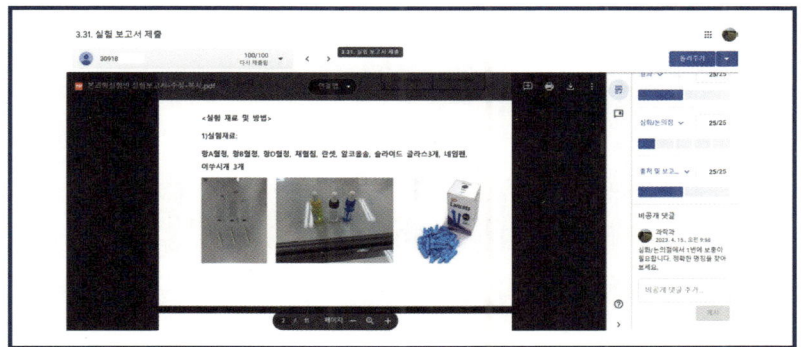

〈학생의 과학 실험 보고서와 교사의 피드백〉

모든 활동에 흔적이 남도록

예를 들어, 앞서 제시한 문예창작과 진학을 준비하는 학생의 경우 국어 시간에 작성한 단편 소설을 구글 클래스룸에 업로드 해 두었다면 언제든지 이를 다시 찾아볼 수 있고, 당시 받았던 교사의 피드백도 함께 확인할 수 있습니다. 이를 통해 단순히 '소설을 썼다'는 사실을 떠올리는 데 그치지 않고, 어떤 부분을 수정했는지, 어떤 표현이 인상적이었는지, 자신의 글쓰기 스타일이 어떻게 변해왔는지를 구체적으로 정리하는 데 도움을 받을 수 있습니다.

디지털 학습 기록을 활용하면 본인이 수행한 여러 활동을 한눈에 파악할 수 있기 때문에, 실제 면접에서 "학교에서 했던 활동 중 가장 기억에 남는 활동이 무엇인가요?"라는 질문을 받았을 때도 당황하지 않고 구체적인 사례를 제시할 수 있습니다.

교사 입장에서도 디지털 학습 기록은 단순한 수업 내용 기록을 넘어 학생 평가의 새로운 흐름을 이끌어냅니다. 과거에는 학생들의 활동을 종이로 수합하고 그 결과를 별도로 정리해야 했지만 이제는 그렇지 않습니다. 수업 시간 마다의 디지털 기반 활동을 통해 학생 개개인의 학습 과정과 결과가 누적되기 때문에 자연스럽게 수업과 평가 그리고 기록이 하나로 연결됩니다. 학교생활기록부를 작성할 때에도 학생의 성장 과정과 학습 태도를 누적된 기록을 바탕으로 보다 객관적으로 반영할 수 있으며, 학생이 단순히 성적이 좋은지 여부가 아니라 어떤 태도로 학습에 임했는지, 자기 주도적으로 배움을 확장해 나갔는지, 어떤 문제 해결력을 발휘했는지 등의 정성적인 요소를 생활기록부에 포함할 수 있습니다.

디지털 교육이 점점 발전하면서 디지털 학습 기록은 학생들의 배움이 단순히 한 순간의 경험으로 끝나지 않고 지속적인 기록을 통해 의미 있는 성장의 흔적으로 남을 수 있도록 지원하고 있습니다. 디지털 학습 기록을 통해 교육 현장에서 수업-평가-기록이 자연스럽게 연결되고, 학생들은 자신의 학습 과정을 되돌아보고 이를 효과적으로 정리해 미래를 준비할 수 있는 힘을 기르게 됩니다.

03 모두가 참여하는 실시간 수업

에듀테크 도구로 완성하는 실시간 수업

> **진짜** 우리 교실 이야기
>
> "착한 사마리아인법에 대해 찬성 또는 반대 의견을 적어보고 짝꿍과 이야기 나누어봅시다."
>
> 이때 진수가 손을 들고 질문을 합니다.
>
> "선생님, 짝꿍과 저 둘 다 찬성이라 반대 의견을 들을 수가 없어요. 모든 학생들의 의견을 듣거나 볼 수는 없을까요?"
>
> 다른 학생들도 동의하는 눈빛을 보냅니다.
>
> 교사는 대답합니다. "당연히 방법이 있죠! 다들 태블릿을 꺼내봅시다! 공유 플랫폼에 찬성, 반대 탭에 본인 의견을 적어주세요. 다 적은 친구들은 다른 친구들의 의견을 보며 댓글을 달아봅시다."

공유 플랫폼에 실시간으로 작성되는 반 친구들의 의견을 보고 학생들은 흥미를 느끼며 말합니다.

"오, 선생님 저희 반은 찬성이 15명이고 반대가 18명이라 반대가 더 많네요!"

"우와! 민수는 나랑 의견과 근거가 거의 비슷하네! 나경이가 쓴 반대 의견도 이해가 되네! 댓글 달아야지!"

"근석이의 의견 중에 궁금한 점이 있네? 댓글로 질문을 남겨 봐야지."

수업은 교사와 모든 학생이 함께 만들어 나가는 것입니다. 그러나 일반적인 수업에서 '모든' 학생들이 '함께' 참여하는 모습을 보기는 어렵습니다. 우선 학생들의 개인의 의견이나 생각을 반 전체를 대상으로 공유하기 쉽지 않기 때문에 일부 학생이 자신의 의견을 발표하는 방식으로 진행이 됩니다. 이 경우 일부 학생의 의견만 들은 상태로 수업이 끝나고, 내성적인 학생은 자신의 의견을 내는 데 어려움을 겪습니다. 최종 산출물을 공유할 때는 학생이 앞에 나와서 발표를 하거나 실물 화상기로 산출물을 비추는데 뒷자리에 앉은 학생들은 산출물을 보기가 어렵습니다. 친구의 최종 산출물을 보고 피드백을 주고받아야 하는데 발표 내용을 듣거나 공유하는 것이 어렵다면 전체적인 수업 진행이 힘들어집니다. 그러나 실시간 수업 지원 목적의 다양한 에듀테크 도구들은 이런 불편 사항들을 획기적으로 보완해 줍니다.

학생들의 수업을 지원하기 위해 다양한 에듀테크 도구들이 많이 사용되고 있습니다. 교사들은 이러한 에듀테크를 활용하여 동기 유발, 교수·학습 활동, 평가 등 수업 전반에 걸쳐 활용합니다.

QuizN(이하 퀴즈앤), Kahoot!(이하 카훗), Blooket(이하 블루킷) 등의 에듀테크는 게이미피케이션 기반 퀴즈형 플랫폼으로 학생들이 실시간으로 퀴즈를 풀고 순위를 겨루는 것이 주요 기능입니다. 교사는 이를 실시간 수업, 게임 기반 수업, 서로 질문을 주고받는 수업 등에 활용할 수 있습니다. 일례로, 수업 전에 퀴즈를 통해 학생들의 사전 지식을 점검하고 수업의 방향성을 결정하기 위해 사용할 수 있습니다. 수업 중에도 사용하여 학생들이 수업 내용을 얼마나 이해했는지 파악하고 즉각적인 피드백을 제공할 수 있습니다. 또한 수업 마무리에 복습 퀴즈 혹은 평가 형식으로도 사용할 수 있습니다. 예를 들어, 6학년 사회 수업 내용인 '국회가 하는 일'을 배운 뒤 카훗으로 마무리 퀴즈를 제공하면 학생들은 즉각적으로 문제를 풀며 자신의 이해도를 확인할 수 있습니다. 위의 도구들을 사용하면 수업이 게임같이 느껴지기 때문에 학생들의 흥미를 유발하여 수업 참여도를 높일 수 있으며, 학생들의 이해도를 파악하고 즉각적인 피드백을 제공할 수 있습니다.

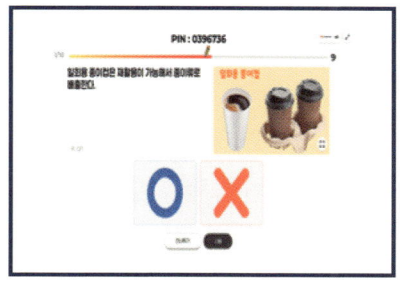 

〈퀴즈앤 수업 활용 장면〉 〈카훗 수업 활용 장면〉

 띵커벨 보드, 패들렛, 와우아이디어스 등의 에듀테크는 사용자들이 실시간으로 협업하고 정보를 공유할 수 있도록 도와주는 온라인 플랫폼입니다. 보드형의 스타일이 주요 사용되며 보드 외에도 다양한 템플릿이 제공됩니다. 위의 플랫폼들은 프로젝트 기반 학습(PBL), 브레인스토밍 및 아이디어 공유가 필요한 수업 등에 활용할 수 있습니다. 이 플랫폼들은 주로 프로젝트 기반 학습에 사용되어 수업 중 필요한 정보를 정리하고 시각적으로 표현하여 아이디어의 흐름을 보는 데에 사용됩니다. 또한 학생들이 모둠으로 협업하여 과제를 완수하고 다른 팀의 결과물에 대해 평가하는 과정을 통해 학습의 깊이를 더할 수 있습니다. 학생들이 특정한 주제에 대해 의견을 나누고 서로 피드백을 주는 활동에 사용하기에도 용이합니다. 예를 들어 '통일이 필요한가?'에 대한 학생들의 의견을 플랫폼에 작성하면 모든 학생들이 서로의 의견을 볼 수 있고 댓글이나 상호 평가의 기능을 통해 서로의 의견에 피드백을 주고받을 수 있습니다. 또한 학생들이 서로의 의견을 존중하고 협력하는 경험을 통해 의사소통 역량을 향상시킬 수 있습니다. 뿐만 아니라, 다양한 자료를 함께 공유하고 서로의 학습 과정을 살펴봄으로써 협업 능력을 향상시키고, 공동 작업의 필요성을 체감할 수 있습니다. 마지막으로 학생들은 다양한 아이디어와 관점을 접할 수 있기에 창의성 및 문제 해결 능력을 기를 수 있습니다.

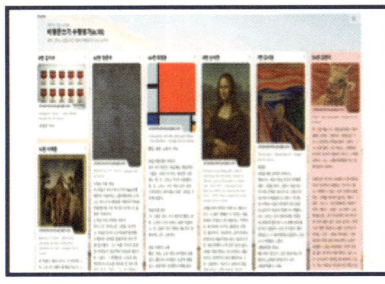

〈띵커벨보드 수업 활용 사례〉

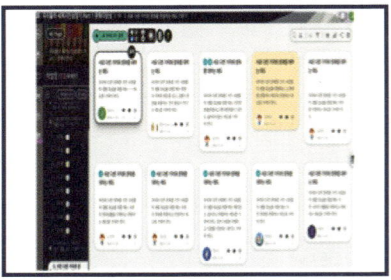

〈와우아이디어스 수업 활용 사례〉

클래스툴이라는 에듀테크 도구는 실시간 쌍방향 수업을 지원하는 플랫폼이며 교사와 학생 간의 상호 작용을 지원하여 학생의 참여를 극대화하는 것이 주된 기능입니다. 클래스툴 속 교사의 클래스에 학생이 입장하면 교사는 학생의 화면을 모니터링할 수 있습니다. O/X, 객관식, 주관식 문항을 만들어 즉시 학생과 소통할 수 있으며 화이트보드 기능을 통해 학생들의 작품도 실시간으로 공유할 수 있습니다. 컨텐츠나 웹링크를 바로 전송할 수 있는 기능이 있어 QR코드를 보내지 않아도 원하는 사이트로 학생을 불러와 실시간 수업을 할 수 있습니다. 클래스툴은 실시간 쌍방향 수업을 강력하게 지원하는 만큼 모든 수업 전반에 걸쳐 사용할 수 있습니다. 예를 들어 국어 수업 중 여름과 겨울 중에 어떤 계절이 좋은지를 물어보고 클래스툴 설문 기능을 활용한다면 학생들의 응답 결과를 즉시 시각적으로 보여주면서 수업을 진행할 수 있습니다. 또한 조사 학습 진행 시 학생들에게 원하는 사이트를 제공하고 싶다면 웹링크 전송 기능을 활용하여 학생들에게 사이트 링크를 바로 보낼 수 있습니다. 학생의 참여도를 높여 학습의 몰입도를 향상시킬 수 있으며 학생들의 이해도 혹은 의견에 대해 즉각적인 피드백이 가능합니다. 실시간 쌍방향 소통 도구를 수업 전반에 걸쳐 사용하면 학생들의 참여가 활발할 뿐만 아니라, 일부 학생들은 다음 수업 시간에도 이런 도구를 사용하고 싶다고 할 정도로 호응이 높습니다.

〈클래스툴의 수업 화면〉

이와 같이 실시간 수업이 가능한 에듀테크를 활용하면 기존 수업에 비해 학생들의 참여도 및 흥미도가 증가하여 높은 수준의 수업 몰입도를 유지할 수 있으며 학생 간의 상호 작용이 증대되어 깊이 있는 학습을 촉진시킬 수 있습니다. 또한 학생들의 데이터가 즉시 축적되고 이를 분석할 수 있기에 교사가 데이터 분석 결과를 바탕으로 피드백을 제공하기에도 용이합니다. 교사는 상황에 따라 수업 내용을 즉시 수정하거나 보강할 수 있기 때문에 수업을 유연하게 운영할 수 있습니다. 이렇듯 현장에서는 다양한 에듀테크 도구를 활용한 실시간 수업이 활발하게 이루어지고 있으며 이를 통해 학생 참여형 수업이 활성화되고 있습니다.

〈실시간 에듀테크 도구 활용 장면〉

04 아이들의 산출물이 로켓배송 됩니다

학교에서 가정으로, 실시간 산출물 공유

> **진짜 우리 교실 이야기**
>
> 미술 시간에 작품을 제작하고 난 후, 교사가 교실 뒤 칠판과 사물함 위에 작품을 전시합니다.
>
> 그런데, 한 학생이 다가와 질문합니다.
>
> "선생님, 오늘 그린 그림이요. 집에 가져가면 안 돼요?"
>
> 작품이 잘 제작된 날인지, 학생이 자신의 작품을 바로 집에 가져가고 싶어 합니다. 가족들에게 자랑하고 싶은 마음이 드나 봅니다.
>
> "이번 주까지는 교실에 전시하며 친구들의 작품을 감상하고, 다음 주에 가져갑시다."
>
> "아, 저 바로 가져가서 부모님 보여드리고 싶은데요."

'교실에서 친구들과 공유할 시간도 필요한데 어쩌지…….'

교사의 고민이 시작됩니다. 교실에 작품을 전시하고 친구들의 표현 방법을 공유하는 것은 서로에 대한 이해도를 높이고 다른 사람의 생각을 기반으로 새로운 아이디어를 얻을 수 있는 기회가 됩니다. 그럼에도 불구하고 자기 작품을 자랑하고 싶은 아이들의 마음이 이해되기도 합니다.

무엇이 교육적으로 좋은 방법일까요? 그리고 가정과 학교에서 작품 제작 즉시 공유할 수 있는 방법이 있다면 얼마나 좋을까요?

교실이냐 집이냐! 그것이 문제로다!

많은 교사들이 아이들의 산출물을 가정과 공유하기 위해 노력합니다. 학생의 산출물은 그것들 자체로 학생의 성장 과정을 살펴볼 수 있는 중요한 결과물이 되는데 이를 가정과 실시간으로 공유한다면 학교와 가정의 교육 방향을 일치시켜 좀 더 학생의 삶에 일관성 있는 교육을 제공할 수 있기 때문입니다. 더 쉽고 간단히 말한다면, 실시간으로 부모님께 결과물을 공유하면 좋으니까요!

'학생 포트폴리오' 하면 어떤 이미지가 떠오르시나요? 교실에서 가장 흔하게 사용되는 방법은 학기 초 준비물로 가져온 파일 안에 수업 과정 중 생산한 모든 산출물을 다 모아서 학기 말이나 학년 말에 가정으로 가져가는 방식입니다.

　사실 교실에서 이런 포트폴리오를 제작하는 것이 쉬운 일은 아닙니다. 매일 과목별로 배부하는 활동지, 미술 시간에 그리는 그림 등을 모든 학생들이 파일에 차근차근 모을 수 있도록 시간을 충분히 주고 체크해야 하는 일이기 때문입니다. 교과 수업이나 이동 수업에서 만든 산출물들은 이동 과정에서 사라지기도 합니다. 초등의 경우에는 그 빈도가 상당히 높습니다. 또 과목별로 파일을 분리하여 활동지를 정리해야 깔끔하게 분류된 포트폴리오가 완성되지만 현실적으로 쉽지 않습니다. 미술 시간에 제작한 입체 작품은 파일에 넣기도 힘듭니다. 탈이나 가면 만들기, 왕관 꾸미기, 조명을 만들거나 로봇을 만드는 활동을 한 후 작품을 포트폴리오화하려면 사진으로 찍고 인쇄해서 파일에 넣어야 합니다. 매우 번거로운 일입니다.

　가끔은 작품을 버리다시피 교실에 방치한 아이들이 생기거나 시간이 흘러 망가진 작품을 집에 가져가서 버린다고 하는 아이들이 생깁니다. 교사의 입장에서 아이들이 순간순간 최선을 다해 만든 작품이 버려지는 것을 볼 때마다 아쉬웠던 적이 많습니다. 가정으로 가져온 아이들의 작품을 영원히 보관하고 싶은 학부모님들도 계실 겁니다. 평생에 한 번, 딱 이때에만 제작할 수 있는 작품들이 있습니다. 어린이, 청소년의 감성에서 쓴 시나 일기가 그것이고 이런 작품들은 성장한 뒤에도 아이들에게 긍정적인 영향을 줄 수 있습니다. 이때 에듀테크 도구가 교사와 학부모를 도와줍니다. 교실에서 생산된 아이들의 작품이 실시간으로 가정으로 배송된다면 어떨까요?

디지털 도구를 활용한 포트폴리오 제작은 글과 그림 작품으로 나누어 살펴보는 것이 좋습니다. 먼저 글은 문집을 만들어 공유할 수 있습니다. 작성일별, 주제별로 교사가 만들어 놓은 작성 페이지에 학생이 접속해 자신의 작품을 글로 표현합니다. '오늘의 감정 일기 쓰기' 등의 주제는 매일 생성하여 아침 자습과 같이 일정한 시간에 학생들이 접속하여 작성하도록 지도합니다. 서로의 감정 일기를 공유하면서 친구들 사이의 이해도가 향상되고 교사 역시 추후 상담이나 생활 지도에 학생의 감정 변화에 대한 자료로 활용할 수 있습니다. '생성형 AI에 대한 나의 주장 쓰기', '환경 오염을 생활 속에서 예방할 수 있는 실천 방안 찾기' 등에 대한 내용은 학생이 주제에 대한 글을 쓸 수 있도록 공간을 제공하는 페이지가 됩니다.

온라인 글쓰기가 좋은 이유는 글의 수정이 간편하기 때문입니다. 물론 초등학교 학생들은 연필을 연필을 잡고 종이나 교과서에 글 쓰는 연습이 필수입니다. 손 조작 능력을 키우고, 연필을 잡는 손의 힘을 길러주기 위해서 반드시 해야 하는 활동입니다. 그런데 초등학교 고학년 학생들의 경우 국어, 사회, 도덕 등 다양한 교과에서 주제 글쓰기 수업을 진행하고 있습니다. 이 수업들을 모두 종이와 연필로 진행하게 되면 글을 쓰는 학생도, 그것을 일일이 피드백하는 교사도 수업을 원활하게 진행하기 힘듭니다. 긴 글을 매번 써야 하는 학생들도 힘들고 그것을 하나하나 들여다보며 문법, 맞춤법 등을 지도해야 하는 교사도 힘들기 때문입니다. 따라서 정말 중요한 주제 글쓰기는 반드시 오프라인으로 진행되어야 하지만, 경우에 따라 온라인 글쓰기를 진행하여 학생의 글 수정과 교사의 피드백을 간편하게 진행할 수 있습니다. 학생이 1차로 작성한 글을 온라인으로 제출하면 교사가 그것에 대한 피드백을 댓글 등으로 달아 다시 돌려줍니다. 교사의 피드백을 확인한 학생이 글을 수정하여 제출하면 교사는 최종 완성된 작품으로 학생의 포트폴리오를 제작할 수 있습니다.

 온라인 글쓰기는 학생들 사이의 공유도 원활하게 해줍니다. 기존의 글 작품들은 학생이 두 장, 세 장 작성한 글들을 겹쳐서 교실에 게시하거나 학생이 직접 발표하는 방법으로 공유되었습니다. 긴 글을 교실에 게시하면 학생들은 다른 친구의 작품을 잘 읽지 않습니다. 학생이 직접 읽어서 발표하는 방법도 긴 글을 읽는 동안 다른 학생들의 집중력이 흐트러질 수밖에 없습니다. 이때 온라인 글쓰기가 좋은 대안이 됩니다. 똑같은 주제에 대해 나와 친구의 의견은 어떻게 다른지 실시간으로 친구의 글 페이지에 접속하여 감상하고 비교할 수 있습니다. 교사가 권한을 부여한다면 댓글을 달아 친구 글에 대한 자신의 생각을 전달할 수도 있습니다.

교실에서는 포트폴리오의 목적에 따라 다양한 에듀테크를 사용하게 됩니다. 예를 들어, '자작자작'과 같은 에듀테크 도구는 학생들이 주제별, 일자별로 쓴 글을 자동으로 포트폴리오화해 줍니다. 또한 학급 문집을 만들거나 학생별 글쓰기 모음집을 쉽게 만들도록 도와줍니다. PDF 파일로 학급에서 서로의 글을 공유하여 감상할 수 있는 기능도 제공합니다. 해당 파일을 인쇄하여 제본한다면 오프라인에서도 서로의 글을 감상할 수 있습니다. 다만 교사가 제공하는 주제와 활동에 대해서만 글을 쓸 수 있기 때문에 교사 주도로 진행되는 포트폴리오 작업으로 이해할 수 있습니다.

'Book Creator(이하, 북크리에이터)'는 교사의 안내 없이도 학생 스스로 포트폴리오를 만들 수 있는 온라인 책 제작 도구입니다. 북크리에이터에서 제공하는 다양한 디자인의 책 양식 중 맘에 드는 것을 선택하여 자신의 자료를 다양한 방식으로 추가할 수 있습니다. 학급에서 책을 만든다면 학급 문고에 각자의 책을 전시하여 서로 공유할 수도 있습니다. 아이디만 있다면 어디서든 직접 작품을 모으는 포트폴리오를 제작할 수 있습니다. 다만 디자인적으로 매우 뛰어나거나 다양한 디자인이 공유되는 것은 아닙니다. 하얀 백지의 책 위에 나만의 작품을 넣어 완성해 나가는 프로그램으로 이해할 수 있습니다.

이처럼 다양한 에듀테크 도구를 활용하면 학생의 작품, 이미지, 글 등을 차근차근 모아 하나의 포트폴리오로 제작할 수 있습니다. '하루북' 등의 독립 출판 애플리케이션을 활용하면 온라인으로 제작한 포트폴리오를 인쇄하거나 실제 출판하는 과정을 체험할 수 있습니다. 학생에게 가장 맞는 하나의 프로그램을 골라 책의 표지, 내지 디자인, 책의 컨셉, 내용 등을 스스로 정하고 출판하는 과정을 경험하면 글쓰기, 디자인 역량이 매우 향상됩니다. 일 년 간의 생각과 작품을 하나의 포트폴리오로 정리하는 과정만으로도 학생의 삶에 긍정적 영향을 주게 될 것입니다.

  그림 작품과 입체 작품은 어떻게 포트폴리오화할까요? 그림 작품들은 종이 위에 그림을 그리는 경우가 대부분입니다. 그런데 종이가 A4사이즈일 때도 있고 경우에 따라 8절 도화지, 협동화의 경우 2절 도화지인 경우도 있습니다. 종이 위에 색연필, 크레파스, 마카로 그림을 그리고 색칠하는 그림이 있지만 교사가 인쇄해 준 도안을 색칠하고 오려 붙여서 작품을 완성하는 경우도 있습니다. 8절 도화지에 수채화 물감으로 그림을 그리거나 두꺼운 도화지 위에 오일 파스텔 그림을 그리거나 나무 조각을 조립하여 전등을 만들고 색칠할 때도 있습니다. 이런 모든 작품들을 오프라인으로 포트폴리오화하기 위해서는 도화지 사이즈별 파일을 준비하거나 입체 작품을 모을 수 있는 바구니가 필요합니다. 현실적으로 교실에서 도입하기 어려운 방법입니다. 앞서도 언급했지만 그림이나 입체 작품들은 교실에 방치되거나 버려지는 경우가 많습니다. 학생 스스로 자신의 작품이 마음에 들지 않거나 모으는 것을 무의미하다고 생각하거나 가방에 넣기 힘든 사이즈의 작품들은 그 경우가 훨씬 많아집니다. 가끔 작품을 집에 가져가라는 교사의 지도에 "어차피 집에 가져 가면 버려요" 하고 대답하는 아이들도 있습니다. 자신이 열심히 만든 작품을 버린다는 말에 씁쓸한 적도 있었지만 아이들의 실생활에 도움이 되지 않는 미술 작품에 대해 보관 의지가 생기지 않는 것은 당연하다는 생각이 들기도 합니다. 그러나 보관을 넘어 이 나이, 이 시기에만 생각할 수 있는 아이디어와 표현 방식은 그 자체만으로도 보관할 필요가 있습니다. 더욱이 교사와 학부모에게는 학생들의 생각을 관찰하고 지도할 수 있는 자료이기 때문에 보관이 필요하기도 합니다.

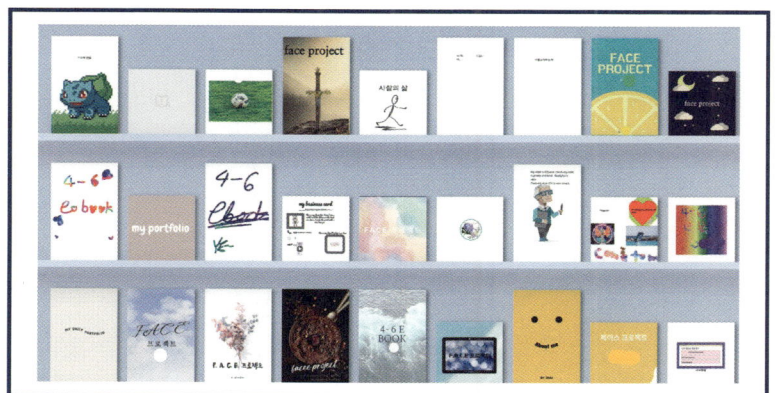

〈북크리에이터 포트폴리오〉

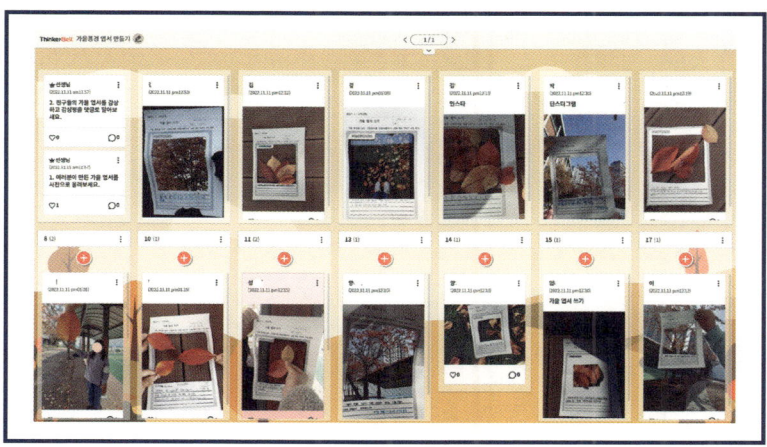

〈띵커벨 보드 작품 사진 모으기〉

아이들의 산출물이 로켓배송 됩니다

이런 작품들을 온라인에 모으는 방법은 바로 사진을 찍어 포트폴리오화하는 것입니다. 교사가 주제별, 수업별 온라인 보드를 만들어 학생들이 작품 사진을 공유할 수 있는 온라인 공간을 마련합니다. 학생은 완성한 작품 사진을 찍어서 온라인 보드에 공유합니다. 링크나 QR코드로 접속하고 학생들끼리 서로의 작품을 공유하며 감상평을 남기면 실시간 자기 평가, 상호 평가도 가능합니다.

패들렛, 띵커벨 보드, 클래스보드 등의 에듀테크 도구들이 온라인 보드 기능을 제공하고 있습니다. 사진이나 글, 그림 등을 활용해 학생이 자신의 작품을 공유하고 실시간으로 댓글을 달 수 있도록 기능을 제공하고 있어 학급에서 가장 자주 사용하는 도구들입니다. 이 보드의 개별 QR코드나 링크를 학급 안내방으로 공유하면 가정에도 실시간으로 학생의 작품 사진을 공유할 수 있습니다. 학습 주제별 온라인 보드를 만들고 그것을 공유하는 형태이므로 주제별 학급 포트폴리오가 생성되는 것이라 생각하면 이해가 쉽습니다.

학생 개별 작품들을 전시하고 학생들이 서로의 작품을 감상하는 활동을 할 때는 메타버스 도구들을 활용할 수 있습니다. 메타버스 포트폴리오는 3D의 가상 공간에 작품을 전시하고 그 공간에 접속하여 작품을 실감나게 전시 및 감상할 수 있는 방법입니다. 특히 작품 제작 마지막 시간에 자신의 작품을 한 공간에 전시하고 친구들과 서로의 메타버스 공간에 방문하며 작품을 감상할 수 있는 수업에 적극 활용됩니다. 미술 교과의 전시 및 감상 수업에서 강조되는 수업에서 자주 활용되며 메타버스 공간의 링크를 부모님과 공유하여 학생의 온라인 작품 전시회에 부모님을 초대할 수도 있습니다.

Artsteps, Cospaces(이하 코스페이시스)가 대표적인 메타버스 포트폴리오 전시를 가능하게 하는 에듀테크 도구이며 코스페이시스는 코딩 기능을 추가하여 영상 재생, 배경 음악 재생, 퀴즈 제출 등 다양한 기능을 추가할 수 있습니다.

〈코스페이시스 작품 전시관〉

〈띵커벨보드 작품 공유 댓글〉

이렇듯 영상, 글, 그림 등 학교에서 다양한 방식으로 제작된 학생의 작품은 이미 다양한 에듀테크를 활용해 온라인 포트폴리오로 제작되고 있습니다. 온라인 포트폴리오는 실시간으로 교사와 학생들끼리, 또 가정에 전송되어 학생의 학교생활을 직간접적으로 확인할 수 있는 좋은 방법이 되고 있습니다.

05 자기 표현이 늘어난 아이들

나만의 스토리를 담다:
영상으로 표현하는 아이들 세상

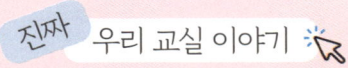

"선생님, 저희 좀 찍어주세요!"

쉬는 시간마다 교실에서는 요즘 유행하는 쇼츠를 따라 하는 아이들로 떠들썩합니다.

"선생님, 저 구독자 5명 늘었어요!"

"저는 게임하는 걸로 라방(라이브 방송)도 해요."

유튜브에 영상을 편집해서 올리고 구독자를 모으며 실시간 방송으로 자신의 생활을 공유하는 것은 학생들에게 익숙한 취미입니다.

⋮

"이번 시간에는 자신이 행복한 순간을 담은 브이로그(v-log)를 만들어봅시다."

교사가 활동 내용을 설명하자, 학생들의 질문 세례가 쏟아집니다.

"선생님, 저희 브이로그 촬영할 때 소품 필요한데요, 갖다 써도 돼요?"

"선생님, 저희는 운동장 나가서 찍어야 하는데요!"

"선생님, 저희 소품 그려서 만들어도 되나요?"

한 모둠은 운동장에 나가서 자신의 취미 생활을 영상으로 찍고 있고, 다른 모둠은 복도에서 친구들과 이야기하는 모습을 찍고 있습니다. 어느 모둠 학생들은 벌써 편집을 시작했습니다.

"얘들아, 이거 배경음악 뭐로 할까?"

"그거 자막은 이 스타일로 설정하면 어때?"

"그래, 그럼 내가 배경음악 찾아볼게! 너가 자막 넣고 있어 줘."

서로 회의하고, 컨셉에 맞게 촬영 장소를 정하고, 소품을 준비하며 직접 만들기까지, 교실이 떠들썩합니다.

영상은 취미, 여가 시간에 즐기는 매체를 넘어 하나의 학습 활동으로써 그 입지를 굳히고 있습니다. 어른들은 영상이 학습에 주는 순기능을 이해하면서도, 동시에 영상이 가지는 단점으로 인해 아이들에게 영상을 어떻게 보여줘야 할지 고민합니다. 그러나 이제 아이들의 역할이 영상의 제작자, 생산자의 단계까지 발전하고 있음을 이해해야 할 시기입니다. 단순히 영상 속 연예인을 따라 하고 제작자들의 아이디어를 소비하던 것을 넘어 스스로를 표현하고 자신만의 콘텐츠를 영상으로 직접 제작하는 단계에 이른 것입니다.

아이들에게 영상은 학습 활동으로도 다가옵니다. 초등학교 6학년 국어에는 '여러 가지 매체 자료를 살펴보고 발표를 위한 영상 자료 만들기', '자신의 경험을 떠올리며 영화 만들기' 등의 매체 자료를 활용한 학습 단원이 있습니다. 여기에서 잠시 예전 학교의 모습을 떠올리고자 합니다.

학교에서 모둠별 조사 활동을 하던 기억을 떠올려봅니다. 선생님이 나눠주는 큰 종이에 모둠 친구들과 각자 조사해야 할 내용을 나누고 역할을 분담합니다. 하교 후 컴퓨터, 책, 신문 등으로 자료를 조사하던 시절이 기억나실 겁니다. 조사 숙제가 생기면 기한까지 주제에 대해 조사하고 정리하고 프린트까지 완료해서 가방에 넣어야 했던 기억도요. 학교에 가져갈 수 있는 내용은 글과 이미지가 전부였습니다. 인터넷에서 정말 좋은 영상을 찾아도 친구들과 공유하기가 어려웠습니다. 영상은 인쇄되지 않으니까요. '이거 영상으로 보여주면 좋을 텐데' 하고 아쉬워했던 적이 많았습니다. 하지만 이제는 만들어진 영상을 소비하기만 하던 시대를 넘어, 필요한 자료를 영상으로 제작하기에 이르렀습니다. 앞서 들었던 예시 중에서 초등학교 6학년 국어 시간의 '발표를 위한 영상 자료 만들기'를 예로 들어보겠습니다.

학생들은 학급에서 정한 모둠 발표 주제에 맞는 영상 자료 제작을 위해 모둠 회의를 엽니다. 영상으로 표현하고 싶은 장면을 정하고 촬영을 위한 계획을 세세하게 세웁니다. 촬영 일정이나 등장인물을 먼저 정한 후 대본, 필요한 소품, 카메라의 움직임과 이동 방향 등에 대한 계획을 구체적으로 논의합니다. 아주 작은 영화 제작팀이라고 볼 수 있습니다. 소품은 집에서 가져오기도 하고 직접 만들기도 합니다. 실제로 피아노 치는 것을 영상에 담고 싶었던 아이들은 피아노 그림을 그려서 연주하는 것처럼 설정샷을 찍기도 합니다.

영상의 주제에 맞는 대사를 정하는 것은 아이들에게 꽤나 중요한 일입니다. 영상 제작 목적과도 맞아야 하고 짧은 대사 안에 주제를 담아야 하기 때문에 치열하게 고민하고 논의합니다. 영상이기 때문에 여러 장면들에 대한 세세한 계획을 마치고 나면 모둠별로 촬영을 시작합니다. 계획이 세세할수록 실제 촬영 시간은 짧습니다. 그래서 교사는 사전 계획을 철저하게 세우도록 지도합니다. 촬영 완료 후 편집 시에 참고할 만한 사항은 미리 계획하는 것도 좋습니다. 배경 음악의 스타일, 자막의 내용과 위치 또는 스타일 등까지도 모둠에서 미리 계획하면 실제 영상 제작에 드는 시간을 단축할 수 있습니다.

실제 영상 촬영 과정에서 학생들은 자유롭게 학교를 돌아다니며 자신들이 계획한 장면을 영상에 담아냅니다. 영상은 1분 이상의 긴 영상을 제작할 수도 있고, 30초짜리 짧은 영상을 제작할 수도 있습니다. 아이들에게는 '쇼츠(shorts)'와 같이 짧은 길이의 영상이 매우 익숙한 형태입니다. 1분 이상의 영상을 제작할 때에는 모둠을 구성하여 계획 구상 단계에서부터 모둠 활동으로 진행하는 것이 좋습니다. 1분이라는 시간이 영상 제작을 하다 보면 생각보다 긴 시간이므로 초등학생의 경우 개인 활동으로 진행하기에는 어려움이 있습니다. 생각보다 짧은 영상에도 철저한 계획 단계와 모둠별 협업이 필요합니다. 이 과정을 통해 학생들은 자신이 영상에 담고자 하는 바를 모둠 친구들, 나아가 학급 친구들과 공유하고 소통하게 됩니다. 그리고 자신의 의도가 영상에 잘 담기도록 하다 보면 친구들이 영상을 어떻게 이해할지에 대해 고민하게 됩니다. 다른 사람의 시선에서 자신의 영상을 검토하며 타인을 이해하고 자신의 작품을 성찰하는 시간을 갖게 되는 것입니다.

학생마다 영상을 편집하는 데 사용하는 프로그램도 다릅니다. 신기할 정도로 많은 학생, 대략 한 학급의 50% 이상의 학생이 영상 편집 프로그램을 익숙하게 다룹니다. 학생마다 다룰 줄 아는 편집 프로그램도 다르고 편집 스타일도 다릅니다. 여러 가지의 프로그램 중 자신의 선호에 맞는 프로그램을 찾는 것도 하나의 활동 과정이 됩니다. 많은 영상 편집 프로그램을 직접 경험한 학생만이 자신에게 맞는 프로그램을 찾을 수 있기 때문입니다.

    교실에서는 학생마다 익숙한 편집 프로그램을 자유롭게 활용하도록 안내합니다. 다만 학생들이 사용하기에는 부적합한 프로그램들은 이에 대해 명확히 안내하고 사용을 피하도록 지도합니다. 저작권, 초상권, 음악 선정, 영상 소스 등 비교육적 측면이 있는 프로그램은 교사가 사전에 차단하고 있으며 영상 제작 관련 디지털 리터러시 교육을 기본 교육으로 제공하여 영상 제작 수업이 이루어지고 있습니다.

〈학생 영상 제작 계획서〉　　　　〈학생 영상 제작 모습〉

    이처럼 영상은 단순한 취미를 넘어 학생들이 주체적으로 학습하고 표현하는 강력한 도구가 되고 있습니다. 학생들은 영상을 기획하고 촬영하며 협업과 창의적 문제 해결 능력을 기르고, 편집 과정에서 디지털 리터러시와 미디어 윤리를 익히게 됩니다. 학교 현장에서 영상 제작 활동은 학습의 과정이자 성장의 기회가 되고 있습니다.

다양한 주제를 더 다양하게 표현하기

> 진짜 우리 교실 이야기

다양한 에듀테크 도구가 생긴 만큼 학생들의 "해도 돼요?" 질문이 엄청나게 늘었습니다.

"선생님! 저 애들하고 자료 만들고 싶은데 캔바 써도 돼요?"

"선생님, 논설문 쓰기 한 거 AI 피드백 내용으로 다시 고쳐서 올려도 돼요? 점수 올려주세요."

"책 만들기 할 때 표지 제가 직접 그려도 되죠?"

친구들과 발표 자료를 만들기 위해 디자인 도구를 이용하겠다는 학생, 글쓰기 과제를 AI의 피드백을 받아 수정하겠다는 학생, 책 만들기 활동을 하며 그림으로 표지를 직접 제작하겠다는 학생 등…… 배운 게 많아진 만큼 학생들의 활동 의지와 표현 방식도 함께 늘어나고 있습니다.

"선생님, 저는 독도를 홍보하는 팜플렛을 만들고 싶어요!"

"저는 영상으로 만들래요!"

"저는 친구랑 퀴즈쇼 진행할게요!"

"그럼 다들 독도 홍보 자료를 원하는 형태로 만들어봅시다! 어떤 형식들이 있을까요?"

> 교사가 학생들의 다양한 에듀테크 사용 의견을 라고 말하자 영상, 노래, PPT, 퀴즈쇼, 팜플렛 등 다양한 형식이 쏟아져 나옵니다. 학생들은 원하는 표현 방법과 자신들만의 방식으로 자료를 제작합니다.

디지털 교육이 활성화됨에 따라, 학생들은 학교에서 각 수업마다 다양한 에듀테크 도구들을 접하게 됩니다. 그중에서도 학생들이 가장 많이 접하는 에듀테크 도구는 역시 창작 관련 도구들입니다. 영상, PPT, 포스터, 노래 등 창작이 가능한 도구들이 매우 다양하고, 여러 과목의 성취 기준에 맞게 유용하게 쓰입니다. 학생들은 다양한 에듀테크 도구들을 여러 수업에서 다양하게 접하게 되고, 점차 사용법에 능숙해지면서 본인과 맞는 도구가 무엇인지 인지합니다. PPT 만들기, 포스터 만들기, 영상 만들기 등 여러 창작 활동을 통해 본인이 가장 흥미를 느끼는 에듀테크 도구가 무엇인지를 경험하고 깨닫습니다. 이러한 경험을 바탕으로 학생들은 하나의 주제를 다루는 수업에서도 자신에게 맞는 에듀테크 도구를 사용하여 다양하고 개성 있는 산출물을 만들어냅니다.

학교에서 학생들은 글, 그림, 발표 자료 등 다양한 학습 과제를 제작하며 표현 역량이 신장하고 있습니다. 학교의 자료 조사 수업에서 가장 일반적으로 생산되는 산출물은 무엇일까요? 바로 프레젠테이션입니다. 학생들이 초등학교에서 하던 발표수업을 생각하고 중, 고등학교에 가면 어려움을 겪기 쉽습니다. 스스로 발표 자료를 만들고 대본을 작성해서 자기 생각을 자신 있게 발표하는 경험이 적기 때문입니다. 더군다나 발표 내용을 예쁜 프레젠테이션 자료로 만들려면 더더욱 어려움이 많습니다.

최근에는 Canva(이하, 캔바), 미리캔버스 등의 디자인 도구로 자신의 생각을 다양한 양식에, 다양한 방식으로 표현할 수 있습니다. 이런 디자인 도구들은 학생들에게 다양한 프레젠테이션 양식을 제공합니다. 프레젠테이션뿐만 아니라 포스터, 카드뉴스, 문서 등을 제작하기 위한 여러 가지 양식과 이미지, 영상 등을 추가할 수 있어 확장성이 매우 큽니다. 전 세계의 사람들이 만든 다양한 디자인 양식으로 자료를 제작할 수 있습니다. 최근에는 이러한 도구에 다양한 생성형 AI 툴을 활용해 자신이 원하는 그림이나 글을 생성하기도 합니다. 컵, 명함, 포스터 등 학생이 직접 굿즈도 제작할 수 있으니 사용 용도에 따라 활용도는 무궁무진하다고 볼 수 있습니다. 예를 들어, 초등학교 6학년 사회 시간에는 '세계 여러 나라의 생활 모습'에 대한 학습 내용이 등장합니다. 해당 단원 전체에서 세계 여러 나라의 의식주와 사회, 문화, 경제, 정치적 특성에 대해 학습합니다. 이럴 때 생동감 넘치는 수업을 만들기 위해 학생이 직접 프레젠테이션 자료를 만들도록 합니다. 모둠별로 자세히 알아보고 싶은 나라나 대륙을 정하고 그 나라에 대한 정보를 조사하여 이를 소개하는 프레젠테이션을 직접 만들도록 합니다. 실제로 학급 내 6개 모둠을 구성하여 6개 대륙의 각각 다른 나라를 조사한 뒤 그 나라의 의식주와 문화, 그 나라를 여행할 수 있는 최적의 경로 등에 대해 발표하도록 수업을 구성했더니 다른 친구들이 어떤 나라를 소개하는지 흥미로운 눈으로 발표를 듣는 학생들을 관찰할 수 있었습니다.

그렇다면 모둠 활동과 에듀테크로 또 어떤 수업이 가능할까요? '독도 홍보 자료 제작'을 주제로 한 수업을 예로 들어보면, 각 에듀테크 사용에 능숙한 학생들이 리더 역할을 하고 다른 학생들은 원하는 모둠에 들어가 산출물 완성에 대한 토의를 시작합니다. 이때 학생들은 태블릿으로 다양한 참고 자료들을 조사하며 모둠만의 시나리오를 완성합니다. 최종 시나리오가 완성되면 학생들은 역할을 분담하고 독도 홍보 자료를 열심히 제작한 후 이를 친구들 앞에서 발표합니다. 모둠별 과제가 진행될수록 학생들은 에듀테크 도구에 대한 기술적 능력뿐 아니라 문제해결 역량, 협업 역량, 창의적 역량을 기를 수 있습니다.

〈캔바로 제작한 독도 퀴즈쇼〉

〈블로로 직접 더빙한 영상 자료〉

〈미리캔버스로 제작한 독도 팜플렛〉

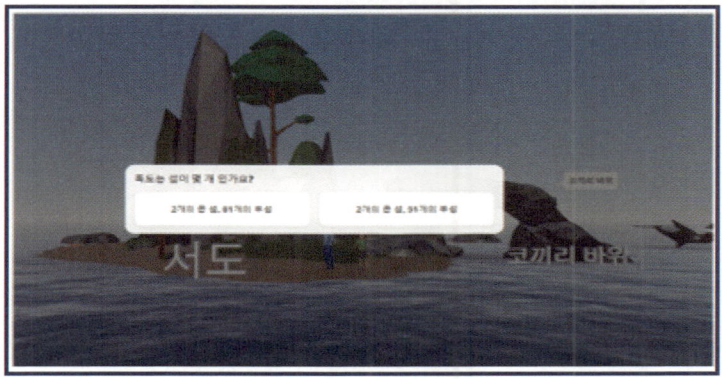

〈코스페이시스 에듀로 제작한 독도 VR 가상공간〉

그림으로 자신을 표현할 수 있는 에듀테크 도구는 엄청나게 다양합니다. 태블릿에서 흔히 사용하는 스케치북 애플리케이션들을 수업 시간에도 활용할 수 있습니다. 실제로 Sketchbook, Ibis painting 등의 애플리케이션들을 사용하기도 합니다. 이 프로그램들은 학교 오프라인 현장에서 실제로 구현하기 어려운 드로잉, 채색 도구들을 온라인상에 구현해 냅니다. 캔버스나 도화지에 그리는 질감을 재현하기도 하고 목탄, 4B연필, 만년필 등의 드로잉 도구를 구현해 내는가 하면 파스텔, 마카, 수채화 물감, 유화 물감 등의 채색 도구의 질감까지도 표현합니다. 교실에서 이렇게 다양한 도구들로 실제 그림 작품을 제작하기란 현실적으로 불가능에 가깝습니다. 이럴 때 에듀테크 도구들을 수업에 접목하여 온라인상에서 다양한 미술 도구를 경험할 수 있는 기회를 학생들에게 제공할 수 있습니다. 예를 들어, 미술 감상 수업에서는 국내외 미술가들의 작품을 다방면으로 감상하고 따라 하며 표현하는 활동이 제시됩니다. 이럴 때 에듀테크 도구들을 사용하면 수업이 훨씬 풍부해집니다. 고흐의 작품들을 감상한 후 마음에 드는 고흐 작품을 골라 자신만의 그림을 완성하도록 수업할 수 있습니다. 고흐의 그림은 캔버스에 유화 물감이 그 질감을 살려 거칠게 올라간 것이 특징인데 이것을 오프라인으로 따라 하려면 유화 물감용 채색 도구, 캔버스 등이 준비되어 있어야 합니다. 초등학교에서는 유화 물감이 교육과정에 등장하지 않기 때문에 현실적으로 불가능에 가까운 수업이라 할 수 있습니다. 아트봉봉 등의 에듀테크 도구를 활용하면 디지털 화면상에 캔버스를 불러와 고흐처럼 유화 물감을 거칠게 얹어 보며 학생이 원하는 그림을 그려보도록 할 수 있습니다. 이렇듯 다양한 에듀테크 도구를 활용하면 학교 현장에서 겪는 현실적인 어려움을 뛰어넘는 학생의 표현 활동까지도 구현해 낼 수 있습니다.

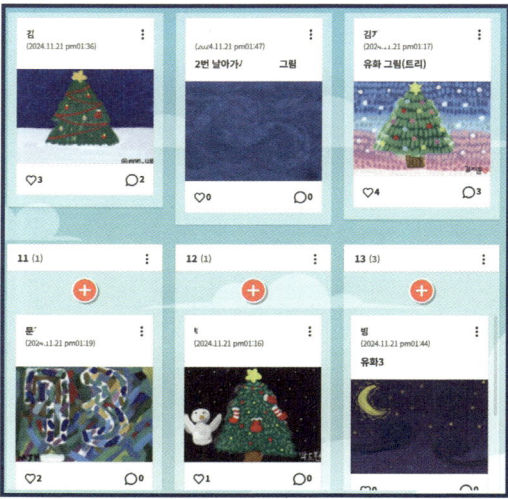

〈아트봉봉 유화 그림 작품〉

06 글쓰기도 도와줄게!

창작과 피드백, 두 마리 토끼 잡기

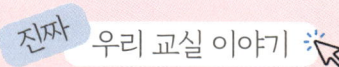

사회 수업이 시작되자, 교사는 미소를 띠며 첫 프로젝트를 발표합니다.

"이번 프로젝트는 글쓰기입니다."

그러자 여기저기서 학생들의 불만 섞인 목소리가 터져 나옵니다.

"아아아."

"제발."

"아오."

"살려주세요."

여기저기서 학생들의 볼멘소리와 탄식이 쏟아집니다. 글쓰기

라면 질색인 학생들의 반응은 늘 비슷합니다. 그러나 교사는 잠시 학생들의 소란이 가라앉기를 기다리고, 예상치 못한 말을 꺼냅니다.

"이번에는 디지털 기반 글쓰기 플랫폼을 활용할 겁니다."

그 순간, 교실은 마치 마법처럼 조용해집니다. 몇몇 학생들의 표정에는 의문이 가득했지만, 이내 흥미와 기대가 섞인 반응들이 터져 나옵니다.

"오! 그럼 손으로 안 써도 되나요?"

"혹시 AI가 제 글도 도와주는 거예요?"

"이번에는 AI가 맞춤법 검사를 도와줄 거예요. 글은 여러분이 직접 쓰지만, 모두의 글에 대해 선생님이 피드백을 해 줄 겁니다. 선생님의 피드백 댓글을 확인하고, 고쳐 쓴 글을 최종적으로 제출하세요."

더 나은 글을 쓰기 위한 학생들의 손놀림이 바빠집니다.

"선생님, 제가 찾은 사례 좀 봐주세요."

"선생님, 여기서 침해된 기본권이 이거 맞나요?"

"선생님, 저는 책에서 읽은 이야기로 하고 싶어요."

"선생님, 영화 줄거리를 소재로 해도 되나요?"

학생들의 글쓰기 수준, 교사에게 묻는 질문의 종류와 프로젝트 진행 속도는 늘 천차만별입니다. 한 반에서 25~30명 내외, 그리고 교사가 담당하는 한 학년의 전체 학생들이 제시하는 서로 다른 질문에 대한 답을 해 주기에 수업 시간 45분은 짧습니다. 서로 다른 수준으로 생각하고 글을 쓰는 학생 100명이, 각자 100개의 글을 완성해야 하기 때문에 글쓰기 활동은 보통 여러 차시에 걸쳐 프로젝트의 형태로 진행됩니다.

과거에는 이 과정을 거쳐 종이에 쓴 글을 학생들이 제출하면 교사가 담당하는 전체 학생들의 글을 모두 읽고, 밑줄과 표시를 해 가면서 채점했습니다. 무거운 종이를 들고 다니며 손끝이 지저분해지도록 평가의 과정을 거쳤습니다. 학생들이 쓴 글자를 알아보지 못하는 경우가 있어서 해독과 판정의 시간을 거치기도 했으며, 어색한 어법이나 문장을 읽으며 안타까워하기도 했습니다. 너무 예쁜 글씨로 가득 채운 종이에 핵심 내용이 없어 어떤 점수를 부여해야 하는지 고민한 시간도 많습니다. 혹시나 학생들이 쓴 글을 분실할까 봐 늘 긴장하고, 자물쇠를 채워가며 보관했습니다. 채점한 종이를 일일이 보여주며 점수를 공개하기도 했습니다. 하지만 기술의 발전에 따라 상황이 달라졌습니다.

요즘 학생들은 교육청에서 배부한 개인 스마트 기기를 가지고 있는 경우가 대다수입니다. 각자의 개인 기기를 활용해 AI 기반 글쓰기 플랫폼에 접속하고, 교사가 제시한 과제의 순서에 따라 나만의 글쓰기 과정을 시작합니다. 단원별 주제에 따라 세부 내용을 선정하고, 소재를 직접 찾고 그에 대한 생각을 정리하는 것도 모두 학생들 개인의 몫입니다. 이 과정에서 학생들은 자신이 올바른 단계를 밟아 나가고 있는지 또는 과제를 풀어가는 생각의 방향이 맞는지 궁금해합니다. 교사 또한 마찬가지입니다. 제출한 글의 완성도보다, 학생이 자신의 글을 만들어 가면서 어떤 사고의 과정을 거치고 있는지, 어떻게 논리적인 분석을 하는지 궁금합니다. 단순히 한 편의 글을 제출하는 것이 아니라, 성취기준을 토대로 핵심 내용을 드러내면서 깊이 있는 사고와 배움의 과정을 거치는 것이 프로젝트의 목표이기 때문입니다. 그리고 교사는 이 과정에서 학생이 성장하기를 바랍니다.

AI 글쓰기 플랫폼은 이 과정을 돕고 있습니다. 학생들이 1차로 초안을 작성해서 제출하면, 교사는 언제 어디서든 플랫폼에 접속해 이에 대한 피드백을 제공할 수 있습니다. 학생이 초안을 조금 일찍 제출할 수도 있고, 늦게 제출해도 괜찮습니다. 인터넷만 연결되어 있으면 실시간으로 도움을 주는 것이 가능합니다. 학생은 교사의 조언에 따라 글을 고치고 부족한 부분을 채워서 최종적인 프로젝트를 제출할 때 AI에게 맞춤법 검사를 맡깁니다. 글씨체를 걱정할 필요도 없습니다. 교사는 학생들에게 미리 공지한 평가 기준에 따라 점수를 부여하고, 이를 글쓰기 플랫폼에 직접 입력하기도 합니다. AI 기반 글쓰기 플랫폼은 학생 개인별 어휘량을 진단해 교사에게 제공하고, 교사는 이를 기반으로 교실에서 맞춤형 조언과 피드백을 제공할 수도 있습니다. 플랫폼의 또 다른 기능을 통해 학생은 온라인으로 자신의 점수를 확인하고, 교사의 평가 결과와 피드백을 확인합니다. 프로젝트가 종료됐을 때는 학생들이 제출한 결과물을 모아 몇 번의 클릭만으로 디지털 책을 만들 수도 있습니다.

이처럼 엄청난 속도로 발전하는 기술은 교사와 학생이 교육의 본연에 집중할 수 있게 돕고 있습니다. 디지털 기기로 글을 쓰기 때문에 시간을 단축할 수 있고, 글을 수정하는 방법도 간단합니다. 학생들은 형식보다 내용과 사고의 과정에 집중할 수 있고, 자신의 생각을 녹여서 글로 표현합니다. 학생이 프로젝트를 수행하는 모든 차시의 활동 내용은 디지털 환경에서 기록 및 저장됩니다. 이를 토대로 교사는 학생의 수행 과정에 대한 맞춤형 조언과 격려, 피드백 제공이 가능하고 프로젝트 수행 전반을 적극적으로 지원합니다. 완성된 결과보다는 수행하는 과정과 학생 성장에 중점을 둔 평가, 그리고 교육 활동이 이루어지고 있습니다.

〈프로젝트 결과물로 제작한 디지털 책 표지〉

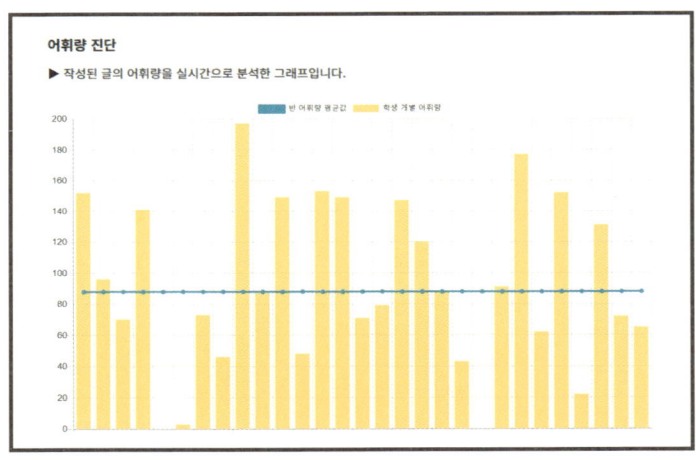

〈AI 글쓰기 플랫폼에서 제공하는 어휘량 진단 통계표〉

07 불가능을 현실로, 실감형 콘텐츠

생생하게 들여다보는 탐구 과정

진짜 우리 교실 이야기

"선생님, 지질 공원을 실제로 간 것처럼 너무 편하고 좋아요! 진짜 답사간 것 같아요."

중학교 1학년 과학 수업 시간, 학생들은 태블릿을 통해 실감형 콘텐츠 중 국가 지질 공원 탐방 콘텐츠를 체험하고 있었습니다. 실감형 콘텐츠에서는 대한민국의 대표적인 지질 공원인 제주도 한라산 등의 3D 지형을 생생하게 제공했습니다.

"여기 지질 구조 너무 신기해요!"

학생들은 태블릿 화면을 손가락으로 드래그하며 지질 공원의 주요 지형을 이리저리 탐험했습니다. 화면 속 바위를 확대해 무늬와 결을 자세히 살펴보거나, VR 모드를 켜서 실제로 공원에서 있는 것처럼 주변 풍경을 360도로 둘러보기도 했습니다.

수업 중 한 학생이 물었습니다.

"태블릿으로 이렇게 다 볼 수 있는데, 진짜로 가야 할 이유가 있나요?"

"좋은 질문이야! 스마트 기기로 우리가 자세히 관찰하거나 이해하기 어려운 것들을 미리 배울 수 있어. 그 후에 진짜 가 보면 훨씬 많은 걸 느낄 수 있지."

또 다른 학생은 화면을 보며 이렇게 말했습니다.

"이거 하고 나니까 지질 공원에 진짜 가 보고 싶어요. 그런데 이렇게 태블릿으로만 봐도 정말 편하고 좋네요!"

실감형 콘텐츠를 이용하면 학생들은 직접 가기 어려운 장소를 태블릿으로 탐방하며, 그 지역의 독특한 지형과 형성 과정을 깊이 이해할 수 있습니다. 단순히 교과서 속 사진을 보는 것보다 훨씬 더 많은 흥미와 탐구심을 불러일으킵니다. 실감형 콘텐츠는 학생들에게 단순한 정보 전달 이상의 경험을 제공합니다. 한국교육학술정보원에서는 VR(가상현실), AR(증강현실), 360도 카메라 3개의 카테고리를 나누어, 과학과 사회 2가지 교과목의 내용에 대해 학년별로 세분화하여 실감형 콘텐츠를 제공하고 있습니다.

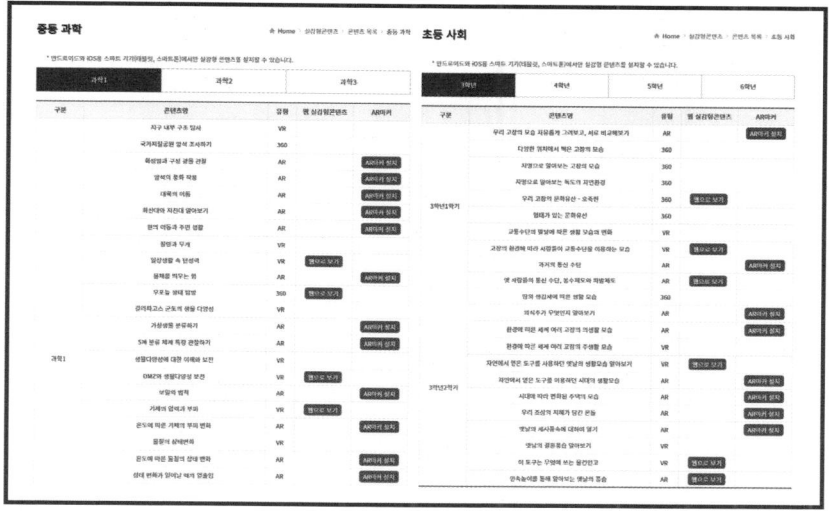

〈실감형 콘텐츠 목록, 에듀넷 티-클리어 실감형 콘텐츠〉

기존의 텍스트 기반 학습이 주로 암기 위주였다면, 실감형 콘텐츠는 학생들이 학습 내용을 체험하고, 탐구하며, 스스로 질문을 던지게 만드는 데 큰 역할을 하고 있습니다. 예를 들어, 화산 분출 과정을 단순히 읽는 대신 3D 시뮬레이션을 통해 화산 내부의 구조를 탐험하고, 마그마의 이동을 직접 관찰하는 경험은 학생들에게 훨씬 강렬한 인상을 남깁니다. 또한 암석을 손으로 돌려가며 관찰을 하면서 암석의 특징을 적어 보는 활동도 가능합니다.

〈학생들이 태블릿으로 암석을 관찰하는 모습〉

    이와 같은 체험형 학습은 학생들의 몰입도를 높이고 학습 내용을 더 오래 기억하게 하는 효과를 가져오고, 동시에 학생들의 창의력과 호기심을 자극합니다. 초등 사회 수업에서는 역사적 사건이 재현되는 장면을 눈앞에서 체험해 볼 수 있으며, 6·25 전쟁의 전개 과정 알아보기 등 학생들이 과거의 사건을 단순히 배우는 것을 넘어, 그 시대에 '들어가 보는' 학습 경험을 제공합니다. 또한 아직 선거권이 없는 학생들이 직접 투표를 해보는 경험을 제공하여 선거의 원칙과 과정들을 생생하게 체험할 수 있도록 돕기도 합니다.

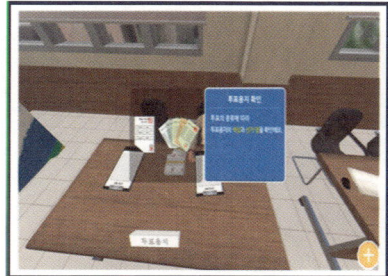 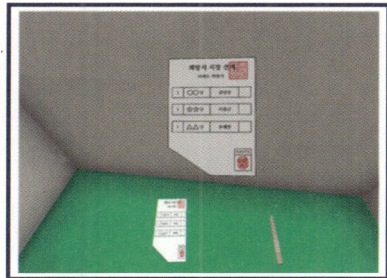

〈선거 과정을 참여해 보는 실감형 콘텐츠〉

또한, 수업 시간에 국가 지질 공원의 암석 조사하기 360도 실감형 콘텐츠를 활용하면, 아이들은 마치 직접 현장에 가 있는 것처럼 생생한 체험을 하며 학습하게 됩니다. 수업이 시작되면 교실의 불이 어두워지고, 화면에는 국가 지질 공원의 웅장한 풍경이 펼쳐집니다. 아이들은 360도 화면을 보며 손을 움직여 다양한 방향을 살펴보고, 주상절리, 용암 대지, 해안 절벽과 같은 지형을 자세히 관찰합니다. 단순히 사진을 보는 것이 아니라, 360도 콘텐츠를 통해 협곡 아래를 내려다보거나, 거센 파도가 부딪히는 해안선을 따라가며 자연의 생생한 모습을 체험하는 것입니다. 이때 교사는 학생들에게 이렇게 질문을 던집니다.

"여러분, 이 지형이 어떻게 만들어졌을까요?"

학생들은 화면을 보며 단서를 찾고, 친구들과 의견을 나누며 토론합니다. 예를 들어, 용암이 흘러 굳어져 만들어진 지형을 보며 "화산 활동 때문이에요!"라고 이야기하고, 해식 동굴을 살펴보며 "파도가 오랜 시간 동안 바위를 깎았어요!"라고 설명하는 모습도 보입니다. 실감형 콘텐츠를 활용한 수업을 통해 아이들은 교과서 속 글과 사진만으로는 쉽게 이해하기 어려운 자연의 변화를 눈으로 직접 보고, 마치 탐험가가 된 것처럼 흥미를 갖고 배우며 주도적으로 참여합니다. 360도 카메라 실감형 콘텐츠를 활용한 수업은 아이들에게 더 깊이 있는 학습 경험을 제공할 뿐만 아니라, 탐구심과 호기심을 자극하는 효과적인 방법이 되고 있습니다. 학교에서의 이런 생생한 학습 경험이 아이들에게 자연을 더욱 가까이 느끼게 할 수 있습니다.

〈국가 지질 공원 암석 조사하기 탭 내 암석을 관찰하는 모습〉

실감형 콘텐츠는 현실적으로 구현이 불가능한 실험도 학생들이 체험할 수 있도록 합니다. 등속 운동하는 우주 쓰레기의 시간, 거리, 속력의 관계를 알아보거나, 진공 상태에서 자유 낙하 실험을 진행해 보고 운동을 분석해 볼 수도 있습니다. 이를 통해 학생들은 상상 속에서만 그려왔던 개념들을 실제로 눈으로 확인하며 생생하게 체험할 수 있습니다.

〈자유 낙하 실험 실감형 콘텐츠〉 위
〈등속 운동하는 우주 쓰레기 실감형 콘텐츠〉 아래

기존 실감형 콘텐츠는 주로 실감형 콘텐츠 애플리케이션을 통해 제공되었지만, 최근 실감형 콘텐츠들은 웹 기술의 발전으로 더 가볍고 접근성이 높은 웹 페이지 형태로 이동하고 있습니다. 웹 기반 콘텐츠는 별도의 프로그램 설치 없이 브라우저를 통해 즉시 실행 가능하다는 점에서 큰 장점을 가집니다. 예를 들어, 과학 수업에서 화산 분출을 배우는 학생들이라면, 링크를 클릭해 바로 웹에서 3D 화산 모델을 탐험하거나, 스마트폰 카메라를 통해 주변 공간에 화산을 AR로 띄워볼 수도 있을 것입니다. 이런 방식은 학습 환경에 제한을 두지 않고 어디서나 학습을 가능하게 합니다. 앞으로는 AI 기술과 결합해 학생 맞춤형 학습 경험을 제공하는 방향으로 나아갈 것입니다. 예를 들어, 학생들이 과학 실험을 디지털 환경에서 진행할 때, AI가 실험 데이터를 분석하고 학생의 이해도를 평가해 개인 맞춤형 보충 자료나 도전 과제를 제공할 수 있습니다. 탐구 과목에 대해 어려워하는 친구들에게는 더할 나위 없이 좋은 콘텐츠입니다.

실감형 콘텐츠는 단순히 학습 보조 도구를 넘어, 디지털 교육의 중심축으로 자리 잡아가고 있습니다. 특히 인터넷 연결만으로 다양한 기기에서 학습할 수 있는 웹 기반 콘텐츠는 학생들 사이의 디지털 격차를 줄이고, 교육의 형평성을 높이는 데 기여할 것입니다.

08 블록쌓기부터 텍스트 코딩까지

사고력을 프로그래밍합니다!

> **진짜** 우리 교실 이야기

코딩 수업이 한창인 교실, 서영이가 교사에게 질문합니다.

"선생님! 우리 모둠의 로봇이 저희가 원하는 대로 잘 움직이지 않아요. 오류가 난 것 같아요."

"어떻게 움직이려고 했는지 선생님에게 설명을 해줄 수 있을까요?"

"제 로봇이 첫 번째 목적지에 도착하면 지민이의 로봇에게 신호를 보내고, 지민이의 로봇이 신호를 받으면 소리를 내면서 이동해서 두 번째 목적지로 도착하는 시나리오에요!"

"그러면 지금은 어디에서 문제가 나타났나요?"

"지금은 제 로봇이 첫 번째 목적지에 갔는데, 지민이의 로봇이 안 움직여요!"

"그러면 지민이의 로봇에 신호를 보내는 명령어가 잘 입력되었는지 다시 확인해 볼까요?"

"네! 해 볼게요!"

잠시 후 지민이가 다시 선생님께 질문했습니다.

"선생님 로봇이 제가 생각한 대로 움직이지 않는데 어떻게 해야 할까요?"

"지민이는 로봇을 어디로 보내고 싶나요?"

"두 번째 목적지로 가야 하는데, 방향이 자꾸 이상한 데로 움직여요."

"지민이가 바라보는 방향대로 코드를 짜지 말고, 로봇의 입장에서 생각해서 코드를 짜보세요."

흔히 코딩 교육이라고 불리는 소프트웨어 교육은 2015년 개정된 교육과정이 5, 6학년에 적용되고, 중학교에 정보 교과가 필수로 지정되면서 본격적으로 정규 교육과정에 등장했습니다. 코딩 교육이라고 하면 C언어, 파이썬과 같은 프로그래밍 언어에 대한 막연한 두려움 때문에 코딩 수업에 대해 어려움을 느끼는 경향이 있습니다. 하지만 실제 수업 시간의 분위기는 사뭇 달랐습니다. 교실에서는 프로그래밍 언어 학습에 앞서 엔트리, 스크래

치와 같은 블록형 코딩 프로그램을 먼저 사용하였기 때문입니다. 블록형 프로그래밍 언어는 화면에 있는 블록들을 쌓아 연결하여 하나의 작은 프로그램을 만들 수 있는 언어입니다. 학생들이 처음에는 블록을 순서대로 위치시키지 못하여 원하는 대로 프로그램이 만들어지지 않는 경우도 있지만, 몇 번의 시행착오가 지나면 친구들과 협력하여 원하는 프로그램을 만드는 데 그리 오래 걸리지는 않습니다. 이러한 블록 코딩은 초등학생들이 코딩의 기초를 이해하도록 돕는 효과적인 도구 중 하나입니다. 블록을 순서대로 배치하는 과정에서 아이들은 자연스럽게 논리적 사고와 문제 해결 능력을 배우게 됩니다.

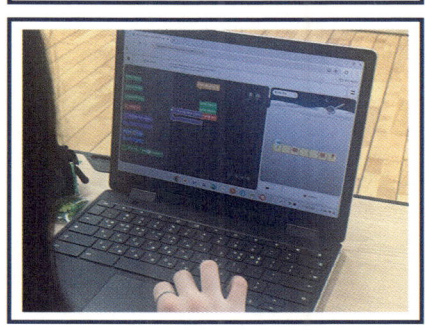

〈블록형 프로그래밍 언어 활용 모습(엔트리)〉
〈블록형 프로그래밍 언어 활용 모습(코드모스)〉

블록형 프로그래밍 언어를 학습하기 어려운 학생의 경우 언플러그드 코딩을 통해 먼저 기본 논리를 배우기도 합니다. 언플러그드 코딩이란 컴퓨터 없이도 코딩의 기본 원리를 배울 수 있는 방법입니다. 예를 들면 학생 두 명이 각각 프로그래머와 로봇의 역할을 하는 활동이 있습니다. 큰 종이와 색 테이프로 미로를 만든 후 한 명은 로봇의 역할을, 다른 한 명은 프로그래머의 역할을 맡습니다. 이후 프로그래머 역할을 맡은 학생은 목표에 도달하기 위해서 로봇에게 내릴 명령을 만들고, 로봇 역할을 하는 학생은 그 명령을 있는 그대로 따릅니다. 놀이 활동을 통해 프로그래머의 관점과 로봇의 관점을 익히면서 명령의 순서와 정확성이 얼마나 논리적이어야 하는지, 명령이 얼마나 중요한지를 몸소 깨달을 수 있습니다. 이러한 언플러그드 코딩은 아이들에게 프로그래밍의 기초 원리를 시각적이고 체험적인 방법으로 가르치는 데 효과적입니다. 이 과정을 통해 아이들은 컴퓨터와 프로그램 뒤에 숨어 있는 원리를 몸소 체험하면서 배우고, 이에 따른 논리적 사고와 문제 해결 능력을 키울 수 있습니다.

〈언플러그드 코딩 수업(코보블록스)〉 〈피지컬 컴퓨팅 로봇 코딩 수업(스파이크 프라임)〉

　이후 중고등학교에 가게 되면 본격적으로 파이썬과 같은 프로그래밍 언어를 사용하는 소프트웨어 교육이 진행됩니다. 이때부터 질 높고 체계적인 프로그램을 만들어가기 시작합니다. 하지만 이와 동시에 학생들이 점점 어려워하기도 합니다. 기존 블록형 프로그래밍 언어까지는 직관적으로 블록을 이어 붙이면 되었지만, 텍스트형 프로그래밍 언어부터는 기본적인 영어 타자 능력도 뒷받침되어야 하며, 프로그래밍 언어의 규칙을 익혀야 하기 때문입니다. 또한, 처음에는 단순히 문자로 이뤄진 화면 속에서 자신의 코드가 어떤 방식으로 작동하는지 구체적으로 확인할 수 없기 때문에 수업을 흥미 있게 이끌어 나가기 어렵기도 합니다.

　그래서 교육용 로봇이나 보드와 같은 피지컬 컴퓨팅 교구를 활용하여 수업을 진행하기도 합니다. 피지컬 컴퓨팅이란 현실 세계의 디지털 센서를 이용해서 정보를 입력 받고 컴퓨터에서 처리한 후, 다양한 장치를 통해 현실 세계에서 결과를 출력해 주는 컴퓨팅을 의미합니다. 다양한 교구를 활용하여 직접 물체가 움직이는 것을 보고, 오류 코드를 고치는 과정을 눈으로 직접 확인함으로써 학생들이 보다 프로그래밍 활동에 흥미 있게 빠져들게 됩니다. 이러한 과정을 통해 마주한 문제를 해결해 나가는 문제 해결 역량과 논리적 사고 등을 기를 수 있게 됩니다.

이처럼 현재 각 학교급별로 학생들의 컴퓨팅 사고력 함양을 위해 다양한 소프트웨어 교육이 이루어지고 있습니다. 우리가 알고 있는 일반적인 프로그래밍과 코딩은 영어 타자를 기반으로 한 프로그래밍 언어로 만들어집니다. 하지만 학교에서는 단순히 컴퓨터를 잘 다루거나 코드를 잘 짜는 프로그래밍의 기술을 가르치는 것이 아니라 학생들이 주어진 문제 상황을 창의적으로 해결할 수 있도록 하며, 더 나아가 이 과정을 통해 컴퓨팅 사고력과 문제 해결력, 논리적 사고력 등을 기르는 데 목적을 두고 있습니다.

단순히 기술의 관점에서, 종종 "이게 우리 아이들에게 무슨 필요가 있을까? 우리 아이가 잘할 수 있을까?"와 같은 걱정과 염려를 가진 부모님들도 있습니다. 하지만 학교에서의 SW교육은 기술자를 양성하는 교육이 아닌, 언플러그드 코딩, 블록 코딩처럼 학생들에게 쉽고 흥미로운 방법으로 시작하여 단계적으로 배우고, 주어진 문제를 해결해 나감으로써 성취감을 느끼고, 이와 연관된 역량을 기르는 데 목적이 있습니다. 여기서 코딩은 어려운 기술이 아닌 학생들의 사고력과 역량을 키워주는 수단인 것입니다.

가정에서도 아이들이 어떻게 사고하고, 어떻게 문제 상황을 헤쳐 나갈 수 있을 지에 대해 초점을 둔다면 기능적인 코딩에 스트레스 받는 우리 아이가 아닌, 삶을 살아가는 동안 마주할 문제를 해결하는 데 필요한 역량을 갖춰 나가는 아이로 성장시킬 수 있을 것입니다.

09 AI와 함께하는 교실

생성형 AI 어떻게 활용할까?

> **진짜** 우리 교실 이야기

"선생님, 저희 오늘은 웹툰 만들기로 했죠?"

눈을 반짝이며 교실에 들어선 아이들이 기대감을 싣고 묻습니다. 오늘은 창의적 체험 활동 중 동아리 활동을 하는 날입니다. 동아리에서 웹툰 제작에 도전해 보기로 한 약속을 잊지 않고, 학생들은 개인별 스마트 기기를 들고 들어와 자리에 앉습니다.

"머릿속에 떠오르는 내용과 이미지가 뚝딱 만들어지는 건 아니겠죠? 오늘은 생성형 AI의 도움을 받아서 활동해 볼 거예요."

"선생님, 제가 만들고 싶은 이야기로 자유롭게 해봐도 될까요?"

"당연하죠. 오늘은 자유 주제로, 여러분이 만들어보고 싶은 스토리를 마음껏 만들어보세요. 만들고 싶은 이야기의 방향을 생성형 AI에게 제시하면서 6컷 정도의 스토리보드를 제안하도록 프롬프트를 입력해 보세요."

"너무 기대된다. 어디로 들어가면 되나요?"

초롱초롱한 눈을 빛내는 아이들이 재촉이 시작됩니다.

⋮

"이 장면은 배경이 너무 멋있고, 신비로운데? 어떤 장면이니?"

"귀여운 캐릭터와 함께 시간 여행을 하는 이야기인데요. 다양한 곳으로 데려다줘요."

"장면 표현도 좋고, 느낌이 정말 잘 반영된 것 같아. 완성작이 기대되는데?"

저마다의 상상력을 표현하는 아이들은 움직이지도 않고 집중해서 작업에 열중합니다.

"이 주인공은 누군가를 닮은 것 같은데…… 결의에 찬 표정이 매우 인상적이야."

"그렇죠? 모범이의 결말을 기대해 주세요."

요즘 학교에서는 다양한 교과와 활동에서 생성형 AI를 활용합니다. AI 기반 대화형 챗봇인 ChatGPT의 등장 이후 여러 플랫폼에서 생성형 AI를 접목해 다양한 콘텐츠를 제시하고 있으며 학생들의 창의성을 이끌어낼 수 있는 아이디어가 쏟아지고 있습니다. 학교에서도 이를 반영해 이전에 하지 못한 새로운 수업을 진행하고 있으며 많은 변화가 진행되는 중입니다. 생성형 AI를 활용하면 각 학생의 수준과 학습 스타일에 맞는 개인화된 콘텐츠 제작이 가능하고, 창의적 표현의 기회가 확대됩니다. 위에 제시한 사례에 등장하는 웹툰 제작은 어떤 과정을 거쳐서 진행될까요? 학생들은 AI 기반 웹툰 제작 플랫폼에 접속해 생성형 AI와 대화하며 스토리보드를 제작합니다. 자신이 원하는 결과물이 나올 수 있도록 프롬프트를 입력하는 방법을 배우고, AI가 제안한 아이디어를 수정하거나 발전시키는 과정에서 문제 해결 능력이 향상됩니다. 자신의 생각과 관심사를 토대로 이야기를 만들고 창의적으로 표현하는 시간을 경험하고 이를 공유하며 소통 능력도 향상됩니다. 학교에서의 교육 활동에는 시간적 제한이 있기 때문에 생성형 AI를 잘 활용하면 하루 만에 완성된 작품을 제출하고 공유하는 등 학습의 효율화에도 도움이 됩니다.

교과 수업 시간에도 AI는 다양한 측면에서 활용되고 있습니다. 몇 가지 사례를 살펴보겠습니다. 영어 수업에서는 작문 활동을 할 때에 생성형 AI의 도움을 받기도 합니다. 영어는 특히 다른 과목과 비교할 때 학생들의 수준과 격차가 큰 과목으로 영작을 할 때도 개인마다 역량이 다르고 글을 완성하는 데 걸리는 시간 차이도 큽니다. 따라서 개개인마다 자신의 영작 활동에서 생성형 AI의 도움을 받아 자신의 속도대로 과제를 수행합니다. 먼저 주제에 대한 자신의 생각을 담아 한글로 작문을 합니다. 자신이 표현하고 싶은 내용을 명확히 한 후 어떻게 영어로 바꿀 수 있을지 고민하는 시간을 갖습니다. 이후 다른 도움 없이 스스로 영작 활동에 도전합니다. 이 과정은 고민도 많고 시간이 걸릴 수 있기 때문에 학생들 수준에 따라 번역기의 도움을 받기도 합니다. 서툴지만 자신의 힘으로 완성한 글을 생성형 AI에 입력하면 AI가 적절한 표현, 문법, 단어 등을 수정할 수 있도록 고쳐 쓰기를 제안합니다. 학생은 AI의 여러 제안 중 어울리는 표현에 대해 고민하며 글을 고치고, 교사의 피드백을 반영하여 다시 고쳐 쓰는 과정을 반복하며 글을 완성합니다. 여러 단계를 거쳐 글을 고쳐 쓸 때 학생들이 일차적으로 생성형 AI의 도움을 받기 때문에 교사는 어느 정도 다듬어진 글에 대해 더 구체적이고 유효한 피드백을 제공할 수 있습니다. 자신이 했던 작문을 발전시켜 더 적합한 표현을 비교하고 글을 고치는 과정에서 학생들의 영어 표현이 늘고, 영작 실력이 향상됩니다.

사회 시간의 사례를 볼까요? 학생들은 국민 경제와 국제 거래에 대해 학습한 후 환율, 물가, 실업 등 다양한 주제 중 선택하여 실생활에서 경제 주체의 합리적 선택에 도움이 될 수 있는

'시사 경제 라디오 대본 작성하기' 프로젝트에 참여합니다. 이때 실제 경제 지표가 변하거나 경제 상황의 변화를 나타내는 기사를 소재로 활용하는데, 생성형 AI의 검색 기능을 활용하면 자신이 원하는 주제에 대한 다양한 기사와 출처를 손쉽게 확인할 수 있습니다. 라디오를 듣는 청취자에게 도움이 될 수 있는 대본을 완성하고 나면 음성 AI 기반 콘텐츠 제작 도구에 접속해 실제 라디오 대본처럼 AI 기반 다양한 캐릭터의 목소리를 선택하고 샘플 라디오 영상을 만듭니다. 자신이 선호하는 캐릭터와 목소리를 선택하고 작성한 대본 내용을 입력하면 AI 기반으로 한 목소리가 생동감 있게 대본을 읽어주기 때문에 실제 라디오를 청취하는 것처럼 생생한 영상을 만들 수 있습니다. 이후에는 친구들이 제작한 영상을 함께 공유하고 피드백을 주고받으며 핵심 내용이 잘 표현되었는지 점검합니다.

국어 시간에는 자신이 직접 쓴 글을 디지털 책으로 만드는 과정에서 책 표지를 제작할 때 AI를 활용하기도 합니다. 원하는 이미지에 대한 상상을 글로 작성하여 프롬프트를 입력하고, 인공지능이 제안한 여러 이미지 중 나의 글에 가장 적합한 것을 골라 책 표지로 활용하기도 합니다.

지금까지 제시한 사례의 공통점을 찾으셨나요? 교과와 창의적 체험 활동 등 다양한 교육 활동에서 AI를 활용하며 학생들은 이전에 해보지 못한 더 창의적이고 심미적인 활동을 경험합니다.

AI를 활용해 개인마다 가지고 있는 서로 다른 아이디어를 구체화하는 과정은 사용자 맞춤형 교육에 긍정적 도움이 될 수 있으며, 새로운 기술과 매체에 대한 접근성을 바탕으로 학생이 AI 도구와 다양한 소프트웨어의 활용 능력을 기를 수 있습니다. 또한 디지털 기술을 잘 활용하는 방법을 학습하면서 평가와 개선의 과정을 반복하고 비판적 사고력도 기를 수 있습니다. 교과의 중요한 개념과 핵심 내용, 지식 등을 익히고 이해하는 것도 중요한 교육 활동입니다. 하지만 AI를 활용하거나 프롬프트를 입력하는 방법을 익히고 이를 적절히 활용하면 실제 생활에 적용할 수 있는 아이디어를 도출하고 여러 요소를 새롭게 조합하며 다양한 역량을 신장시킬 수 있습니다.

물론 인공지능을 활용하는 것에 대해 여러 분야에서 우려의 목소리도 있습니다. 학교 현장에서도 이에 대한 논의를 충분히 하고 있으며, 시도 교육청의 지침에 따라 생성형 AI를 활용하기 전 각 프로그램의 서비스 약관 및 개인 정보 보호법에 근거하여 학부모의 사전 동의를 받고 소양 교육을 실시하여 아이들이 인공지능의 개념과 양면성을 이해하고 어떻게 활용하는 것이 좋은지에 대해 생각하도록 교육하고 있습니다. 기술의 진보를 막을 수 없기에 이에 현명하게 대처하고 슬기롭게 활용할 수 있는 능력을 길러주는 것이 어른들의 역할일 것입니다.

〈생성형 AI를 활용한 학생들의 산출물 사진〉

10 태블릿과 절친

바뀐 자습 시간

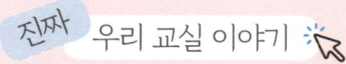
진짜 우리 교실 이야기

"오늘은 시험 전 마지막 시간이니까, 자습하면서 궁금한 것 있으면 선생님한테 질문해도 됩니다."

시험 직전 시간, 시험 범위까지 진도는 모두 마쳤고 학생들에게 배운 내용을 스스로 공부할 수 있도록 자습 시간을 주었습니다. 학생들은 익숙하게 교과서와 학습지, 참고서 등 공부할 거리들을 꺼내는데, 몇몇 학생들이 교탁 앞으로 다가옵니다.

"선생님, 태블릿으로 공부해도 돼요?"

학생들이 각자의 손에 들린 태블릿 PC를 보여주면서 묻습니다.

"태블릿으로 어떻게 공부하려고?"

"학습 자료도 다 이 안에 있고…… 또 인강도 밀렸어요."

학생들의 대답에 휴대폰을 수거하는 학교 교칙을 떠올리며 잠시 고민했지만, 이내 학생들에게 다시 당부합니다.

"그래, 대신 공부하는 것 이외에 딴짓하면 안돼."

코로나19 대유행 이후 학습 환경이 점차 디지털 환경으로 변화함에 따라, 학생들에게 있어 태블릿 PC는 학습의 필수품이 된 듯 보입니다. 학교 현장에서도 태블릿 PC로 공부하는 학생들의 모습들을 어렵지 않게 찾아볼 수 있습니다. 특히 입시가 주요 과제로 여겨지는 고등학교에서는 익숙한 풍경이 되었습니다.

한국 미디어 패널 조사에 따르면 태블릿 PC를 보유한 10대 청소년 비율은 2019년 18.8%에서 2023년 51.8%로 큰 폭으로 증가했습니다. 특히 코로나19 확산에 따라 온라인 수업이 전국적으로 진행되었던 2020년과 2021년 사이 10대 청소년의 태블릿 PC 보유율은 18.4%p 증가했다고 합니다. 즉, 학생 두 명 중 한 명은 태블릿 PC를 소유하고 있는 셈입니다. 이러한 추세는 점점 더 증가할 것처럼 보이며, 학생들 사이에서도 태블릿 PC를 학습에 이용하는 것은 당연한 일이 되었습니다. 실제로 학교에서 성적 우수 장학금을 받게 된 학생 중 한 명은 백만 원가량의 장학금을 어디에 사용할지 묻자 우선적으로 태블릿 PC를 구입할 것이라고 응답하기도 했습니다.

학생들이 태블릿 PC를 선호하는 이유는 분명합니다. 많은 자료를 가벼운 태블릿 PC 안에 저장할 수 있고, 언제 어디서나 필기가 가능하며, 녹음과 인터넷 강의 시청 등 다양한 일들을 동시에 수행할 수 있습니다. 공부해야 할 자료는 많고, 가방은 무거운데다 인터넷 연결만 되면 공부하다 궁금한 점도 찾아볼 수 있으며 친구들과 가진 자료를 쉽게 공유할 수도 있으니 학생들에게는 더할 나위 없는 학습 도구가 됩니다.

〈EBS eBOOK 서비스〉

이러한 변화에 발맞추어 EBS에서는 〈수능특강〉과 〈수능완성〉 등 우리에게 익숙한 교재를 eBOOK으로도 만들어 판매하고 있으며, 학생들은 본인이 가지고 있는 교재를 PDF 파일로 만들어 태블릿으로 보기도 합니다. 실제로 학교 현장에서 체감하는 변화는 더욱 큽니다. 시험 기간이 되면서 종종 받는 요청은, 태블릿으로 보면서 공부하려고 하는데 수업 시간에 나눠준 종이 학습지와 PPT를 공유해줄 수 없겠냐는 것입니다. 또 질문이 있다고 하면서 학습지나 교과서를 보여주며 묻는 것이 일반적이지만, 이제는 태블릿으로 필기한 내용 또는 풀이 과정을 캡처해서 교사에게 전송하는 등 2020년 이전에는 들어보지 못한 요구들과 방식을 자주 마주하게 됩니다.

"안돼!"는 어디까지?

진짜 우리 교실 이야기

쉬는 시간에 교실에 들어가자 몇몇 학생들이 살짝 눈치를 봅니다. 의아하지만, 이내 이유를 알 수 있습니다.

"게임 들어왔어?"

"방 비밀번호 다시 말해줘."

학생들이 야,야! 하면서 태블릿으로 게임에 열중하고 있는 친구들을 쿡쿡 찌릅니다.

"헉!"

놀란 학생들은 후다닥 태블릿 PC의 전원을 끄고, 책상 서랍 속에 집어넣습니다.

> "얘들아, 태블릿은 공부 목적으로만 쓰기로 하지 않았니?"
> "죄송합니다……."

태블릿 PC를 학습 목적에 맞게 '잘' 사용한다면 더할 나위 없이 좋은 도구임은 틀림없습니다. 하지만 모두의 우려대로 학생들이 태블릿 PC를 학습 목적으로만 사용하는 것은 아닙니다. 너무 많은 기능을 탑재하고 있는 만큼, 학생들이 쉽게 유혹에 빠지기도 합니다.

특히 학교 교칙으로 휴대폰 사용이 금지되어 있거나, 아침 조회 시간에 휴대폰을 수거하는 경우 또 다른 딜레마가 생깁니다. 교내에서 휴대폰 사용을 금지하는 이유가 너무 많은 유혹에 노출되기 때문인데, 공부 목적으로 태블릿 PC 사용을 허용한다면 휴대폰 사용 금지 교칙이 의미가 없어지기 때문입니다. 따라서 어디까지 허용하고, 어디까지는 금지해야 할지 고민이 되기도 합니다.

상담 시 이런 부분을 고민으로 토로하는 학생들도 있습니다. "선생님, 저는 휴대폰이나 태블릿이 있으면 공부가 안 돼요." 본인이 휴대폰과 전자기기를 너무 많이 사용한다고 지도를 직접 부탁하는 학생들도 있고, 심지어는 강제로 뺏어달라는 학생들도 있습니다. 한편으로는 "친구들이 다 태블릿으로 게임해서 분위기가 별로 좋지 않아요"라고 호소하는 학생들도 있습니다.

이런 문제 상황에서 학생들에게 필요한 역량은 '자기 조절 역량'입니다. 스스로의 상황을 잘 이해하고, 태블릿 PC를 본인에게 도움이 되는 방향으로 '잘' 쓸 수 있도록 계획 하에 사용해야 합니다. 처음에는 어려운 것이 당연합니다. 따라서 잘 쓰는 방법을 고민할 수 있도록, 스스로 제어할 수 있도록 학생들에게 이렇게 지도합니다.

1. 태블릿 PC의 애플리케이션 누적 사용 시간 확인하기
2. 학습에 방해가 되는 애플리케이션 지우기
3. 학습 목적으로만 사용할 수 있도록 스크린 타임이나 기타 애플리케이션 사용 제한 애플리케이션 활용하기

중고등학교에서는 학급 차원에서 중간고사와 기말고사를 앞두고 '열품타'와 같은 공부 시간 측정 겸 타 앱 사용 제한 애플리케이션을 활용하여 학생들의 바른 기기 사용을 유도하기도 합니다.

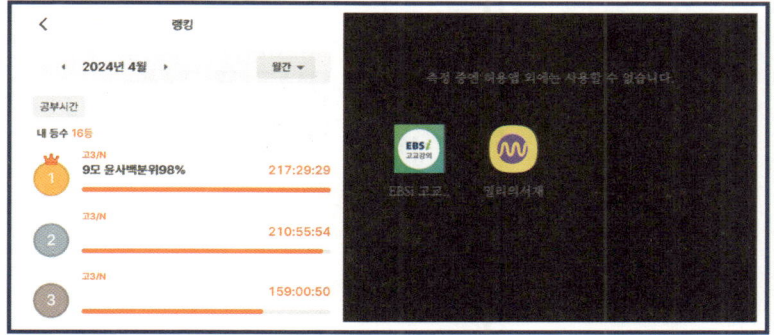

〈열품타 애플리케이션 화면〉

학생들의 반응은 오히려 뜨겁습니다.

"선생님, 이번 달에는 열품타 안해요?"

"이거 쓰니까 집중해서 공부하는 시간이 늘었어요."

"선생님이 알려주신 대로 하니까 공부할 때 태블릿으로 딴짓 안 하게 돼요!"

학생 스스로 문제를 인식하고, 이를 해결하기 위해 교사가 가이드를 주고, 이를 바탕으로 효과적으로 자기 자신을 제어해 보면서 학생들은 자기 조절 역량을 기르게 됩니다. 이제 태블릿 PC는 단순한 학습의 도구를 넘어 학생들의 역량 강화와 성장을 돕는 조력자로 자리 잡고 있습니다. 흔히 태블릿 PC의 사용 자체가 학업 역량을 방해한다는 의견이 있지만, 달리 보면 또 다른 성장의 기회가 됩니다.

11. 전자 칠판이 만들어 가는 새로운 교실 풍경

일방적 소통에서, 양방향 소통으로

진짜 우리 교실 이야기

"발표하는 사람들은 미러링 앱 이용해서 본인 발표 자료 전자 칠판에 연결하고, 발표하면 됩니다."

수업 중 제작한 포스터를 발표하는 시간, 학생들이 자신의 차례가 되자 능숙하게 자신의 기기 화면을 전자 칠판에 미러링하고, 비장한 표정으로 앞으로 나옵니다.

"발표 들으면서 다른 친구들은 댓글로 의견 남겨주고, 하트 버튼 눌러주세요."

교사가 학생들에게 지시하자, 발표하는 학생뿐만 아니라 듣는 학생들도 사뭇 진지해집니다.

"발표 시작하겠습니다. 제 포스터는……."

칠판, 분필, 칠판 지우개…… '교실'이라고 하면 떠오르는 물건들입니다. 수업 중 분필 가루가 날리고, 쉬는 시간마다 칠판 지우개로 칠판을 지우는 모습, 아마 모두가 경험한 상상 가능한 교실의 모습일 것입니다. 가장 직관적이면서도 간편하게 수업을 진행하게 하는 도구이기도 합니다. 학생들이 봐야 할 영상 자료와 사진 자료가 많아지면서 TV 화면이나 빔프로젝터와 스크린을 이용하여 학생들에게 멀티미디어 자료들을 제시하고, 추가로 설명이 필요한 부분은 칠판이나 화이트보드를 이용하여 필기를 하기도 했습니다.

이런 방식이 직관적이기는 하지만, 약간의 단점 또한 존재했습니다. TV 화면을 통해 학생들에게 영상 또는 사진 자료를 제시하는 경우 내용 중 특정 부분에 대한 필기가 필요할 때 난감해집니다. 예를 들어, 과학 시간에 실험 영상을 보여주다가 각 시험관에 넣을 물질들을 설명하고 싶을 때, TV 화면에 직접 필기를 할 수 없으니 칠판 또는 화이트보드에 다시 그림을 그려서 설명해야 합니다. 스크린이 아닌 화이트보드에 빔프로젝터로 영상을 투영하면 이 문제는 해결될 수 있겠으나, 햇빛이 강한 경우나 주변이 밝으면 영상이 흐릿해져 잘 보이지 않는다는 단점이 있습니다. 따라서 창문의 블라인드를 모두 내리고, 교실의 전등을 모두 끄는 등 주변을 어둡게 만들어 수업을 진행합니다. 이때 학생들이 학습지를 작성하는 경우 주변이 어둡다며 불편을 호소하기도 합니다.

〈수업 진행을 위해 교실 전등을 모두 끈 모습〉(위)
〈필기를 위해 스크린 위에 화이트보드를 위치시킨 모습〉(아래)

　　전자 칠판이 학교 현장에 등장하면서, 이러한 문제들은 차츰 사라졌습니다. 학생들과 함께 영상과 사진을 보다가 필기가 필요한 부분에 펜 기능을 사용하여 그려가면서 설명합니다. 또 창문 블라인드를 내리거나 교실 전등을 끄지 않고도 교실의 어떤 자리에서도 선명하게 화면이 보이니 불편함을 호소하는 학생들도 사라졌습니다. 저시력자 학생들에게도 잘 보일 수 있도록 화면을 확대하거나, 필요할 때 축소시켜 원활한 학습을 가능하게 합니다.

고등학교 생명과학 수업 시간을 예로 들면, 이전에는 단순히 화면의 애니메이션만 보고 학생들에게 세포 분열 과정을 말로 설명했습니다. 그러나 이제는 전자 칠판의 펜 기능을 활용해 세포 구조를 직접 그려가며 설명하거나 세포 분열 과정을 애니메이션 영상으로 보여줄 때 단계별로 중요한 내용을 화면에 전자 펜으로 필기해 학생들의 이해를 돕곤 합니다. 또 두 손가락으로 사진과 영상을 줌인 하여 학생들과 함께 공유하고 여러 색의 펜을 이용하여 일부분을 강조하기도 합니다.

더불어 학생들의 산출물 발표도 쉬워졌습니다. 이전에는 교사에게 USB 저장 장치를 이용하여 공유하거나 학생들의 산출물을 사진으로 찍어 파일 형태로 공유해야 해 충분한 준비 과정이 필요했습니다. 그러나 이제는 학생들이 개인 기기로 생성한 산출물을 미러링 애플리케이션을 이용하여 전자 칠판으로 직접 연결하여 발표 활동이 쉽고 빠르게 이루어질 수 있습니다. 예를 들어, 영어 수업 시간에 학생들이 기기를 이용하여 직접 작문을 해 보고 학생 화면을 전자 칠판으로 미러링하여 다른 학생들과 실시간으로 공유하고, 교사가 즉석에서 피드백을 제공하면서 모두가 함께 개선점을 논의합니다. 학생들은 이렇게 자신의 작업이 즉각적으로 공유되고 피드백을 받는 경험에 흥미를 느끼고 더욱 적극적으로 참여하게 됩니다.

〈학생들이 전자 칠판을 이용하여 산출물을 발표하는 모습〉

물론 새로운 도구인 만큼 도전 과제도 있습니다. 기술 사용에 어려움을 겪는 교사와 학생들이 존재해 처음에는 사용을 어려워하기도 합니다. 이러한 문제를 해결하기 위해 학교는 교사를 대상으로 전자 칠판 사용 연수를 진행하고, 교사들은 학생들이 원활하게 사용할 수 있도록 수업 시간에 다양한 활동을 진행하며 전자 칠판에 익숙해지도록 돕습니다.

전자 칠판은 일방적인 정보 전달 과정을 양방향의 정보 전달로 변모시켰습니다. 교실 내 도구로서의 변화뿐만 아니라 학생들에게 많은 정보를 효율적으로 제공하면서도 학생들의 산출물을 공유해 참여도를 높이는 미래형 학습 환경을 만들어 가고 있습니다.

12 슬기롭게 종이와 이별하는 법

종이는 안녕, 온라인으로 신청하는 동아리

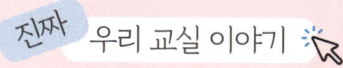
진짜 우리 교실 이야기

"자, 내일은 동아리 지원 신청일인 것 알고 있죠?"

동아리 신청을 앞두고, 교사가 학생들에게 유의할 점을 설명합니다.

"지난번에 설명했던 것처럼, 구글 설문지로 신청받을 거예요. 중요한 건 각 동아리별로 정해진 인원이 있고, 선착순이니까 제시간에 접속하는 거 잊지 마세요."

학생들에게 구글 설문지 양식을 보여주고, 작성 방법을 설명하며 한 번 더 당부합니다. 학생들은 이전 연도의 경험을 바탕으로 나름대로의 꿀팁을 서로 전수합니다.

"작년에 해보니까, 일단 3지망까지는 생각해 놓는 게 좋더라."

"나는 안전하게 다른 동아리 할래. 들어보니까 여긴 인기 많더라고."

"정확하게 2시 땡 하고 새로고침해야 해."

학교에서는 1년에 한 번씩, 3월 중에 꼭 해야 하는 일이 있습니다. 바로 학생들을 동아리에 배정하는 일입니다. 교과 수업 이외에 학생들이 본인의 관심사와 진로 목표에 따라 선택하여 동아리에 가입할 수 있는 만큼, 학생들의 관심도 뜨겁습니다. 동아리 모집을 한다는 가정통신문이 배부되면 우선적으로 학생들의 눈빛이 초롱초롱 빛납니다.

보통 가장 인기 있는 동아리는 축구, 농구 등 체육 활동을 하는 동아리이지만, 학생들의 진로에 따라 코딩 동아리나 제과제빵 동아리, 독서 토론 동아리 등도 인기입니다. 학생들의 관심이 뜨거운 만큼 동아리 업무 담당 교사도 덩달아 바빠집니다. 학생들의 동아리 수요 조사를 실시하고, 이를 바탕으로 교사별로 운영 희망 동아리 목록을 수합하고, 이를 가정통신문 등으로 공지합니다. 또 학생들이 작성할 동아리 가입 신청서 양식을 만들어 인쇄하고, 각 반에 배부해야 하고, 담임 교사들에게 동아리 신청 방법을 공지해야 합니다.

동아리 신청 당일은 더욱 복잡합니다. 각 반에서 학생들이 동아리 가입 신청서를 작성해야 하는데, 한 개의 반에 너무 많은 학생들이 몰리지 않도록 반 별 인원 제한을 두어야 합니다. 이를 바탕으로 담임 교사들은 학급 내에서 동아리 신청을 받으며 인원 조정을 해야 합니다. 그리고 학생들이 동아리 가입 신청서를 작성하면 담임 교사는 이를 수합하여 각 동아리 담당 교사와 동아리 업무 담당 교사에게 전달해야 하는데, 전교생이 동아리를 신청하는 만큼 동아리 업무 담당 교사는 몇 백 명 학생들의 신청 내역을 관리해야만 하고, 그만큼의 종이가 책상에 쌓여갑니다.

이런 복잡한 상황에서, 당연하게도 불편함이 산재합니다. 교사 입장에서는 종이 신청서를 관리하기가 힘들고, 누락이 발생하는 경우 이를 알아차리기도 쉽지 않습니다. 학생들 입장에서는 인기 동아리에 신청하고 싶지만 반 별 인원 제한이 있어 불만을 표하기도 합니다. 또 당일에 결석하는 학생의 경우 본인이 원하지 않았던 동아리에 들게 되기도 합니다.

이와 같은 문제를 해결하기 위해, 많은 학교에서는 온라인으로 동아리 신청을 받고 있습니다. 동아리 개설 전 구글 폼 등 설문 조사 양식을 이용하여 학생들과 교사들의 수요 조사를 먼저 진행합니다. 이후 동아리 소개 글을 각 교사 또는 동아리 부장 학생이 만들어 구글 클래스룸과 같은 공간에 업로드하고, 학생들은 원하는 동아리의 게시물을 클릭하여 한 해의 계획을 확인합니다.

〈온라인으로 작성한 동아리 소개 게시물 예시〉

동아리 신청 당일에는 구글 폼이나 이알리미의 설문 기능으로 선착순 설문을 진행합니다. 학생들은 미리 공지된 시간에 들어와, 원하는 동아리를 신청합니다. 이를 위해서 동아리 담당 교사는 사전에 설문 조사 양식을 만들어 두는 것과 각 반 담임 교사를 통해 학생들에게 방식을 안내하는 것만 철저히 하면 됩니다. 이렇게 하면 학생들의 신청과 동시에 정보가 클라우드에 저장되는 것이기 때문에, 별도로 종이로 내용을 수합할 필요도 없고 당일에 체험 학습 등으로 결석한 학생들도 원활하게 동아리 가입 신청에 참여할 수 있습니다. 인쇄가 필요 없으니 비용적으로도, 시간적으로도 효율성이 크게 향상됩니다. 또 구글 설문지의 경우 동아리 신청 데이터를 자동으로 정리하고 통계를 제공해 주기 때문에 담당 교사는 이 데이터를 바탕으로 동아리별 인원 초과 여부를 실시간으로 확인해 필요한 조치를 추가적으로 빠르게 취할 수 있으며, 신청 결과를 바탕으로 즉시 공유 문서를 만들어 다른 교사들에게 공유할 수 있습니다. 더불어 온라인 시스템에서는 학생들의 신청 순서가 명확히 기록되기 때문에 선착순 모집에서 공정성을 확보할 수 있습니다. 학생들이 신청 완료 여부를 즉시 확인할 수 있어 혼란이 줄어들고, 민원 발생 가능성도 확연히 감소합니다.

이처럼 온라인 시스템을 활용한 동아리 모집은 종이 신청서의 불편함을 해소할 뿐만 아니라, 효율성과 공정성을 대폭 향상시킵니다. 학생들은 자신이 원하는 동아리를 손쉽게 선택할 수 있고, 교사들은 더 이상 복잡한 수작업과 누락 걱정에서 벗어나 동아리 운영과 지도에 더 집중할 수 있습니다. 또한, 클라우드 기반 시스템을 통해 효율적으로 데이터를 관리하고, 이를 기반으로 더 나은 계획을 세울 수 있는 환경이 조성됩니다. 이러한 변화는 단순히 행정 절차의 개선을 넘어, 학생들의 경험을 풍부하게 하고 교실 문화를 더욱 발전시키는 데 기여합니다.

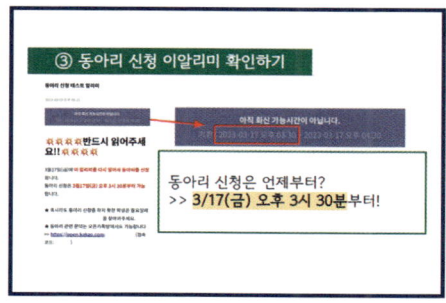

〈동아리 온라인 신청 관련 이알리미 안내문〉

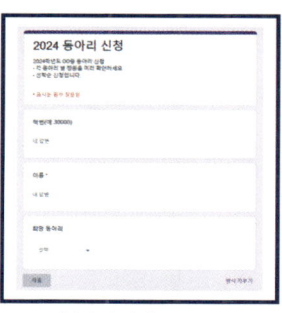

〈동아리 신청 구글 폼〉

온라인으로 다지는 학생 상담의 기초

> **진짜** 우리 교실 이야기

"영우가 선생님한테 미리 보내준 내용 보니까, O대학교 O과를 가고 싶다고 적어놨네."

"맞아요. 근데 저는 생기부 내용이 조금 자신이 없어서…… 어떻게 해야 할지 모르겠어요."

"생기부 내용만 봤을 때는 O과보다는 △과가 더 적합한 것 같긴 해. 영우 생각은 어때?"

"아, 제가 지난번 상담 전에 보내드린 것 보시면 △과도 같이 적어뒀어요."

"그러네. △대 △과도 긍정적으로 생각하고 있다고 적어뒀구나."

대학 입시를 앞두고 열띤 상담이 이어집니다. 학생도, 교사도, 눈을 빛내며 다양한 자료를 들여다봅니다. 교사의 노트북 화면에는 학생이 교사에게 온라인으로 미리 보낸 상담 기초 자료가 띄워져 있습니다.

"다음 상담은 언제쯤으로 할까? 그래도 수시 원서 넣기 전에 한 번 더 봐야지?"

"네, 구글 예약 링크 주시면 신청할게요."

"그래, 알겠어."

3월과 8월은 그야말로 '상담'의 달입니다. 3월은 학기 초이니 담임 교사가 학생들을 알기 위해 반드시 상담을 진행하고, 8월의 경우 상급 학교 진학을 위해 부지런히 입시 상담이 시작되는 달입니다. 상담을 진행하기 전, 담임 교사들이 반드시 수집하는 정보들이 있습니다. 아무런 기초 지식도 정보도 없이 상담을 진행할 수는 없으니, 학생들에게 기초 조사서를 배부하여 학생 본인에 대해 교사에게 알리고 싶은 정보를 작성해 제출하도록 합니다. 가정에서도 '선생님께 들려드리는 우리 아이 이야기'와 같은 학기 초 학생들의 정보를 수집하고자 하는 조사서를 받아 보셨을 것입니다.

　그런데, 기초 정보 조사 서류 내에는 너무나 많은 내용들이 포함됩니다. 종이 한 장에 학생들의 인적 사항과 연락처부터, 공부 습관, 고민, 지원 희망 학교까지 다양한 정보들이 넘칩니다. 그리고 상담이 진행되면 진행될수록, 종이는 많아지고 변화된 내용을 찾기에 복잡해지는 것이 현실입니다. 특히, 대입 상담이 진행되는 고등학교의 경우 다루는 정보가 워낙 많다 보니 종이로만 받는 경우 관리가 특히나 어렵습니다.

　코로나19가 창궐하며 상황은 변화했습니다. 학생들과 대면하여 상담할 수 없으니 화상 회의 프로그램을 이용해 상담하는 것이 빈번해졌고, 그에 따라 상담 전 받았던 기초 조사서 종이는 점차 온라인으로 대체되었습니다. 구글 폼이나 네이버 폼 등을 이용하여 학생들에게 알고 싶은 내용들을 설문지 형태로 제작하여 링크만 보내면 학생들은 언제 어디서든 상담 기초 자료를 작성하여 교사에게 전송할 수 있습니다. 교사는 이렇게 받은 상담 자료를 언제 어디서든 본인의 디지털 기기로 열어 보며 상담을 준비할 수 있고, 학생들은 매 상담 전 기초 자료를 작성하며 학생들도 본인의 목표나 상담 내용을 고민할 수 있어 효과적인 대화가 가능합니다.

〈구글 폼 기반 상담 기초 자료 수합〉

이렇게 학생들이 작성한 상담 기초 자료는 클라우드에 안전하게 보관되기 때문에 종이와 다르게 분실 위험이 없고, 내용 변경과 추가 정보 입력이 용이합니다. 예를 들어, "저는 ○○대학 ○○과를 가고 싶다고 말씀드렸었는데, 6월 모의고사 보고 나니 목표를 조금 바꿔야 할 것 같아요. △△대학을 가고 싶어요"라고 말하는 학생이 있다면 이전 상담 자료에서 변화된 내용만 기록하면 됩니다. 이렇게 관리하면 상담을 할 때마다 최신화된 내용을 바탕으로 변화된 기록을 보면서 학생의 상황에 맞추어 상담을 진행할 수 있습니다.

또한, 상담 시간 예약을 온라인으로 진행하기도 합니다. 일반적으로는 교실 앞에 상담 일정표를 붙여놓고 학생들이 원하는 시간에 이름을 적는 식으로 상담 시간 예약을 받습니다. 그러나 이런 방식은 상담 시간이 실시간으로 현행화되지 않아 학생들이 시간대를 변경하고자 할 때 문제가 종종 발생합니다.

구글 캘린더의 약속 기능을 사용한 이후, 이런 문제들이 사라졌습니다. 학생들은 교사가 열어둔 약속 창에서 원하는 시간을 선택하고, 상담 약속을 잡습니다. 이때 교사가 미리 입력한 형식에 따라 상담 기초 정보를 수집할 수도 있습니다. 만약 학생의 일정에 변화가 생기는 경우, 온라인 시스템에서 약속을 사전에 취소하고 빈자리를 확인해 다시 상담을 신청하면 됩니다. 따라서 교사는 교실 앞에 붙여둔 상담 일정표를 일일이 변경할 필요가 없고, 학생과 교사 모두 언제 어디서든 기기의 예약 페이지만 열면 상담 일정을 확인할 수 있습니다. 더욱 좋은 상담 30분 전 알림까지 보내주어 상담 일정을 잊을 염려가 없습니다.

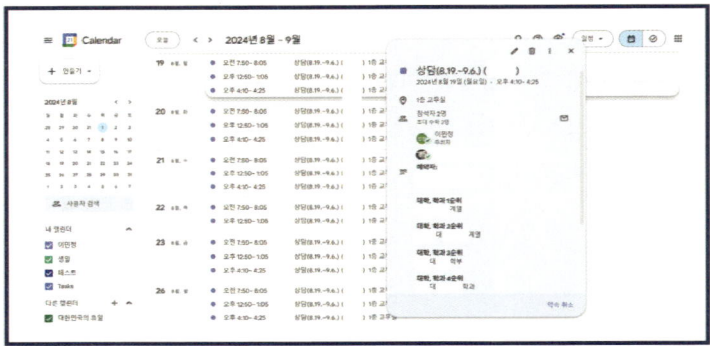

〈구글 캘린더 약속 기능으로 받은 상담 신청 내역〉

이렇듯 디지털 기반으로 상담을 준비하는 것은 단순히 편리함을 넘어 교사들에게 학생들의 목표와 고민에 더욱 깊이 다가설 수 있는 환경을 제공합니다. 상담이 단순한 만남으로 끝나는 것이 아니라, 체계적인 데이터 관리와 맞춤형 지원으로 결국 학생들을 위한 더 나은 교육을 가능하게 만듭니다.

13. 디지털 기술로 만드는 다문화 학생 지원의 새로운 길

한국어 실력이 아니라, 지식을 평가할 수 있도록

진짜 우리 교실 이야기

"선생님, 중국어로 쓰면 안 될까요?"

중국 국적을 가지고, 올해 초 3월에 편입한 윤정이가 조심스럽게 손을 들고 이야기합니다. 교사는 잠시 생각합니다.

'나는 국어 교사도 아니고…… 내가 평가하는 항목은 지식인데, 중국어로 써도 괜찮지 않을까?'

마음속으로 결론을 내린 교사는 윤정이에게 대답합니다.

"그래, 대신에 선생님이 번역기로 내용을 볼 거라서, 상세하게 써 주는 게 좋을 것 같아."

윤정이의 얼굴이 밝아지고 평가 문항에 답을 적어 내려가는 손이 빨라집니다.

요즘 학교 교실에서는 다문화 가정 학생들을 심심치 않게 찾아볼 수 있습니다. 한국교육개발원의 〈교육기본통계〉에 따르면, 전체 학생 중 국제결혼 가정의 자녀와 외국인 가정의 자녀를 포함한 다문화 학생 비율은 2014년 1.1%에서 2023년 3.5%로 10년 만에 급격히 증가했습니다.

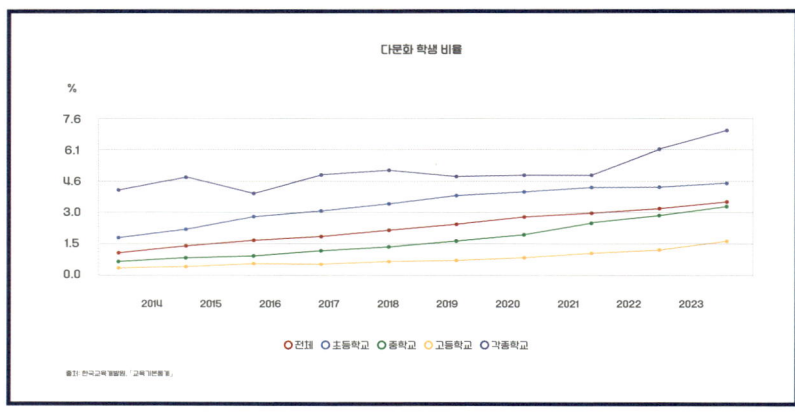

〈다문화 학생 비율 출처: 지표누리〉

다문화 학생들 중 우리나라에서 태어나 한국 문화와 한국어에 능통한 학생들도 있지만, 중도 입국을 한 학생들은 많은 어려움을 겪습니다. 모두가 예측할 수 있듯 한국어로 이루어지는 수업을 이해하기 어렵고, 과제를 수행하기 위한 언어 능력이 부족해 당연히 학업 성취율이 떨어질 수밖에 없습니다. 또한 중학교나 고등학교에 편입한 경우 학습 배경이나 지식 수준이 달라 학업 격차를 경험하는 학생들이 많고 한국 학교의 규범에 익숙해지는 데 어려움을 겪기도 합니다.

교사로서 이런 학생들을 만나면 고민이 깊어집니다. 과학 교과에서 실험 수행 평가를 할 때를 예로 들면, 특정 물질을 첨가했을 때 비커에서 일어나는 변화를 서술하도록 하는 경우 '보이는 것'을 그대로 묘사하면 되지만 언어 능력이 부족한 외국인 학생들의 경우 쉽게 한국어로 답을 적어내지 못합니다. 이런 장면을 마주한 교사는 당연히 고민하게 됩니다. 평가 항목은 '한국어 능력'이 아니라 '과학적 지식'과 '탐구 역량'이기 때문입니다.

구글 번역기와 파파고 등 다양한 디지털 번역 애플리케이션은 이런 문제들을 해결할 수 있습니다. 학생이 모국어로 답을 작성하면, 교사는 번역 애플리케이션의 도움을 받아 내용을 이해하고 평가합니다. 이렇게 하면 학생의 언어적 한계에 가려진 지식 역량을 제대로 평가할 수 있습니다.

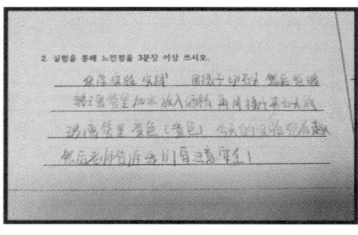

〈학생이 중국어로 쓴 답변〉　　〈번역 애플리케이션을 이용하여 번역한 내용〉

또한 다양한 AI 기술은 다문화 학생들의 학업 성취를 돕기도 합니다. 생성형 AI를 이용하여 같은 내용 지식이 포함되어 있지만 다른 수준으로 지문을 만들어 다문화 학생들에게 제공한다면 다문화 학생들도 개념을 익힐 수 있습니다. 학습을 할 때 학생들이 직접 번역 애플리케이션을 사용하기도 합니다. 번역에 오해가 없도록 교사의 도움이 필요하지만, 번역 애플리케이션이 없었을 때에는 손 놓고 있던 학생들도 적극적으로 학습에 참여하게 됩니다.

디지털 기술은 다문화 학생들이 겪는 다양한 어려움을 완화하고, 교사와 학생 모두에게 더 나은 학습 환경을 제공하며, 개별화된 교육의 실현을 가능하게 합니다.

가정통신문도 n개국어 시대

진짜 우리 교실 이야기

"현장 체험 학습 관련 안내는 하이클래스에 올려놓았으니 부모님과 함께 확인하세요!"

현장 체험 학습을 앞둔 교실에서 교사는 관련 내용을 학급 앱에 안내하기로 합니다.

다문화 가정에 속해있는 세리는 본인은 한글을 읽고 쓸 수 있지만 아직 한글을 읽고 쓰기에 서툰 부모님이 걱정됩니다. 집에 가서 부모님께 이를 말씀드리니, 부모님의 고민이 깊어집니다.

'선생님이 올리신 공지는 한글로 되어있는데 아직 한글 읽기가 서툴러서 무슨 내용인지 모르겠네? 내용을 알아야 일정을 확인하고 준비물을 챙겨줄 텐데……. 이 내용을 복사해서 번역 앱에 넣어야 되나?'

또한 다른 다문화 가정인 민준이의 부모님은 교사에게 문자로 연락하고 싶지만 한국어 소통에 익숙하지 않아 망설입니다.

'선생님께 민준이 오늘 결석한다고 문자를 남겨야 하는데 아직 한글이 어렵네. 어떡하지?'

최근 다문화 가정의 수가 많아지면서 학교와 다문화 가정 학부모가 소통하는 데 여러 어려움이 나타나고 있습니다. 그중 가장 핵심적인 것이 언어적인 부분입니다. 아직 한국어 혹은 한글이라는 문자에 서툰 다문화 가정의 학부모의 경우에는, 학교 내 가정통신문 해석과 학급 내 담임 선생님과 1:1 소통에 어려움을 겪고 있습니다.

현재 각 시도 교육청은 다문화 가정으로 발송하는 가정통신문에 번역 서비스를 제공하고 있습니다. 시도 교육청이 한국어 가정통신문을 제작하면 다문화 교육지원센터와 업무 협조를 통해 이중언어 강사 번역을 거쳐 각 학교에 배포하는 형식으로 진행됩니다.

〈세종시 교육청 이중언어 가정통신문 예시(베트남어, 중국어, 필리핀어)〉

그러나 당장 내일 필요한 준비물을 안내하려면 어떻게 해야 할까요? 역시나 에듀테크 서비스가 도와주고 있습니다. 예를 들어 학급 애플리케이션인 하이클래스 앱은 자체 설정을 통해 이용자가 원하는 언어를 설정할 수 있도록 기능을 제공하고 있습니다. 현재 이 애플리케이션에서는 거의 모든 언어를 지원하고 있습니다. 언어 설정을 하였다면 학급 내 게시물로 이동하여 번역하기 버튼을 누르면 사용자 본인이 설정한 언어로 내용이 번역됩니다. 이를 통해 사용자는 학급 내 게시물에 대해 보다 편리하게 내용을 숙지할 수 있습니다. 또한 교사와 1:1 대화를 할 때도 자체 번역 기능을 사용하여 주 사용 언어로 내용을 보내고 번역 기능을 누르면 되기 때문에 소통의 어려움이 줄어듭니다.

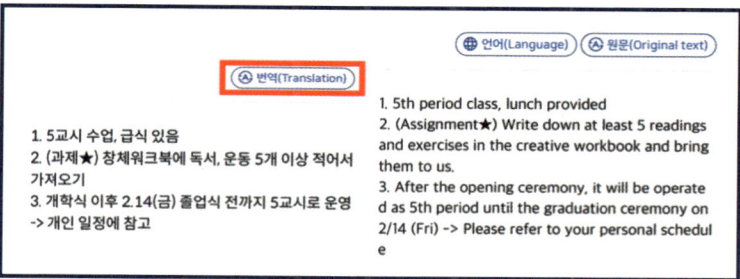

〈하이클래스 내 언어 설정 및 번역〉

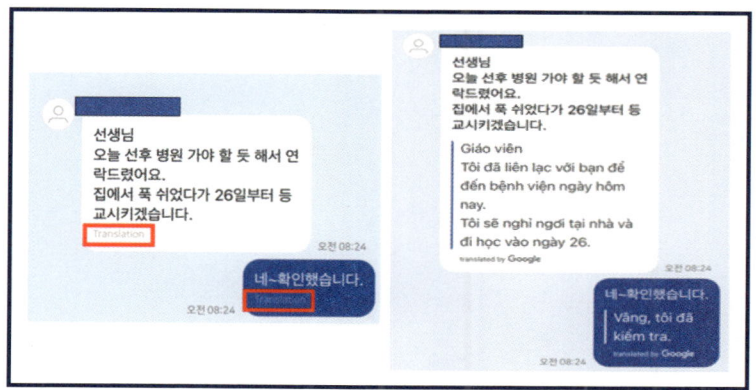

〈하이톡 내 번역 기능〉

이렇듯 다문화 시대에 발맞춰, 학교에서는 교육청의 지원을 받아 이중언어 가정통신문을 제공하기도 하지만, 최근에는 에듀테크 기술이 직접 교사들의 편의를 지원하는 방향으로 발전하고 있습니다. 학급 소통을 위한 학급 애플리케이션에서는 최신 AI 번역 모델을 활용하여 거의 모든 언어를 실시간으로 지원하고 있기 때문에 교사들은 다문화 가정 학부모에게 공지사항을 즉시 전달할 수 있으며, 학부모 또한 자녀의 교육 활동에 보다 적극적으로 참여할 수 있습니다. 이렇듯 디지털 기술은 교사, 학생, 학부모 간 원활한 소통을 돕고 다문화 학생 지원의 새로운 길을 열어가고 있습니다.

14 온라인으로 만나는 학부모

화상 회의로 학부모 상담하기

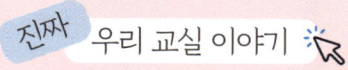

새 학기가 시작된 지 한 달이 지난 어느 날, 교사는 학생들의 학교 적응 상황을 점검하며 학부모 상담을 준비합니다.

'어? 지원이가 요즘 쉬는 시간마다 혼자 있는 것 같은데…… 친구들과 잘 어울리고 있는지 확인해 봐야겠어. 학부모님과도 이야기 나눠야겠다.'

교사는 사전에 상담 희망일과 시간을 정하려 학부모에게 연락했지만, 학교 방문이 어렵다는 응답을 받았습니다. 교사는 고민 끝에 화상 회의 프로그램 사용 방법을 안내하고, 온라인으로 학부모와 상담하기로 합니다.

"어머님, 학교에 입학하고 긴장도 많이 하고 어려움도 많이 겪었을 건데, 지원이는 학교생활이 어떻다고 말하는지 궁금합니다. 사실 지원이가 수업 참여도는 좋은데 쉬는 시간에는 주로 혼자 있는 모습이 보이더라고요. 혹시 집에서 지원이가 친구 관계에 대해 이야기한 적이 있나요?"

"아, 사실 요즘 집에서도 친구들 이야기를 잘 안 하더라고요. 초등학교 때 친했던 친구들과 다른 반이 되면서 새로운 친구를 사귀는 걸 어려워하는 것 같아요."

"신학기에는 학생들이 친구를 사귀는 데 시간이 걸릴 수 있습니다. 제가 수업 시간에 모둠 활동을 통해 자연스럽게 친구들과 어울릴 수 있도록 돕고, 점심시간에도 관심사가 비슷한 친구들과 친해질 기회를 만들어 보겠습니다."

"네, 선생님. 지원이가 빨리 잘 학교생활에 적응하고 친구를 잘 사귈 수 있도록 많이 도와주세요. 감사합니다."

디지털 기술이 발전하면서 학부모 상담의 방식도 변화하고 있습니다. 특히 맞벌이 가정이 증가하면서 학부모들이 시간을 내어 학교를 방문하는 것이 어려운 경우가 많아졌습니다. 이에 따라 화상 회의를 활용한 상담은 학부모가 편리하게 참여할 수 있는 상담 방식으로 자리 잡아가고 있습니다. 화상 회의 상담을 진행하면 학부모와 교사가 직접 만나기 어려운 경우에도 원활한 의사소통이 가능하고, 학생의 학습과 생활을 더욱 효과적으로 지원할 수 있는 장점이 있습니다.

화상 회의 상담은 다양한 플랫폼을 통해 이루어질 수 있습니다. Zoom, Google Meet, MS Teams 등 온라인 회의 도구를 활용하면 학부모는 집이나 직장에서 편리하게 상담에 참여할 수 있습니다.

화상 회의를 활용한 학부모 상담의 장점은 다음과 같습니다.

첫째, 시간과 장소의 제약이 적습니다. 대면 상담을 위해 학교를 방문해야 하는 번거로움 없이, 학부모는 원하는 장소에서 상담을 진행할 수 있습니다. 특히 바쁜 일정으로 학교 방문이 어려운 학부모들에게 유용한 방법입니다. 시간적인 부담이 줄어들어 더 많은 학부모가 상담에 적극적으로 참여할 수 있는 기회를 갖게 됩니다. 교사 입장에서도 상담 내용을 기록하기 편리해 효율적인 상담이 가능합니다.

둘째, 자료 공유가 용이합니다. 학생의 성적표, 수행 평가 결과, 생활기록부 등 상담에 필요한 자료를 화면 공유 기능을 통해 바로 제시할 수 있어 학부모가 더 명확하게 이해할 수 있습니다.

셋째, 긴급한 상황에서도 빠르게 소통할 수 있습니다. 학생의 학습 태도 변화, 친구 관계 문제 등 즉각적인 상담이 필요한 경우 신속하게 화상 회의를 통해 학부모와 논의할 수 있습니다.

그러나 화상 상담이 모든 상황에서 완벽한 해결책은 아닙니다. 인터넷 환경이 원활하지 않거나, 학부모가 화상 회의 도구를 사용하는 데 익숙하지 않은 경우 원활한 상담이 어려울 수 있습니다. 또한, 대면 상담에 비해 감정 표현이 제한될 수 있어 상담 내용이 충분히 전달되지 않을 수도 있습니다. 그럼에도 불구하고 화상 상담은 시간과 장소의 제약에서 자유롭기 때문에 교사와 학부모가 학생의 학교 적응을 돕기 위한 방안을 함께 고민하고 논의할 수 있는 좋은 방법 중 하나로 자리매김하고 있습니다.

학교운영위원회 회의 진행도 온라인으로!

진짜 우리 교실 이야기

정부에서 임시공휴일 지정을 발표하면서 학교의 학사 일정 조정이 불가피해졌습니다.

"이번 임시공휴일 지정으로 인해 정규 수업일이 부족해질 가능성이 있습니다. 학사 일정 조정을 논의해야겠네요."

학교 측은 학부모위원들의 의견을 반영하기 위해 학교운영위원회 긴급 회의를 소집했습니다. 이전이었다면 위원들이 학교에 직접 방문해야 했지만, 이번 회의는 화상 회의로 진행하기로 결정되었습니다.

회의 당일, 학부모들은 화상 회의 프로그램을 통해 회의에 접속했습니다.

"현재 교육청 지침에 따라 정규 수업일 190일을 반드시 채워야 합니다. 하지만 이번 임시공휴일 지정으로 인해 수업일이 부족해질 가능성이 있어 대체 방안을 논의하려고 합니다."

학교 측에서는 변경된 학사 일정과 조정 가능한 방안을 화면 공유하며 설명을 이어갔습니다.

"현재 고려 중인 방안은 두 가지입니다.

첫째, 여름 방학을 하루 줄여 190일을 채운다.

둘째, 학기 중 예정된 재량 휴업일을 수업일로 변경한다."

학부모 위원들은 각 방안의 장단점을 논의하기 시작했습니다.

"여름 방학을 줄이면 아이들이 충분한 휴식을 취하기 어려울 수도 있는데, 재량 휴업일을 활용하는 건 어떤가요?"

"맞벌이 가정에서는 방학 일정이 바뀌면 여행 일정 등 다시 조정해야 해서, 가능하면 재량 휴업일을 활용하는 게 나을 것 같습니다."

학교 측에서도 위원들의 의견을 반영하여 조정 가능성을 검토했습니다.

"현재 2학기에 예정된 재량 휴업일 중 하루를 수업일로 전환하면 정규 수업일을 190일 맞출 수 있습니다. 이 방향으로 조정해도 괜찮을까요?"

"네, 학생들에게 부담이 덜한 방법 같아요. 이 방안이 가장 현실적일 것 같습니다."

결국, 학교운영위원회 위원과 학교 측의 논의를 거쳐 기존 재량 휴업일 중 하루를 수업일로 변경하는 방향으로 결정되었습니다.

"이전에는 이런 논의를 위해 학교까지 방문해야 해서 어려웠는데, 화상 회의 덕분에 바쁜 일정 속에서도 의견을 낼 수 있어서 좋네요!"

"네, 특히 긴급하게 결정해야 하는 사안도 신속하게 논의할 수 있어서 위원님들 참여율도 높아진 것 같습니다."

학교운영위원회 회의 등 다양한 회의에서도 화상 회의가 활발하게 활용되고 있습니다. 과거에는 학교운영위원회 회의를 위해 학부모들이 직접 학교를 방문해야 했지만, 디지털 기술이 발전하면서 온라인 회의 플랫폼을 통한 회의 방식이 점점 확대되고 있습니다. 학교운영위원회는 주기적으로 학교 운영과 교육 활동에 대한 논의를 진행하는데, 화상 회의를 활용하면 위원들이 직접 학교에 방문하지 않아도 회의에 참여할 수 있습니다. 예를 들어, Zoom이나 Google Meet를 통해 회의를 개최하면 위원들은 자택이나 직장에서 편리하게 접속하여 의견을 나눌 수 있습니다. 이를 통해 회의 참석률이 높아지고, 다양한 학부모의 의견을 수렴할 수 있는 기회가 증가합니다. 또한, 학교에서 갑작스럽게 중요한 결정이 필요할 경우 화상 회의를 활용하면 신속하게 논의를 진행할 수 있습니다. 예를 들어, 학사 일정 조정과 같이 긴급하게 학교운영위원회 회의를 개최해야 하는 상황이 있을 때, 화상 회의를 통해 위원들이 빠르게 의견을 교환하고 결정을 내릴 수 있습니다. 특히 학부모들의 의견이 즉각적으로 반영되어야 하는 사안에서는 시간과 장소의 제약 없이 빠른 대응이 가능하다는 장점이 있습니다.

더 나아가 학교 행사나 교육 활동과 관련된 사안을 논의할 때도 화상 회의가 효과적으로 활용됩니다. 예를 들어, 학교 축제나 교육 프로그램 기획 회의 등을 온라인으로 진행하면 다양한 학부모가 의견을 개진할 수 있으며, 필요한 자료를 실시간으로 공유하면서 더욱 효율적인 논의가 가능합니다.

온라인으로 제출하는 체험 학습 신청서

진짜 우리 교실 이야기

출석을 확인하던 교사는 오늘 소영이가 연락 없이 등교하지 않은 것을 발견합니다.

'어? 소영이가 왜 말도 없이 안 왔지? 얼른 학부모님께 연락드려야겠다.'

걱정되는 마음을 안고, 교사는 휴대폰을 꺼내 학부모에게 빠르게 전화합니다.

"어머님, 오늘 소영이가 학교에 오지 않아 연락드립니다. 혹시 무슨 일이 있나요?"

휴대폰 저편에서 당황한 목소리가 들려옵니다.

"어머! 선생님, 소영이 오늘 현장 체험 학습 신청했는데 소영이가 말씀 안 드렸나요? 체험 학습 신청서 꼭 내라고 했는데요."

교실에서 학부모와 교사 간 가장 많이 이루어지는 연락은 출결 관련 연락입니다. 교사는 매일 아침 학생들의 출결을 확인하고 학부모로부터 학생이 아프거나 체험 학습 등으로 결석해야 할 때 연락을 받게 되니, 교사 입장에서는 매일 출결을 확인하기 위해 여러 학부모와 직접적으로 연락하게 되는 셈입니다. 출결과 관련해서는 단순히 담임 교사에게 출결을 알리는 선에서 끝나는 것이 아닙니다. 학교에서는 학생들의 출결에 대한 증빙 서류를 수합해야 합니다. 가정에서는 결석 신고서를 수기로 작성하고 증빙 자료의 원본을 첨부해야 하며, 학생을 통해 해당 서류를 학교에 제출해야 합니다.

간혹 발생하는 문제는 앞선 사례에서 볼 수 있듯 '중간'에서 발생합니다. 학생이 부모와 함께 작성한 체험 학습 신청서를 제출하지 않거나 연락 없이 결석하는 경우, 또는 출결 증빙 서류를 배부했는데 학생이 작성해서 가져오지 않으면 난감한 상황이 발생하게 됩니다.

많은 학교 현장에서는 지속적으로 이런 시스템에 대해 보완을 요청해 왔고, 이에 따라 교육부에서는 결석 처리 절차 간소화를 위해 2024년 9월 나이스 학부모 서비스에 온라인 출결 시스템을 도입하였습니다.

학부모는 나이스 학부모 서비스에 가입하여 자녀 등록만 하면 온라인으로 간단하게 자녀의 결석 신고서 및 교외 체험 학습 신청서·보고서와 증빙 서류까지 제출할 수 있습니다. 나이스 학부모 서비스로 들어가 자녀 지원 탭에서 결석 신고서와 교외 체험 학습 신청 중 탭을 고르고, 신청 기간, 사유 입력, 증빙 서류 등록, 추가 서류 요청 동의를 선택합니다. 그 후 보호자 정보를 등록하고 서명을 입력합니다. 제출이 완료되었다면 접수 대기, 처리 중, 승인 완료 등의 진행 상태를 확인할 수 있으며 보완 요청, 접수 취소 등의 기능을 통해 내용을 수정할 수도 있습니다. 이와 같이 교사에게 굳이 연락하지 않아도 나이스 학부모 서비스를 이용하여 출결 알림 및 서류까지 등록할 수 있습니다.

〈나이스 학부모 서비스 접속 화면 및 증빙 서류 등록 화면〉

〈나이스 학부모 서비스 보호자 정보 등록 및 결석 신고서 제출 내역 확인 화면〉

나이스 학부모 서비스에 온라인 출결 시스템이 도입되기 전까지는 많은 학교에서 에듀테크 애플리케이션을 도입하여 사용하기도 했습니다. 대표적인 애플리케이션이 '하이클래스'로, 학부모는 어플의 출결 알리기 기능을 통해 자녀의 출결일, 출결 구분, 사유를 입력하여 교사에게 간단히 출결을 알릴 수 있습니다. 또한 첨부 파일을 같이 제출할 수 있어 출결 관련 서류 또한 수기가 아닌 온라인으로 간단하게 제출할 수 있습니다. 교사 역시 출결 알림을 통해 학생의 출결을 확인하고 학부모가 전송한 서류를 출력하여 보관할 수 있습니다. 이 과정을 통해 학생이 결석신고서를 교사에게 전달하는 과정을 줄일 수 있습니다. 또한 교사는 출결 알리기-학생별 통계 탭에서 학생별 출결 현황, 전체 학생 출결 현황 등을 파악할 수 있습니다. 확인한 출결 내역을 교육 행정 정보 서비스인 나이스와 동일한 화면으로 볼 수 있기에 추후 출결 내역을 나이스에 등록할 때에도 도움이 됩니다.

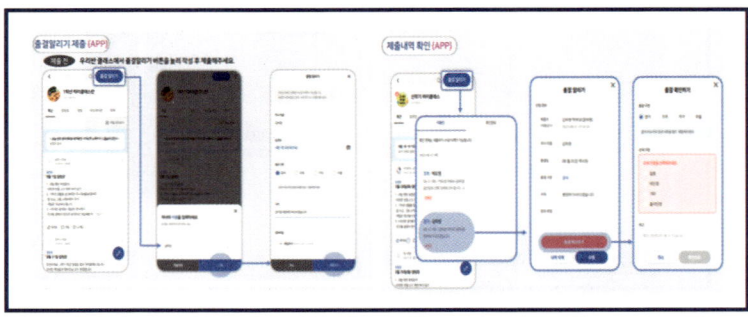

〈하이클래스 학부모 출결 알리기 및 교사 출결 확인 화면〉

이렇듯 현재 교육 현장에서는 나이스 학부모 서비스 및 학급 애플리케이션을 사용한 디지털 출결 관리가 이루어지고 있습니다. 이러한 시스템은 언제 어디서나 출결 확인을 가능하게 해 교사와 학부모 양측이 출결 상황을 실시간으로 파악할 수 있도록 합니다. 또한 종이 출결 기록의 번거로움을 줄여 효율적인 출결 관리가 가능하고, 누적된 출결 데이터를 체계적으로 분석할 수 있어 학생의 출결 패턴을 실시간으로 모니터링하고 이에 따른 적절한 조치를 취할 수 있습니다. 예를 들어, 학생이 1년에 최대 19일의 현장 체험 학습을 사용할 수 있다면 학생들이 디지털 출결 시스템을 통해 직접 자신의 현재 출결 내역을 관리할 수 있습니다. 나이스 시스템의 활용으로 출결과 관련된 교사의 행정 업무가 대폭 간소화될 수 있고, 교사와 학부모 간의 원활한 소통을 통해 교육 현장의 효율성이 한층 높아지는 효과를 가져올 수 있습니다.

00   초등학생을 위한 디지털 역량 체크리스트
01   디지털 기기의 활용
02   소프트웨어의 활용
03   인공지능의 활용
04   자료의 수집과 저장
05   정보의 분석과 표현
06   디지털 콘텐츠 생성
07   디지털 의사소통
08   디지털 문제 해결
09   디지털 윤리
10   디지털 정보 보호

3

우리 아이
AI · 디지털 역량 기르기
(초등편)

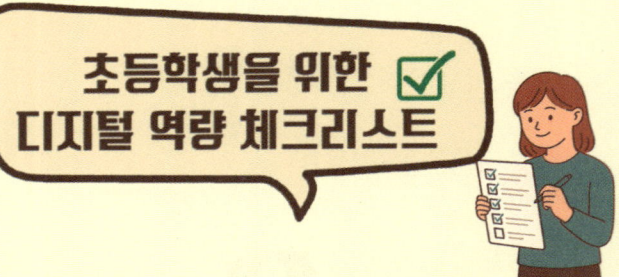

초등학생을 위한 디지털 역량 체크리스트

💻 디지털 기기의 활용

- ☐ 키보드와 마우스를 사용하여 글자 입력과 선택을 자유롭게 할 수 있다.
- ☐ 기본적인 와이파이 설정과 블루투스 연결을 할 수 있다.
- ☐ 스마트폰, 태블릿, 컴퓨터의 기본적인 기능을 탐색하고 사용할 수 있다.

🖥️ 소프트웨어의 활용

- ☐ 자신에게 필요한 소프트웨어(APP, 프로그램 등)를 설치 및 실행할 수 있다.
- ☐ 기기에 있는 기본 소프트웨어(APP, 프로그램 등)를 활용하여 조작할 수 있다.

💡 인공지능의 활용

- ☐ 생활 속에서 필요한 인공지능 서비스와 기기를 활용하여 필요한 정보를 탐색할 수 있다.
- ☐ AI에 원하는 답변을 얻기 위해 질문을 구체적으로 작성할 수 있다.

📑 자료의 수집과 저장

- ☐ 주변에서 문자, 소리, 이미지 등 다양한 유형의 자료를 찾고 기기에 저장하여 관리할 수 있다.
- ☐ 내가 찾은 자료가 가짜 정보인지 구별할 수 있다.
- ☐ 적절한 질문이나 키워드를 구별하고, 이를 통해 나에게 필요한 자료를 찾을 수 있다.

📊 정보의 분석과 표현

- ☐ 여러 자료를 특성에 맞게 표나 그림, 그래프 등 다양한 방법으로 표현할 수 있다.
- ☐ 수집된 정보에서 중요한 내용을 찾아 해석 및 요약할 수 있다.
- ☐ 자료를 통해 분석한 정보를 간단한 문서로 정리할 수 있다.

이 체크리스트는 한국교육학술정보원(KERIS)에서 제공한 『디지털 리터러시 구성체계 및 교과별 성취수준 연계』의 내용을 재구성한 것입니다.

디지털 콘텐츠 생성

- ☐ 디지털 포스터나 카드를 만들고 공유할 수 있다.
- ☐ 동영상 제작 앱을 활용하여 간단한 영상을 만들 수 있다.
- ☐ 디지털 공간에서 표현하고 싶은 자신만의 주제에 대해 생각할 수 있다.

디지털 의사소통

- ☐ 이메일, 메신저 등을 활용해 간단한 메시지를 주고받을 수 있다.
- ☐ 온라인 커뮤니티, 온라인 수업 플랫폼 등을 활용하여 활동에 참여할 수 있다.
- ☐ 온라인 협업 도구를 활용하여 친구들과 소통하며 결과물을 만들 수 있다.

디지털 문제 해결

- ☐ 생활 속에서 일어나는 문제를 해결하기 위하여 인터넷에서 필요한 정보를 검색하고 활용할 수 있다.
- ☐ 생활 속 문제를 해결하기 위한 디지털 도구를 찾고 사용할 수 있다.
- ☐ 규칙에 따라 문제 해결 순서를 정하고 간단한 프로그램으로 만들 수 있다.

디지털 윤리

- ☐ 온라인에서 예의 바른 언어를 사용하여 다른 사람과 소통할 수 있다.
- ☐ 디지털 콘텐츠의 저작권을 존중하여 무단으로 복제하거나 배포하지 않는다.
- ☐ 다른 사람의 자료를 활용할 때 출처를 밝히고 활용할 수 있다.
- ☐ 인터넷, 스마트폰 사용 시간을 스스로 계획하고 지킬 수 있다.

디지털 정보 보호

- ☐ 개인 정보를 보호하기 위해 비밀번호를 설정하고, 이를 안전하게 관리할 수 있다.
- ☐ 개인 정보 유출이 될 수 있는 의심스러운 메시지나 이메일을 구별할 수 있다.
- ☐ 문서나 파일을 배포할 때 개인 정보가 있는지 사전에 검토할 수 있다.

- 0~7개 체크 ✅ : 노력 필요! 시작은 지금부터!
- 8~15개 체크 ✅ : 보통! 점점 잘하고 있어요!
- 16~23개 체크 ✅ : 우수! 멋진 디지털 모험가!
- 24~30개 체크 ✅ : 매우 우수! 디지털 리더에 가까워요!

01 디지털 기기의 활용

기본적인 하드웨어의 사용도 배워야 한다!

> **CHECK BOX** ☑
> ☐ 키보드와 마우스를 사용하여 글자 입력과 선택을 자유롭게 할 수 있다.
> ☐ 기본적인 와이파이 설정과 블루투스 연결을 할 수 있다.
> ☐ 스마트폰, 태블릿, 컴퓨터의 기본적인 기능을 탐색하고 사용할 수 있다.

어릴 때부터 컴퓨터와 휴대폰을 사용했던 MZ세대를 지나 태어날 때부터 스마트폰과 태블릿 등 휴대용 디지털 기기가 존재했고, 기기의 사용이 너무나 자연스러운 알파 세대가 등장했습니다. 알파 세대의 학생들은 어릴 때부터 디지털 기기와 함께하는 것에 익숙한 편입니다. 그러나 이들이 디지털 기기를 사용하는 모습을 자세히 들여다보면 능숙하다기보다 디지털 기기 사용을 헤매는 경우가 많습니다. 더 정확히 말하면, 스마트폰만 잘 쓰지 다른 기기를 사용하는 데에는 익숙하지 않은 학생이 많습니다.

요즘 대다수의 학교에서는 학생 1명당 1개의 디지털 기기를 제공하고 있습니다. 국내 여러 지역을 막론하고 구글의 크롬북, 마이크로소프트의 윈도우북, 네이버의 웨일북, 애플의 아이패드 등 태블릿이나 랩탑 기반의 교육용 기기가 학생들에게 보급되고 있습니다. 이에 따라 수업 시간에 디지털 기기와 여러 가지 에듀테크를 함께 활용함으로써 학생들의 활동과 수업이 점점 다양해지고 있는 추세입니다. 당연히, 어떤 소프트웨어(프로그램)를 활용하여 학생들과 효과적인 학습을 할 수 있을까 하는 교사들의 고민이 점점 늘어나고 있습니다.

하지만 동시에 많은 교사들과 학부모들이 놓치고 있는 한 가지가 있습니다. 바로 하드웨어에 대한 이해입니다. 개인용 PC의 상용화 이후 많은 가정에서 데스크탑과 모니터를 가지게 되었습니다. 데스크탑 PC의 경우 사용을 하기 위해서는 모니터와 스피커, 마우스, 키보드 등을 반드시 연결해야 하며, 전원 버튼을 눌러 전원을 켜고 끄는 것은 너무나도 자연스러운 일입니다.

하지만 요즘의 학생들은 기기의 전원 버튼을 찾는 것부터 어려워하며, 마우스와 키보드를 사용하는 것을 상당히 어색해합니다. 어릴 적부터 스마트폰과 함께 자란 학생들은 마우스가 없어도 터치 기능만으로 충분히 기기를 사용할 수 있었고, 전원 표시가 있는 별도의 버튼을 누르지 않고 화면을 톡톡 두드리기만 해도 화면이 켜지는 휴대폰과 많은 시간을 보냈기 때문입니다.

이러한 상황에서 태블릿이 아닌 랩탑 기반 디지털 기기가 보급되면서, 학생들은 새로운 기기 사용에 어려움을 느끼고 낯설어하는 모습이 나타나고 있습니다. 학생들이 크롬북이나 윈도우북, 웨일북 등을 사용할 때 가장 자주 하는 질문이 "선생님, 이거 어떻게 켜요?"입니다. 다음으로 많이 나오는 질문들은 "선생님 이거 터치 안 되나요?", "선생님 이거 와이파이 어떻게 연결해요?"입니다.

얼핏 생각해 볼 때 '디지털 기기를 잘 사용하는 디지털 네이티브인 학생들이 전원을 켜는 법을 잘 모른다?', '기기의 화면이 터치가 잘 안되니 사용을 어려워한다?'라는 사실은 학생들이 새로운 기기를 마주한 것이기 때문에 당연하다고 느낄 수도 있지만, 디지털에 친숙한 세대라는 관점에서 보면 상당히 아이러니합니다.

학교에서 마주하는 또 다른 문제는 학생들이 자판 치는 것을 어색해한다는 점이었습니다. 컴퓨터가 상용화되고 컴퓨터 관련 교육이 학교 교육과정에 들어온 이후, 각 학교마다 컴퓨터실이 생겨났습니다. 그때를 떠올려보면, 대부분의 교사들이 학생들에게 가장 먼저 연습시키는 것 중의 하나는 바로 타자 연습이었습니다. 지루한 타자 연습을 견뎌냈던 그때의 학생들은 어른이 된 지금 문서 제작과 편집에 능숙합니다.

하지만 지금 학생들의 타자 실력은 그야말로 형편없습니다. 자판을 치는 것보다 터치에 훨씬 익숙합니다. 화면에 새로운 창이 뜨면 손가락이 먼저 나가기 일쑤이며, 타자를 치더라도 검지 손가락 두 개로 화면의 터치 패드를 이용하여 독수리 타법을 구사하는 학생들을 흔하게 볼 수 있습니다.

터치 기능은 학생들의 기기 접근성을 높여주고, 그림을 그리거나 자료를 탐색할 때 사용자를 편하게 해줍니다. 그런데 요즘 학교에서 흔히 진행되는 수업을 살펴보면, 교사가 학생에게 부여하는 과제는 대부분 어떤 주제에 대해 자신의 생각을 쓰거나, 조사 보고서, 발표 자료 만들기 등 글을 써서 제출하는 형식일 때가 많습니다. 이를 위해 수업에서 다른 학생들과 의사소통하고, 협력하여 발표 자료를 만들거나 보고서, 조사 계획서, 포스터 등을 만들 때에는 글자를 표현하는 타자 능력이 필수입니다. 아무리 아이디어가 좋고 뛰어난 학생이라도 이를 표현해 내지 못한다면 그 아이디어는 사장될 가능성이 높습니다. 실제로 고학년 이상의 교실에서 조별 과제를 수행할 때 타자 실력이 좋은 학생이 있는 모둠의 프로젝트 속도와 질이 높은 것을 흔히 관찰할 수 있습니다. 따라서 디지털 기기를 이용해 자신의 생각을 잘 표현하기 위해서는 타자 실력을 반드시 갖춰야 합니다. 물론 시간이 지나 중고등학생 정도 되면 각자 어느 정도 실력은 갖게 되지만 디지털 기기가 익숙한 세대인 만큼 그 필요성이 조금 더 빨라진 것은 틀림없습니다.

아마 현재의 부모 세대 또는 그 이상의 세대의 사람들은 컴퓨터를 켜고, 끄고, 마우스를 사용하고, 자신의 생각을 전달할 수 있는 간단한 문서를 만들 정도의 타자 실력은 당연한 것이라고 생각할 것입니다. 하지만 디지털 네이티브로 불리는 아이들은 스마트폰과 터치에 익숙한 세대입니다. 아무리 편안한 기술과 기기가 등장했다 할지라도 기반이 되는 하드웨어의 중요성은 사라지지 않습니다. 학생들이 디지털 기기와 프로그램을 통해 문서와 자료를 만드는 것뿐만 아니라 더 나아가 데이터 분석, 인공지능 활용, 디지털 의사소통 등 시대에 맞는 다양한 영역에서 역량을 확장하기 위해서는 기반이 되는 하드웨어 활용 역량이 필요합니다. 디지털 기기의 하드웨어를 이해하지 못하고 다루지 못한다면, 마치 정전 상태에 있는 발전소나 다름없습니다.

하드웨어에 대한 기본적인 이해와 연습은 사실 가정에서도 쉽게 지도할 수 있는 부분입니다. 집에 있는 노트북이나 전자 기기의 전원을 켜고 끄는 것은 하드웨어의 구동에 대한 기초 지식을 자연스레 심어줄 수 있습니다. 또한, 노트북에 마우스를 연결하거나 블루투스를 연결해 보는 것 등을 해보는 것도 역량 강화에 도움이 됩니다. 타자 실력을 향상시키기 위해서는 자투리 시간을 활용하는 것이 좋습니다. 학교에서 학생들에게 1시간 내내 타자 연습을 시키면 너무나 지루해하기 때문에 아침 자습 시간, 자투리 시간 등을 활용하여 타자 연습을 시키기도 합니다. 이는 집에서도 마찬가지일 것입니다. 일정 시간을 확보해 놓고 연습하는 것도 좋지만, 학생의 몰입을 위해 디지털 기기를 사용하는 시간 중 하루에 5분, 10분씩 연습하는 것은 크게 어렵지 않을 것입니다.

쉽게 간과하고 있는 하드웨어 활용 역량은 잊혀지기 쉽지만 사실 디지털 기기 활용에 필수적인 부분입니다. 기초적인 하드웨어에 대한 지식과 기능을 익히고 있는 학생들은 소프트웨어도 훨씬 수월하게 사용합니다. 소프트웨어 활용 능력도 중요하지만 일단 하드웨어를 잘 다룰 수 있어야 다음 단계를 잘 수행할 수 있습니다.

가정에서 이렇게 하면 좋아요

- 컴퓨터 켜고 끄기, 마우스와 키보드 사용해 보기
- 와이파이 연결하기, 블루투스를 통해 기기 연결하기
- 한글 타자 양손 연습하기(https://tt.hancomtaja.com/ko)

02 소프트웨어의 활용

나에게 필요한 프로그램을 설치하고 활용해 보자!

CHECK BOX ☑

☐ 자신에게 필요한 소프트웨어(APP, 프로그램 등)를 설치 및 실행할 수 있다.
☐ 기기에 있는 기본 소프트웨어(APP, 프로그램 등)를 활용하여 조작할 수 있다.

현재 교실에서 학습하고 있는 학생들은 태어나면서부터 디지털 기기에 둘러싸여 성장한 '디지털 네이티브' 세대이지만 이들이 디지털 기기를 잘 사용하고 있는가는 또 다른 이야기입니다.

교육 현장에서는 학생 1인 1디지털 기기 도입이 추진되고 있으며 많은 학생들이 교실에서 무리 없이 디지털 기기를 사용하여 수업을 진행하고 있습니다. 학생들은 디지털 기기를 활용하여 교과서에 있는 단편적인 정보를 넘어서 다양한 정보를 탐색하고 기본 애플리케이션(이하 앱)을 활용하여 이를 정리하고 새로운 산출물을 만들어 내기도 합니다.

하지만 상황을 조금 더 자세히 들여다보면, 디지털 기기에 익숙할 줄로만 알았던 학생들이 정작 자신에게 필요한 소프트웨어를 설치하거나 기본 앱을 어떻게 활용해야 할지 모르는 경우가 다반사입니다. 이 '디지털 네이티브' 세대의 학생들은 디지털 기기에 친숙하긴 하지만, 보통 만들어진 영상을 시청하거나 게임하며 특정 앱만 사용한 경험이 많기 때문에 자신이 주로 사용하는 앱 외의 다른 앱에 대한 이해가 부족합니다.

학생들과 디지털 기기를 사용하여 수업을 하기 위해 필요한 앱을 다운로드받도록 지시하면, 가장 많이 받는 질문이 "선생님 어디에서 다운로드받아요? 뭐라고 검색해야 해요?"입니다. 의외로 많은 학생들이 자신에게 필요한 프로그램을 어디에서 다운로드해야 하는지조차 모르고 있습니다. 또한 이미 기기에 설치되어 있는 기본 앱을 활용하는 수업을 할 때에도 "선생님, 그 앱이 뭐예요? 선생님, 그 앱 어디 있어요? 선생님, 이 앱은 뭐하는 데 사용해요?" 등과 같은 사용 방법에 대한 질문을 많이 합니다.

학생들이 적절한 도구를 이용해 효율적으로 작업하기 위해서는 적합한 소프트웨어를 찾아서 설치하고 실행할 수 있어야 합니다. 따라서 학생들은 자신이 작업을 하는 데 필요한 소프트웨어를 선택하고 태블릿이라면 앱스토어, 노트북이라면 공식 웹사이트에서 소프트웨어를 설치할 수 있어야 합니다. 이때 중요한 것은 신뢰할 수 있는 경로에서 소프트웨어를 다운로드하는 것입니다. 공식 웹사이트와 앱스토어를 구별하여 안전한 경로에서 소프트웨어를 다운로드하는 것은 보안과 안전성 측면에서도 중요한 요소입니다.

또한 이미 있는 기본 앱에 대한 이해도를 높이는 것 역시 중요합니다. 학생들은 우선적으로 태블릿 내 웹 브라우저, 메모장, 설정, 파일 관리자, 사진 갤러리 등의 기본 앱을 중심으로 그 기능을 탐색하고 익히는 것이 좋습니다. 기본 앱은 시스템(운영 체제)과의 호환성이 높아 매끄럽게 작동하며, 추가적인 앱을 설치하지 않아도 일반적인 사용에 필요한 기능을 대부분 포함하고 있어 효율적으로 활용할 수 있습니다. 예를 들어, 태블릿 내 노트 혹은 메모 기능을 활용한다면 학교에서 종이 공책을 쓰지 않고도 태블릿 노트에 빠르게 필기할 수 있습니다. 디지털 기기의 종류는 다양하지만 각 기기의 기본 앱은 거의 동일한 기능을 갖추고 있기 때문에, 이 기본 앱만 잘 숙지하고 있어도 여러 디지털 기기를 효율적으로 사용할 수 있습니다. 또한 기본 앱을 잘 활용하면 불필요한 앱 설치를 줄여 저장 공간을 절약하고, 불필요한 앱 권한 요청이나 개인 정보 유출 위험 같은 보안 문제도 최소화할 수 있습니다.

학교 현장에서 제공되는 디지털 기기를 제대로 활용하려면 학생들이 자신에게 필요한 소프트웨어를 탐색하고 신뢰할 수 있는 경로를 통해 설치하고 활용하는 단계까지 나아가야 합니다. 이 과정을 통해 학생들의 자기 주도적인 학습 태도가 길러지며, 선택 과정에서 책임감과 신중함을 배우게 됩니다. 또한 기본 앱을 제대로 활용하는 것도 연습해야 합니다. 이를 통해 학생들은 기본적인 디지털 기기 활용법을 배우고, 필기, 정보 검색 등 다양한 학습 활동에 적용시킬 수 있습니다. 스스로 프로그램을 선택해 설치하고, 기본 앱을 포함해 다양한 앱을 활용해 보며 학생들은 디지털 기기를 적극적으로 탐색하고 활용하는 능동적인 학습자로 성장하게 됩니다.

가정에서 이렇게 하면 좋아요

- 디지털 기기 활용 시 필요한 소프트웨어 설치하기
- 디지털 기기 속 기본 앱의 아이콘을 보고 기능 추측하기
- 디지털 기기 속 기본 앱을 함께 체험하기

03 인공지능의 활용

좋은 질문이 좋은 답을 만들어냅니다.

CHECK BOX ☑
- 생활 속에서 필요한 인공지능 서비스와 기기를 활용하여 필요한 정보를 탐색할 수 있다.
- AI에게 원하는 답변을 얻기 위해 질문을 구체적으로 작성할 수 있다.

인공지능이 다양한 분야에서 직접적인 영향을 미치기 시작하면서, 교육에서도 학생들이 인공지능을 어떻게 활용해야 하는지에 대한 논의가 활발하게 이루어지고 있습니다. 특히, 인공지능이 학습에 미치는 영향에 대한 관심이 커지면서, 교육 현장에서 AI를 활용한 맞춤형 학습이 점점 확산되고 있습니다. 예를 들어 AI 펭톡, 리딩

앤 등의 영어 관련 에듀테크 도구들은 AI기능으로 학생의 영어 문해력을 확인하여 학생 수준에 맞는 영어 학습을 추천해 주고, 똑똑수학탐험대, 매쓰홀릭T, 마타수학 등의 수학 관련 에듀테크 도구는 AI가 판단한 학생의 수학 수준에 맞게 수학 문제들을 제공합니다. 또한 글을 어려워하는 학생, 즉 난독증이나 시각 장애가 있는 학생에게 AI가 제공하는 음성인식 기능 등이 도움이 되기도 합니다.

AI가 튜터로써 학생의 학습에 도움을 주는 것은 사실이지만, AI를 교육에 적극적으로 활용하는 것이 초등학생에게 적합한 것인가에 대한 논의도 있습니다. 특히 생성형 AI와 관련해서는 조금 더 민감한 논의들이 이루어지고 있는 상황입니다. 여러 성장을 거듭해야 하는 초등학생 시기에 자칫 생성형 AI에 대한 잘못된 접근이 반복된다면 학생의 성장에 부정적 영향을 줄 수 있기 때문입니다. 따라서 초등학생에게 당장의 생성형 AI 사용법을 가르치는 것보다는 앞으로의 성장 과정에서 생성형 AI를 접하게 된다면 어떻게 사용하는 것이 아이의 성장을 도울 수 있을지 근본적인 교육에 대해 고민해 봐야 합니다.

아이들의 AI 사용을 근본적으로 돕는 방법은 바로 학생의 '질문 능력'을 향상시키는 것입니다. AI가 아무리 발전하더라도 사용자가 적절한 질문을 던지지 못한다면 원하는 답을 얻을 수 없습니다. 학생들이 AI를 효과적으로 활용하려면 정확하고 구체적인 질문을 할 수 있는 능력을 필수적으로 갖추어야 합니다. 따라서, 학생들이 AI에 올바른 질문을 던지고 원하는 정보를 효과적으로 찾아낼 수 있도록 하는 교육이 중요합니다. 이는 단순히 AI를 사용하는 법을 익히는 것이 아니라, AI를 도구로 활용하여 사고력을 확장하는 과정입니다.

초등학교에서는 간단한 인공지능 시스템을 체험하며 학생들이 인공지능에 대해 생각해 볼 수 있도록 다양한 경험을 제공합니다. 대표적인 수업은 AI의 기능을 활용해 산출물을 만들어내는 수업입니다. 예를 들어 학생이 자신을 나타낼 수 있는 상징물들을 찾고, 그것을 함축된 이미지로 표현하는 수업에서 'Logo AI'나 'Canva' 등의 프로그램이 가진 AI 기능을 활용할 수 있습니다. AI 프로그램이 추천하는 다양한 양식들 중 자신이 표현하고자 하는 바가 잘 드러나는 것을 선택하거나 원하는 내용을 AI에 입력하여 하나의 산출물을 만듭니다. 이 과정에서 학생들은 시행착오를 거치며 '프롬프팅' 능력을 체득하게 됩니다.

예를 들어, 자신의 취미나 관심사를 반영한 로고를 만들고 싶어 하는 학생은 AI 프로그램에 '책을 좋아하는 사람을 상징하는 로고' 또는 '야구를 좋아하는 어린이를 표현한 로고'와 같은 설명을 입력합니다. 당연히, 처음에는 원하는 결과가 나오지 않습니다. 색상, 스타일, 아이콘 등의 요소를 추가하거나 수정하면서 점점 더 원하는 이미지에 가까워지는 과정을 경험하게 됩니다.

이러한 과정을 통해 학생들은 AI가 단순히 정답을 제공하는 것이 아니라, 사용자의 입력에 따라 결과가 달라진다는 점을 이해하고, 원하는 결과를 얻기 위해 어떻게 질문을 개선해야 하는지를 학습하게 됩니다. 이를 통해 논리적 사고력과 문제 해결력뿐만 아니라 창의적인 표현 능력도 함께 기를 수 있습니다.

학생들이 AI를 잘 활용하기 위해서는 AI에게 어떤 명령, 어떤 질문을 해야 자신이 원하는 답안에 가장 가까운 결과물을 얻어낼 수 있는지 스스로 고민해야 합니다. 이때 부모 또는 교사와 '구체적인 질문'을 만들어내는 연습을 지속적으로 하는 것도 큰 도움이 됩니다. 하나의 생각을 점차 구체화하고 명확하게 만들어가며 원하는 답을 구체적으로 설정하도록 연습을 하는 것입니다. 예를 들어 지구 온난화에 대한 질문을 한다면 가장 쉽고 간단한 질문부터 시작해서 단계적으로 구체화하도록 질문을 세분화하는 것입니다.

1. AI야, 지구 온난화에 대해 알려줘.
   ↳ 광범위한 질문, 일반적 답변을 얻음.
2. AI야, 2000년 이후 지구 온난화로 인해 상승한 해수면의 높이를 알려줘.
   ↳ 시간대를 제한하여 구체화된 답변을 이끌어 냄.
3. AI야, 2000년부터 2024년까지 남극과 북극의 빙하 감소량을 비교해줘.
   ↳ 시간적, 공간적 비교 요소를 추가하여 더 구체적인 답변을 끌어냄.

지구온난화에 대해 알려줘

● **지구온난화란?**

지구온난화(Global Warming)는 인간 활동으로 인해 대기 중 온실가스(이산화탄소, 메탄, 아산화질소 등)가 증가하면서 지구 평균 기온이 상승하는 현상을 말해요.

2000년부터 2024년까지 남극과 북극의 빙하 감소량을 비교해줘

2000년부터 2024년까지 북극과 남극의 빙하 감소는 다음과 같이 요약할 수 있습니다:

북극(그린란드):
- 2011년부터 2020년까지 그린란드 빙상은 연평균 약 251 기가톤(Gt)의 얼음을 잃었으며, 2019년에는 444 Gt의 기록적인 손실을 겪었습니다. 이는 2001년부터 2010년까지의 손실량보다 약 38% 증가한 수치입니다. WATERJOURNAL.CO.KR
- 1992년부터 2020년까지 그린란드와 남극의 빙상 손실은 총 7조 5,600억 톤에 달하며, 이로 인해 전 세계 해수면이 약 21mm 상승했습니다. YNA.CO.KR

남극:
- 2011년부터 2020년까지 남극 대륙의 빙상은 연평균 약 143 Gt의 얼음을 잃었으며, 이는 이전 10년(2001~2010년)보다 약 75% 증가한 수치입니다. WATERJOURNAL.CO.KR
- 2023년에는 남극 해빙 면적이 역사적으로 가장 낮은 수준에 도달했으며, 이는 기후변화가 없었다면 2,000년에 한 번 일어날 수 있는 극단적인 사건으로 분석되었습니다. YNA.CO.KR

전반적으로, 2000년부터 2024년까지 북극과 남극 모두에서 빙하 손실이 가속화되고 있으며, 이는 지구 온난화와 밀접한 관련이 있습니다.

출처

〈ChatGPT를 활용한 광범위한 질문과 구체적인 질문〉

학생들은 AI를 나의 과제물을 대신해 주는 로봇으로 활용하는 것이 아니라 이를 능동적으로 활용하는 역량을 갖춰야 합니다. 또한 AI가 원하는 답을 자동으로 제공해 주는 것이 아니라는 것을 인지하고, 스스로 올바른 질문을 구성하고, 필요한 정보를 찾아내며, 결과를 분석하고 활용할 수 있는 능력이 필수적입니다. 특히, 학생들은 구체적인 질문을 만들고 개선하는 과정을 통해 사고력을 확장할 수 있어야 합니다. 단순한 정보 검색을 넘어, 원하는 결과를 얻기 위해 AI에게 어떤 명령을 내려야 하는지를 고민하고 스스로 구체화하는 능력이 중요합니다. 이러한 역량이 뒷받침될 때, AI는 단순한 도구를 넘어, 학생들의 사고력을 확장하고 창의적 문제 해결을 돕는 강력한 학습 파트너가 될 수 있습니다.

가정에서 이렇게 하면 좋아요

- 책이나 글을 읽고 떠오르는 생각을 질문으로 만들고 스스로 답을 고민해 보기
- 언제, 어디서, 어떤 방식으로, 누가 등을 고려하며 하나의 질문을 단계적으로 구체화하기
- 인공지능이 제공하는 답이 항상 정답일지 논의하기

04 자료의 수집과 저장

자료를 잘 찾고 구별하는 것도 연습이 필요하다!

CHECK BOX ☑
- ☐ 주변에서 문자, 소리, 이미지 등 다양한 유형의 자료를 찾고 기기에 저장하여 관리할 수 있다.
- ☐ 내가 찾은 자료가 가짜 정보인지 구별할 수 있다.
- ☐ 적절한 질문이나 키워드를 구별하고, 이를 통해 나에게 필요한 자료를 찾을 수 있다.

우리 주변에는 너무나 많은 자료가 생성되기도 하고 소멸되기도 합니다. IT 관련 리서치 기업인 IDC에 의하면, 2016년 약 10ZB에 달하는 하루 생산 데이터양이 2025년에는 약 170ZB에

도달할 것으로 예측하였습니다. 또한, 매년 인포그래픽을 발표하는 Data Never Sleeps에 따르면 2023년 120ZB에 달하였던 데이터양이 2025년에는 180ZB까지 도달할 것으로 예상하였습니다. 점점 더 많은 사람들이 디지털 서비스를 통해 상호 작용함에 따라 데이터가 끊임없이 생성되고 진화를 거듭하고 있습니다.

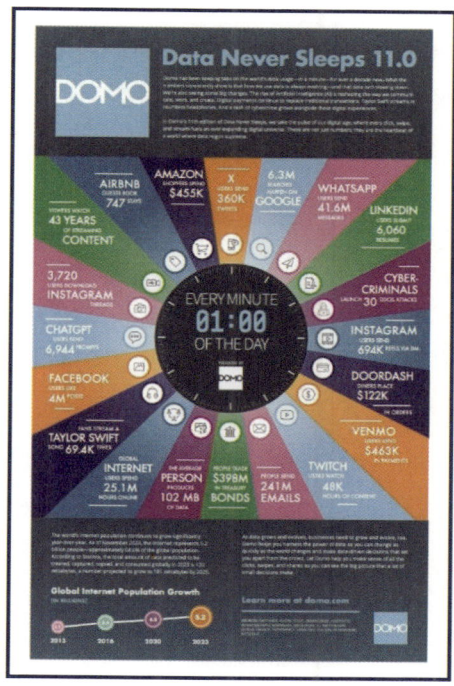

⟨Domo(2023), Data Never Sleeps 11.0
출처: www.domo.com/learn/infographic/data-never-sleeps-11⟩

이렇듯 수많은 자료들이 쉴 새 없이 생성되는 와중에 우리 학생들은 어떤 역량을 길러야 하는 것일까요?

자료는 문자, 소리, 이미지 등 다양한 형태로 존재합니다. 이러한 자료를 잘 이해하고 활용하는 것이 디지털 학습의 첫걸음입니다. 자료는 사용하는 목적에 따라 적합한 형태를 선택하여 활용해야 합니다. 예를 들어, 역사 교과에서 보고서를 작성하는 수업의 경우 관련 책의 텍스트 자료를 읽고 내용을 요약하거나, 온라인에서 검색을 통해 사진과 이미지를 추가하거나, 동영상 자료를 통해 생생한 이해를 더할 수도 있습니다. 어떤 자료를 선택하는지에 따라 결과물이 달라질 수 있기 때문에 자료 유형의 특성을 이해하는 것이 중요합니다.

이어서 수집한 디지털 자료를 체계적으로 정리하고 보관하는 습관은 학습 효율성을 높입니다. 예를 들어, 학생이 발표 자료와 보고서에 사용할 이미지를 다운로드한 후 관련 키워드로 폴더를 만들어 저장하거나, 파일을 주제별로 분류하면 나중에 자료를 쉽게 찾을 수 있습니다. 초등학생의 경우 클라우드 개념은 다소 어려우니 학생이 소지하는 기기에 어떻게 저장되는지 확인하고 이를 자신의 방법으로 정리한다면 더할 나위 없이 좋을 것입니다. 프로젝트 활동을 진행하며 "지난번에 내가 폴더에 사진 다 모아뒀어!"라고 외치는 학생의 모습을 보면 이러한 관리의 중요성을 다시 한번 느끼게 됩니다.

위와 같이 자료를 형태에 따라 관리하는 역량도 중요하지만 그보다 더 중요한 역량은 나에게 필요한 자료를 잘 찾는 능력입니다. 이를 위해서는 효율적인 검색 능력이 필요합니다. 효율적인 검색은 올바른 질문과 적합한 키워드를 설정하는 데서 시작됩니다. 학생들이 검색의 기본 원리를 이해하면 필요한 자료를 신속하고 정확하게 얻을 수 있습니다. 한 가지 예를 들면, 제대로 된 검색 방법을 알아보기 위해 수업에서 아이들에게 "해양 쓰레기는 바다 거북에게 어떤 영향을 미칠까요?"라는 질문을 던졌습니다. 아이들은 질문을 보며 각자의 디지털 기기로 검색하기 시작하지만 이내 많은 질문을 합니다.

"선생님, 뭘 검색해야 답이 나오는 거예요?"
"그냥 '바다거북 쓰레기'라고 치면 돼요?"
"어떻게 검색해야 돼요?"

이렇듯 학생들이 검색은 하지만 내가 원하는 정보를 찾기 위해 구체적으로 어떻게 해야하지는 모르는 경우가 많습니다. 효율적인 검색을 위해서는 먼저 모호한 검색어 대신 구체적이고 명확한 검색어를 설정해야 합니다. 예를 들어, "바다거북 쓰레기"라는 검색어보다 "해양쓰레기로 인한 바다거북의 위험"처럼 구체적인 검색어를 사용하면 보다 적합한 자료를 찾을 수 있습니다. 또한, 키워드를 선택할 때 불필요한 단어를 제거하고 핵심적인 단어를 중심으로 검색을 실행하는 것이 좋습니다. "조금 더 구체적으로 키워드를 설정하니 자료 찾기가 훨씬 쉬워졌어요!"라는 학생의 반응처럼 검색 기술은 연습을 통해 충분히 개선될 수 있습니다.

하지만 검색 기술이 아무리 좋아도, 가짜 정보를 걸러낼 수 없다면 이 또한 무용지물입니다. 온라인에서는 너무나 많은 양의 자료가 생성되지만, 그 중에는 잘못되거나 왜곡된 자료도 상당 수 포함되어 있습니다. 특히나 가짜 뉴스와 같은 거짓 소문들이 생성되어 전달되거나, 생성형 AI가 만들어낸 할루시네이션(허위정보)도 실제 자료처럼 둔갑하여 유포되고 있습니다. 이러한 상황 속에서 학생들이 자료의 신뢰성을 평가하는 능력을 갖추는 것은 올바른 학습을 위해 필수적입니다. 학생들은 자료의 신뢰성을 판단하기 위해 "이 자료가 사실인가요? 이 자료의 출처는 어디인가요? 정보가 최신 자료인가요?" 등과 같은 질문을 스스로 던질 수 있어야 합니다. 실제로 수업에서 조사 학습을 진행하던 중 한 학생이 환경 오염에 대한 보고서를 작성할 때 일어난 사례입니다. 학생이 환경 오염에 대해 조사하던 중 SNS에서 본 통계 자료에서 의심스러운 점을 발견했습니다. 그 자료에 대해 모둠의 다른 학생들과 갑론을박이 벌어졌습니다. 이에 학생은 여러 환경 단체와 정부 기관의 공식적인 자료를 찾아 비교해 보았고, 처음

찾았던 자료가 잘못되었다는 것을 발견하였습니다. 이렇게 자료의 신뢰성에 대한 의문을 가짐으로써 더 정확한 자료를 찾을 수 있었고, 믿을만한 자료가 담긴 보고서를 작성할 수 있었습니다. 이런 과정을 한 번이라도 겪은 학생들은 정보의 신뢰도에 의심을 표하고 다시 한번 점검하는 습관을 가지게 됩니다.

디지털 시대의 아이들은 방대한 정보 속에서 살고 있습니다. 하지만 정보를 쉽게 얻을 수 있는 환경에서 우리 아이들이 어떤 질문을 던져야 하는지, 그리고 얻은 정보를 어떻게 활용하고 관리해야 하는지를 아는 것이 더욱 중요합니다. 가정과 학교에서는 아이들이 인터넷을 단순한 정보 검색 도구로만 보는 것이 아니라, 비판적 사고와 문제 해결의 도구로 활용할 수 있도록 지도하는 것이 필요합니다. 가정에서도 "조금 더 구체적으로 어떻게 질문할 수 있을까? 이 정보가 다 사실일까?"와 같이 아이와 질문하는 연습을 함께 한다면 정보를 올바르게 이해하고 활용할 줄 아는 사람으로 성장할 수 있습니다.

질문을 잘하는 법, 수집된 자료를 정리하는 법, 신뢰할 만한 정보를 구별하여 자료를 활용하는 법을 배우는 것은 디지털 리터러시의 핵심입니다. 이러한 것들을 잘 습득한 학생들은 이제 더 이상 "뭘 검색해야 할지 모르겠어요"라고 말하지 않습니다. 대신, "이걸 어떻게 물어봐야 할까? 찾은 내용 중 거짓이 없을까?"를 고민하며 자신만의 방법으로 세상을 탐구해 나갑니다.

가정에서 이렇게 하면 좋아요

· 일상생활 속에서 찍은 사진을 폴더로 정리하기
· 궁금한 내용에 대해 어떤 단어로 검색할지 논의하기
· 우리 생활에 필요한 자료를 검색하기

05 정보의 분석과 표현

잘 찾은 정보를 잘 표현하고 요약하는 것도 능력

> **CHECK BOX** ☑
> ☐ 여러 자료를 특성에 맞게 표나 그림, 그래프 등 다양한 방법으로 표현할 수 있다.
> ☐ 수집된 정보에서 중요한 내용을 찾아 해석 및 요약할 수 있다.
> ☐ 자료를 통해 분석한 정보를 간단한 문서로 정리할 수 있다.

　인터넷 기술을 활용한 디지털 기기의 발달로 이른바 정보 홍수의 시대가 펼쳐지고 있는 가운데 우리 학생들 역시 과도한 정보량에 직면하고 있습니다. 정보의 홍수 사이에서 올바른 정보를 찾았다면 이를 정리 및 요약하여 그 내용을 적절하게 해석하는 것도 중요합니다. 현재 학생들은 인터넷을 활용하여 다양한 정보를 찾는 데는 익숙하지만, 대부분 이미 가공된 정보를 그저 받아들이고 있기에 주도적으로 정보를 재가공하고 정리하는 데는 어려움을 느낍니다.

현재 교실에서는 디지털 기기를 사용하여 정보를 검색하고 정리하는 조사 학습이 활발하게 이루어지고 있습니다. 주제가 정해지면 검색 엔진을 이용해 적절한 정보를 찾고, 찾은 내용의 링크를 복사하여 온라인 게시판에 붙여 넣습니다. 이를 바탕으로 주제와 형식에 맞게 본인이 찾은 정보를 다시 정리하고 이를 자신만의 결과로 만들어 내야 합니다. 예를 들어 '내가 존경하는 독립운동가를 소개하기'가 과제라면, 학생은 검색 엔진을 이용해 독립운동가 소개 글이나 영상을 찾고 이를 재가공하여 내용을 정리하게 됩니다. 이를 통해 학생은 비판적 사고 능력, 정보 활용 능력, 의사소통 능력을 기를 수 있습니다.

단순히 텍스트로 보면 이 과정이 굉장히 수월해 보이지만 실제 교실 상황은 좀 다릅니다. 학생들은 이미 가공이 완료된 자료를 다수 접하게 되고, 때로는 너무 다양한 정보로 인해 이를 다시 정리하고 요약하는 데 어려움을 느낍니다. 학생들과 조사 학습을 진행하면 가장 많이 듣는 말이 "선생님 조사한 내용 그대로 붙여넣기 해도 되나요?", "선생님, 이 내용을 한 번에 정리한 표가 있는데 이거 그대로 써도 되나요?" 등입니다. 학생들은 수집한 자료들을 본인들만의 방법으로 표현하기보다는 그대로 쓰려고 합니다. 또한 수집한 자료에서 중요한 내용을 요약해 작성하라고 하면 "선생님 여기 내용 다 중요한 것 같아서 뭐를 적어야 할지 모르겠어요", "선생님 여기 내용이 너무 많은데 이거 어떻게 적으면 될까요?"라는 질문을 합니다. 학생들은 찾은 정보에서 중요한 내용을 골라내는 것을 어려워하는 것입니다.

이 경우에 수집한 정보를 표, 그림, 그래프 등으로 표현해 보는 활동은 학생들에게 많은 도움이 됩니다. 복잡한 정보를 시각적으로 표현하면 이해하기 쉽게 명확한 정보를 전달할 수 있습니다. 또한 시각화 과정에서 학생들은 중요한 정보가 어떤 것인지 계속해서 고민하게 되고, 이를 통해 수집한 정보에 대한 이해가 높아집니다. 또한 표나 그래프를 사용하면 서로 다른 데이터를 비교하기에도 용이합니다. 수집한 정보를 표, 그림, 그래프 등의 시각적 자료로 만들면서 학생들은 정보를 정리하고 분석하는 과정을 겪게 되고, 이를 통해 수학적 사고는 물론, 문제 해결 능력도 기를 수 있습니다.

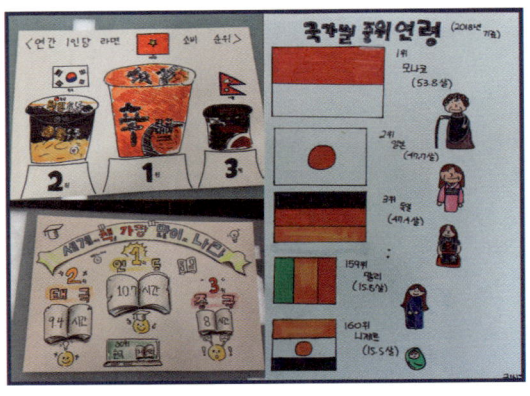

〈인터넷 조사를 활용한 인포그래픽 교육〉

 더 나아가, 본인이 수집한 자료를 다양한 방식으로 표현하는 것만큼 중요한 것은 자료를 정확하게 해석하고 핵심을 요약하는 능력입니다. 학생들은 정보를 요약하는 과정에서 핵심 내용을 파악하고, 이를 정리하고 처리하는 능력을 키우게 됩니다. 요약하는 과정에서는 단순히 내용을 줄이는 것이 아니라, 정보를 간결하고 명확하게 전달하는 방법을 배우며 의사소통 능력을 기르게 됩니다. 또한, 불필요한 정보를 걸러내고 중요한 내용을 선별하면서 비판적 사고력도 함께 향상됩니다. 이를 위해 학생들은 수집한 정보에서 핵심 내용을 찾아 요약하는 방법을 익혀야 합니다. 단순한 복사 붙여넣기가 아닌 정보의 목적을 이해하고 중요한 포인트를 질문으로 정리하면서 핵심을 파악하는 과정이 필요합니다.

쏟아지는 정보들 속에서 핵심을 골라내 재편성하고 표나 그래프로 표현하는 것은 어른들에게도 어렵습니다. 그러나 어릴 때부터 이런 과정들을 경험해 온 학생들은 보다 효과적으로 정보를 분석하고 정리할 수 있는 능력을 갖추게 됩니다. 여러 자료를 특성에 맞게 표나 그림, 그래프 등으로 표현하고, 수집된 정보에서 중요한 내용을 찾아 요약하고 이를 간단한 문서로 정리하는 과정을 지속적으로 연습한다면 학생들의 정보 처리 능력이나 분석적 사고력이 크게 향상될 수 있습니다.

가정에서 이렇게 하면 좋아요

- 일상생활의 자료를 표나 그래프로 표현한 사례 찾아보기
- 일상생활의 자료를 표나 그래프로 그려보기
- 짧은 글을 읽고 핵심 내용 요약하기

06 디지털 콘텐츠 생성

표현 방법의 새로운 장을 열다

CHECK BOX ☑
☐ 디지털 포스터나 카드를 만들고 공유할 수 있다.
☐ 동영상 제작 앱을 활용하여 간단한 영상을 만들 수 있다.
☐ 디지털 공간에서 표현하고 싶은 자신만의 주제에 대해 생각할 수 있다.

요즘 학생들이 주로 사용하는 온라인 대화 채널이 무엇인지 아시나요? 어른에게 익숙한 카카오톡은 학생들 사이에서 오직 어른과의 대화를 위한 어플입니다. 아이들끼리는 주로 인스타그램 DM을 주고받으며 대화합니다. 인스타그램과 카카오톡의 차이점은 무엇일까요? 인스타그램에는 전 세계 사용자들의 콘텐츠가 존재합니다. 아이들은 그 콘텐츠를 공유할 수 있는 인스타그램 속에서 대화하고 있습니다. 대화를 위한 플랫폼보다 콘텐츠를 위한 플랫폼에서 대화를 하는 격입니다. 그만큼 알파 세대인 학생들에게 자신을 대변하고 표현할 수 있는 디지털 콘텐츠는 중요한 부분으로 자리 잡았습니다. 자신의 디지털 공간에 영상, 음악, 사진 등을 공유하고 다른 사람의 콘텐츠를 따라 하며 하나의 '밈(meme)' 문화를 만듭니다. 유행하는 밈을 이해하냐, 이해하지 못하냐에 따라 신세대, 구세대로 구분되기도 합니다. 이제는 디지털 콘텐츠 자체가 학생들과의 관계를 위해 필수적으로 이해해야 할 부분이 된 것입니다.

초등학생들은 주로 디지털 콘텐츠를 직접 창작하기보다는 소비하는 입장에 있습니다. 유행하는 밈을 접하고 이를 따라 하며 즐깁니다. 이들이 앞으로 디지털 콘텐츠를 생산하는 생산자로 성장하는 것은 당연한 수순입니다. 그런데 콘텐츠 생산과 관련된 교육을 얼마나 하고 있는지는 살펴볼 필요가 있습니다. 단순히 밈이나 유행을 만들어내는 사람이 되도록 교육하자는 것이 아닙니다. 학생들이 성장했을 때에는 어느 분야에서나 디지털 콘텐츠를 생산해야 하는 입장에 놓입니다. 콘텐츠의 형식은 글, 그림, 사진, 영상 등 다양하겠지만 분야를 막론하고 디지털 콘텐츠를 생산해야 하는 생산자로서의 역할을 경험하게 될 것은 분명합니다. 따라서 디지털 공간에서 자신만의 콘텐츠를 생산할 때 어떻게 하면 효과적으로 본인의 생각을 표현할 수 있을지에 대한 교육이 반드시 이루어져야 합니다.

자신만의 디지털 콘텐츠를 창작할 수 있도록 하려면 어떤 교육이 필요할까요? 학교에서는 학생이 다양한 디지털 공간에서 다양한 방식으로 자신을 표현하도록 교육하고 있습니다. 디지털 공간에서 자신을 표현하는 가장 간단한 방법은 글입니다. 디지털 글쓰기 수업은 교과와 관계없이 계속되고 있습니다. 국어 교과에서는 논설문, 주장하는 글, 기행문, 시 등 다양한 형식의 글을 디지털 공간에 쓰고 공유하도록 활동을 제공합니다. 앞서 파트2에서 자작자작, 키위티 등의 다양한 에듀테크 플랫폼이 학생들의 글쓰기를 위한 디지털 공간을 제공하고 있음을 설명했습니다. 잘 마련된 디지털 공간을 수업에 적극 활용하려면 그 공간에서 표현할 수 있는 학생들의 아이디어가 필요합니다. 글쓰기 활동의 주제가 되는 여러 사회적 문제, 도덕적 상황, 감정, 일상 등에 대해 평소에 생각하고 아이디어를 정리한 학생이 디지털 글쓰기 활동에도 잘 참여할 수 있습니다.

그렇다면 그림의 경우는 어떨까요? 그림 또한 학생들이 자신을 표현하는 중요한 방법 중 하나입니다. 디지털 아트, 일러스트, 포스터 디자인 등 다양한 형식의 그림을 창작하며 학생들은 보다 창의적으로 자신을 표현할 수 있습니다. 안드로이드의 스케치북이나 아이스크림의 아트봉봉 같은 에듀테크를 활용하면 학생들이 디지털 공간에서 재료의 한계를 넘어 디지털 화면 위에 자신만의 작품을 제작할 수 있습니다. 미술 사조별로 유명한 화가들의 작품을 감상한 후에 그 화가의 표현 방법에 따라 자신만의 그림 작품을 완성하는 수업을 진행하기도 합니다. 그렇다면 자신이 어떤 방법으로 생각을 표현할 것인지 미리 아이디어를 생성해야 합니다. 도화지나 화면에 표현하고 싶은 주제나 내용이 있어야 학습한 표현 방법으로 생각을 나타낼 수 있으니까요. 따라서 잘 만들어진 디지털 플랫폼 속에서 좋은 작품을 생산하기 위해서는, 학생 스스로 평소에 글이나 그림으로 표현하고 싶은 아이디어를 정리하고 모아 자신만의 콘텐츠를 구성해 나가는 노력이 필요합니다. 아이디어를 정리하고 다듬는 과정은 오랜 시간이 필요하므로, 평소 가정에서 자신의 생각과 감정을 글이나 그림으로 표현하는 연습을 꾸준히 하는 것이 중요합니다.

〈고흐를 모방한 디지털 스케치북 작품〉

'밈'과 같이 유행하는 영상 제작을 위한 교육도 이뤄집니다. 학교에서 학생들이 유행에 편승하도록 영상 제작을 가르친다는 의미가 아닙니다. 학교에서는 영상 제작을 위한 협업 과정을 교육합니다. 하나의 영상을 제작하기 위해서는 영상에 담고 싶은 메시지, 영상 속 등장인물, 촬영 방법, 촬영 기기, 촬영용 소품, 촬영 장소 등 영상 촬영을 위한 모든 부분에 대해 사전 계획이 필요합니다. 이 같은 계획을 평소에 영상으로 표현하고 싶었던 주제나 아이디어가 없었다면 단시간 내에 세우기 어렵습니다. 또한 온라인 협업을 통해 영상 제작 과정을 계획하므로 협업 능력이 부족하다면 계획 단계부터 어려움을 겪게 됩니다.

예를 들어, 자신이 행복한 순간에 대한 영상을 제작하는 도덕 수업에서, 모둠원들이 모둠용 구글 슬라이드를 하나 만들고 각자 자신이 영상에 담고 싶은 행복한 순간을 작성한 뒤 촬영은 누가 할 것인지, 영상으로 표현하고자 하는 장면은 무엇이고 이때 출연자가 어떤 장면을 연기해야 하는지, 필요한 소품은 무엇이고 그것은 어떻게 준비할 수 있는지, 어디에서 촬영해야 하고, 편집은 누가 할 것인지, 편집 시 프로그램은 무엇을 쓸 것인지 등 영상의 큰 줄기부터 시작해 아주 세세한 부분까지 협의하게 됩니다. 이런 활동에서는 자신의 생각을 영상으로 어떻게 표현할 것인지 아이디어를 구체화하는 역량이 필요하며 친구와 서로 배려하고 협동하는 역량도 필요합니다. 따라서 디지털 콘텐츠를 생산하기 위해서는 영상 제작, 편집 능력뿐만 아니라 온라인 협업 능력, 의사소통 능력, 창의력, 논리적 사고 능력 등 다방면에서 역량을 필요로 합니다.

그렇다면 디지털 콘텐츠 생성 역량의 향상을 위해 어떤 것이 선행되어야 할까요? 우선 디지털 콘텐츠에 대한 판단력이 준비되어야 합니다. 글, 사진, 그림, 영상 등 다양한 디지털 콘텐츠에 대해 무조건적으로 수용하는 것이 아니라 비판적으로 분석하고 활용하는 능력이 필요합니다. 이러한 능력은 단시간에 학습되지는 않습니다. 따라서 가정과 학교에서 지속적으로 디지털 리터러시에 관한 교육이 동시에 이뤄져야 합니다.

다음으로 학생이 디지털 콘텐츠에 담고 싶은 주제를 스스로 생각해 보는 시간을 가지는 것도 좋습니다. 학생이 평소에 하던 생각, 갖고 있었던 고민, 즐겨 읽던 책, 좋아하는 것, 관심 있는 분야, 사회적 이슈 등으로부터 자신의 콘텐츠에 담고 싶은 주제가 도출됩니다. 책 만들기 수업을 진행하면 과학을 좋아하는 학생은 과학적 지식이 가득한 책을 만들고, 운동을 좋아하는 학생은 운동선수에 대한 정보가 가득한 책을 만드는 것처럼요. 생각이 깊어지는 만큼 더 다양한 콘텐츠가 생성되고, 생성된 콘텐츠의 퀄리티도 높아집니다. 따라서 학생들이 디지털 공간에서 어떤 내용을 표현하고 싶은지 고민할 수 있도록 대화를 유도하는 것이 중요합니다. 이러한 사고 과정은 단기간에 형성되는 것이 아니므로, 지속적인 질문과 탐색을 통해 점진적으로 발전할 수 있도록 지도해야 합니다.

디지털 콘텐츠를 생산하기 위해서는 디지털 도구를 다룰 줄 아는 것만큼 자신만의 주제를 찾고 이를 창의적으로 표현하는 능력도 중요합니다. 그러므로 디지털 리터러시 교육과 다양한 디지털 도구 활용 연습을 통해 아이들이 다양한 형식의 콘텐츠를 제작해 보도록 경험을 제공하면서도, 아이 스스로 전달하고 싶은 메시지를 찾도록 고민하는 과정이 동반되어야 합니다. 같은 현상을 바라보더라도 서로 다른 시각에서 해석할 수 있어야 창의성이 발휘되는 것처럼, 창의적인 사고 없이는 디지털 표현력도 발전하기 어렵습니다. 따라서, 아이들이 자신의 생각을 정리하고 이를 디지털 콘텐츠로 구현하는 경험을 지속적으로 쌓을 수 있도록 가정에서도, 학교에서도 창의적 표현을 장려하는 환경을 마련하는 것이 중요합니다.

가정에서 이렇게 하면 좋아요

- 자신의 생각을 표현할 수 있는 콘텐츠 형식과 담고 싶은 내용은 무엇인지 고민하기
- 다양한 디지털 도구(파워포인트, 영상 편집 툴 등)를 활용해 생각을 글, 그림 등으로 표현해 보기

07 디지털 의사소통

디지털 의사소통은 고민할 게 두 배

> **CHECK BOX** ☑
> ☐ 이메일, 메신저 등을 활용해 간단한 메시지를 주고받을 수 있다.
> ☐ 온라인 커뮤니티, 온라인 수업 플랫폼 등을 활용하여 활동에 참여할 수 있다.
> ☐ 온라인 협업 도구를 활용하여 친구들과 소통하며 결과물을 만들 수 있다.

    진로 시간에 자신의 롤모델에게 메일을 보내는 수업을 할 때였습니다. 학생들은 이메일을 어떻게 써야 하는지 모르겠다며 질문했습니다. 이메일은 인터넷으로 쓰는 편지와 같다는 설명에 그제서야 이메일을 쓰기 시작했지만 맞춤법은 틀리고 이메일을 쓰는 자신이 누군지도 밝히지 않아 결국 아이들의 메일을 하나하나 첨삭했습니다.

전화보다 문자를, 문자보다는 카톡을, 카톡보다는 DM을 편하게 생각하는 아이들이지만 디지털 공간에서 이루어지는 문자 기반 의사소통에 어떻게 참여해야 현명하게 대화할 수 있는지에 대해서는 반드시 교육이 필요합니다. 디지털 시대의 의사소통 방식이 문자, 메일, 메신저, 온라인 커뮤니티, 협업 도구 등 다양한 방식으로 이루어지고 있기 때문에 이에 적절한 교육이 제공될 필요가 있습니다.

국어 교과에서는 편지 쓰는 방법에 대한 내용을 학습합니다. 편지를 받는 대상, 인사말, 편지를 쓰는 목적 설명, 마무리 말, 쓴 날짜 등 편지 구성 양식에 대해 학습하고 그에 따라 편지를 써보도록 지도합니다. 편지를 받는 대상에 따라 높임법을 사용하도록 함께 지도합니다. 하지만 요즘 아이들은 편지를 보낸 경험이 많지 않기 때문에 당연히 이메일에도 익숙하지 않습니다. 초등학교 4학년에서 6학년 학생들을 대상으로 이메일 작성하기 수업을 하면 나이와 상관없이 이메일을 낯설어하며, 보내는 방법 뿐만 아니라 내용 작성을 어려워하는 학생들을 자주 볼 수 있습니다. 초등학교 학생들이 이메일을 보낼 만한 일은 많지 않기 때문에 익숙하지 않은 것이 당연합니다. 하지만 성장할수록, 이메일로 소통할 일이 많아집니다. 친구들에게 이메일을 보낼 때 지켜야 할 예절을 잘 학습한 학생이 어른이 되어서도 교수님, 직장 상사, 거래처 직원 등에게 예절을 지켜 이메일을 보낼 수 있을 것입니다. 이러한 이메일 예절을 몰라 어려움을 겪는 성인들의 경험담이 인터넷에 수도 없이 쏟아지는 것을 보면 이메일 예절 교육도 필요한 부분입니다.

이메일 작성을 위해 제목, 본문, 마무리 인사 등의 구성 요소를 지키면 기본적인 형식은 갖춘 이메일을 작성할 수있습니다. 그러나 이메일에 담고자 하는 내용은 전달력과 문장 표현력이 뒷받침되어야 합니다. 전달하고자 하는 바를 간추려 간결하고도 명확하게 메시지를 전달할 수 있으려면 생각과 아이디어를 전달력 높은 언어로 표현할 수 있어야 합니다. 즉 자신의 생각을 다른 사람들에게 명확하고 구체적으로 글과 말로 표현할 수 있어야 한다는 것입니다. 또한 맞춤법과 높임말을 바르게 사용하여야 하며 메일을 읽는 사람이 불쾌하지 않도록 공손하고 예의 바르게 메일을 작성하는 능력도 필요합니다. "'아' 다르고 '어' 다르다"라는 속담처럼 문자만으로 전달하는 메시지에는 여러 가지 한계가 있다는 사실은 인식하여야 합니다. 자신의 의도가 읽는 사람에게 바르게 전달될 수 있도록 표현 하나하나를 신경 써야 한다는 것을 알고 있어야 합니다.

학교에서는 디지털 공간 속에서 이루어지는 의사소통이 가진 한계, 단점, 디지털 의사소통을 위해 지켜야 할 예절 등에 대해 지속적으로 교육하고 있습니다. 특히 디지털 의사소통에 대한 교육이 중요한 이유는 이러한 의사소통 예절이 지켜지지 않았을 때 학교 폭력과 같은 일로 번질 위험성이 있기 때문입니다. 따라서 국어, 도덕 교과 시간 등에 디지털 공간에 남기는 자신의 모든 글, 댓글, 접속 등의 흔적이 모두 기록되고 있다는 점을 지도합니다. 문자만으로는 자신의 의도를 정확히 전달하기 어려우니 글자 하나하나 신경 써서 전달해야 함을 교육하고 있습니다. 학생들은 반드시 읽는 사람을 배려하는 예의 바른 말투로 글을 작성해야 하고, 디지털 공간에 한 번 남긴 기록은 수정 및 삭제가 어렵다는 점을 알고 있어야 합니다.

온라인 커뮤니티나 온라인 수업 플랫폼에서도 이 같은 의사소통 예절은 마찬가지로 적용됩니다. 구글 클래스룸, 띵커벨 보드, 패들렛 등의 학급 수업 플랫폼에 친구들의 작품이나 사진이 공유되고 그것을 서로 감상하며 감상평을 남기는 수업이 자주 진행됩니다. 그런데 서로의 작품에 대해 솔직한 감상평을 글로 남기는 과정에서 간혹 학생들끼리 다투는 일들이 발생합니다. 평소에 얼굴을 보며 소통할 때는 표정, 말투 등의 비언어적 표현이 함께 전달되어 서로 장난으로 넘어갈 수 있었던 상황들이 디지털 공간에서 문자로 소통되자 서로에게 큰 상처가 되기 때문입니다. 구글 클래스룸 등 대부분의 플랫폼에서는 학생이 교사가 부여한 이름으로 디지털 의사소통에 참여하도록 해 익명 참여를 제한하고 있습니다. 익명성을 악용해 서로에게 날카로운 말을 겨누는 상황을 막는 예방 조치인 것입니다.

구글 슬라이드, 캔바 등 각종 온라인 협업 도구를 사용하여 함께 결과물을 만들 때도 디지털 의사소통 역량은 매우 중요합니다. 하나의 산출물을 만들어야 하기 때문에, 학생들 간 의사소통이 필수적입니다. 교실에서 조별로 하나의 양식을 공유하여 자료를 제작하면 비언어적 의사소통과 언어적 의사소통, 그리고 디지털 의사소통이 모두 합해져 더욱 완성도 높은 결과물이 완성됩니다. 디지털 공간 속에서 협업하지만 실제로는 학생들이 직접 대화하고 협의한 내용들을 디지털 공간 속에서 결과물로 제작해 내는 것입니다. 예를 들어, 사회 교과 수업에서 세계 여러 나라에 대해 조사하기 수업을 진행할 때, 아이들은 모둠별로 앉아서 조사할 내용이나 자료, 이용할 사이트에 대해 함께 논의합니다. 대화로 논의한 내용은 캔바 등의 온라인 공간 속에 정리합니다. 결국 실제 의사소통은 오프라인으로, 결과물 제작은 온라인으로 진행하는 것입니다. 이 과정에서 말로 생각을 표현하는 언어적 전달력과 디지털 협업 도구로 과제를 수행하는 디지털 역량이 모두 향상됩니다. 친구를 배려하며 소통에 참여하는 배려심과 상대방의 의견을 존중하는 태도, 명확하고 예의 바른 표현을 사용하는 습관을 기르게 되는 것입니다. 당연하게도 언어적 소통력과 배려심, 능숙한 디지털 도구 활용 능력 등 복합적인 역량을 갖춘 학생이 온라인 협업에서도 높은 성취도를 보이게 됩니다.

그럼 어떻게 해야 생각을 언어로 멋지게 표현하는 능력도, 친구를 배려하고 포용하는 배려심도, 다양한 디지털 플랫폼을 능숙하게 다룰 수 있는 디지털 활용 역량도 기를 수 있을까요? 원활한 디지털 의사소통을 위해 학생들이 우선적으로 연습해야 할 것은 '바른 언어 습관'입니다. 평소에 바른 말을 사용하고 바른 언어 습관을 가진 학생이 이메일 작성, 문자 메시지 전송, SNS 사용, 온라인 협업에서 의사소통을 바르게 이끌어갑니다. 의견을 명확하고 구체적으로 표현하는 것은 학교에서 자주 하는 글쓰기, 발표하기, 글 요약하기 활동만으로는 한계가 있기 때문에 평소에 연습이 필요합니다. 특히 디지털 환경에서는 짧은 문장으로도 상대방이 정확히 이해할 수 있도록 핵심을 담아 내용을 전달할 수 있어야 합니다. 따라서 생각을 긴 글로도, 짧은 글로도 적어보고, 맞춤법, 높임법 등 언어 규칙을 정확히 익히고 같은 말이라도 기분 좋은 언어로 표현해 보는 연습 등이 필요합니다.

또한, 가족 간의 격려와 대화는 아이가 따뜻하고 배려심 있는 사회 구성원으로 성장하는 데 중요한 밑거름이 됩니다. 가정에서 자신의 생각을 자유롭게 표현하고 원활한 의사소통을 경험한 아이일수록, 디지털 공간에서도 자연스럽게 건강한 소통을 할 가능성이 높아집니다. 디지털 공간에서의 의사소통은 단순한 기술적 능력만이 아니라, 올바른 언어 습관과 배려하는 태도를 바탕으로 한 건강한 소통 방식을 익히는 것이 핵심입니다.

가정에서 이렇게 하면 좋아요

- 맞춤법, 높임말 등 올바른 언어 습관 익히기
- 자신의 생각을 글로 쓰고 말로 표현하는 연습하기
- 다양한 주제에 대한 가족 간 대화의 시간 확대하기
- 자신의 의견과 생각을 표현할 수 있도록 격려하기

08 디지털 문제 해결

일상 속 문제 해결을 디지털 도구를 통해!

CHECK BOX ☑
- ☐ 생활 속에서 일어나는 문제를 해결하기 위하여 인터넷에서 필요한 정보를 검색하고 활용할 수 있다.
- ☐ 생활 속 문제를 해결하기 위한 디지털 도구를 찾고 사용할 수 있다.
- ☐ 규칙에 따라 문제 해결 순서를 정하고 간단한 프로그램을 만들 수 있다.

'디지털 문제 해결'이란 학생들이 디지털 도구와 기술을 활용하여 다양한 문제를 인식하고 분석하며 이를 해결하는 과정을 말합니다. 이를 위해서는 학생이 일상생활 속에서 당면한 문제를 인식하고 이를 해결해야 한다는 필요성을 느껴야 합니다. 그 후 학생은 컴퓨터, 태블릿, 스마트폰 등 다양한 디지털 자원을 활용하여 문제에 접근합니다. 문제를 분석한 뒤, 학생은 코딩, 관련 어플, 데이터 분석 등을 통해 문제를 해결하고, 그 결과를 평가하여 무엇이 잘 작동했고 무엇을 개선해야 하는지 정리해 보며 디지털 문제 해결이 마무리됩니다. 디지털 문제 해결은 단순히 학생의 기술적 능력을 길러주는 것이 아니라, 실생활에서 문제를 해결하는 데 필요한 여러 가지 인지적 및 사회적 기술을 동시에 발달시키는 중요한 과제입니다.

이렇게 설명하면 굉장히 어렵게 느껴지지만, 학생들은 일상생활 속에서 자연스럽게 디지털 기기를 통한 문제 해결을 경험하고 있습니다. 문제 해결 방식은 크게 두 가지 유형으로 나눌 수 있는데, 첫 번째는 일상 속 문제를 해결하기 위해 인터넷에 정보를 검색하거나 디지털 도구를 활용하는 것입니다. 이때, 인터넷에 정보를 검색하는 것은 대다수의 학생들이 어려움 없이 소화하는 반면 문제 해결에 적합한 디지털 도구를 찾는 것을 어려워하는 학생들이 많습니다. 두 번째는 좀 더 심화된 과정인데, 디지털 도구를 활용하여 규칙에 따라 문제 해결의 순서를 정하고 간단한 프로그램을 만드는 것입니다.

일상 속 문제를 해결하기 위해 인터넷에서 정보를 검색하거나 디지털 도구를 활용하는 것은 매우 중요합니다. 이러한 과정을 통해 학생들은 필요한 정보를 손쉽게 얻을 수 있을 뿐만 아니라, 스스로 탐구하고 해결책을 찾아가는 경험을 통해 자율성과 책임감을 기를 수 있습니다.

하지만 디지털 문제 해결 역량을 키워주기 위해 수업을 하다 보면 가장 많이 받는 질문은 "선생님, 이거 해결하려면 어느 사이트에 들어가야 해요?", "선생님, 기상청에서 날씨를 보고 싶은데 어느 메뉴로 들어가야 할지 모르겠어요" 등의 질문입니다. 학생들은 문제를 해결하기 위해 인터넷을 적극적으로 활용하지만, 정작 필요한 정보를 찾거나 적절한 디지털 도구를 선택하는 과정에서는 어려움을 겪는 경우가 많습니다.

이를 극복하기 위해서는 학생들은 검색 엔진을 효과적으로 활용하는 방법을 익히고, 문제 해결에 적합한 디지털 도구를 선택하는 능력을 갖추어야 합니다. 적절한 도구를 찾기 위해 다양한 앱을 사용해 보거나, 전문 웹사이트 및 블로그를 탐색하는 방법을 익히는 것도 좋은 선택입니다.

디지털 도구를 활용하여 규칙에 따라 문제 해결의 순서를 정하고 간단한 프로그램을 만드는 능력 역시 중요합니다. 간단한 프로그램을 만들면서 문제를 작은 단위로 나누고 순차적으로 해결하는 과정을 통해 알고리즘적 사고를 기를 수 있습니다. 또한 문제를 체계적으로 접근하는 방법을 배우며 논리적, 비판적 사고를 기를 수 있습니다. 프로그램을 개발하면서 학생들은 새로운 아이디어를 탐구하고 시도하며 최적의 해결책을 찾으며 창의성이 증진됩니다. 또한 이 과정에서 학생들은 문제 상황을 혼자 해결하는 것이 아니라 다른 사람들과 협력하고 의견을 교환하는 과정을 통해 의사소통 및 협업 능력도 기를 수 있습니다.

〈엔트리로 진행한 코딩 수업〉

그러나 이러한 역량을 길러주기 위해 간단한 프로그래밍 수업을 진행하면 기초부터 조작까지 무수한 질문들이 교사에게 쏟아집니다. 아예 프로그래밍 코드의 개념을 이해하지 못하는 학생, 본인이 코드를 짜고 안 되면 교사에게 바로 묻는 학생, 응용을 하고 싶은데 잘 모르는 학생들이 많습니다. 현재 초등학교에서 이루어지는 프로그래밍 및 코딩 수업을 보면 생각보다 강사의 코드를 그대로 따라하는 식의 수업이 많아, 수업 내용에 대한 휘발성이 높습니다. 따라서 코딩에 관심 있는 학생들은 흥미를 느끼고 열심히 참여하지만 코딩의 개념 자체를 이해하지 못하는 학생들은 흥미를 잃고 거부감을 느낍니다.

프로그래밍을 통한 문제 해결 과정은 시도와 실패를 반복하며 점진적으로 해결하는 과정입니다. 코드 작성 중 오류가 발생하더라도 즉시 포기하지 않고 오류의 원인을 찾으려는 태도가 중요합니다. 실패를 두려워하지 않고 다시 도전해 보면서 학생들의 회복 탄력성이 높아지며, 이런 경험들이 쌓이면 다른 상황에서도 효과적으로 문제를 해결할 수 있습니다.

또한, 코드가 원하는 대로 실행되지 않을 때, 교사에게 즉각적인 답을 요구하기보다 검색을 통해 해결 방법을 스스로 찾아보는 습관을 기르면 자기 주도적인 문제 해결 능력이 더욱 강화됩니다. 문제 해결 과정에서 단계별 접근 방식을 익히는 것도 중요합니다. 문제를 작은 단위로 나누고, 해결 순서를 논리적으로 고민하는 알고리즘적 사고를 기르면, 복잡한 문제도 보다 체계적으로 해결할 수 있습니다.

현재의 디지털 환경에서 학생들이 단순히 정보를 소비하는 것을 넘어, 능동적으로 문제를 해결하고 창의적으로 사고하는 역량을 기르는 것은 필수적입니다. 이를 위해서는 디지털 기반 문제 해결을 경험하는 것과 프로그래밍을 통한 논리적 사고 훈련이 균형 있게 이루어져야 합니다. 학생들이 디지털 도구를 활용하여 문제를 정의하고 해결하며, 시행착오를 거쳐 최적의 해결책을 찾아가는 경험을 충분히 할 수 있도록 해야 합니다.

결국, 디지털 문제 해결 능력은 단순한 기술 습득이 아니라, 사고력과 태도의 문제입니다. 학생들이 자신이 직면한 문제를 논리적으로 분석하고, 적절한 디지털 도구를 활용하여 해결책을 찾는 습관을 기를 수 있도록 교육적 접근이 필요합니다. 이를 통해, 학생들은 창의적인 문제 해결자로 성장할 수 있습니다.

가정에서 이렇게 하면 좋아요

- '너는 어떻게 생각해? 어떻게 해결할 수 있을까?' 문제 해결의 접근 방식 질문하기
- 가족 구성원의 다양한 아이디어를 나누고 문제 해결의 다양한 관점 배우게 하기
- 문제 해결 과정에서 실패를 경험하더라도 긍정적으로 격려하기
- 교육용 게임이나 온라인 퍼즐 게임을 경험해 보기
- 엔트리 등과 같은 무료 온라인 코딩 플랫폼 체험하기(playentry.org)

09 디지털 윤리

**디지털 세상에서도 서로를 존중하는
매너가 필요합니다.**

CHECK BOX ☑

☐ 온라인에서 예의 바른 언어를 사용하여 다른 사람과 소통할 수 있다.
☐ 디지털 콘텐츠의 저작권을 존중하여 무단으로 복제하거나 배포하지 않는다.
☐ 다른 사람의 자료를 활용할 때 출처를 밝히고 활용할 수 있다.
☐ 인터넷, 스마트폰 사용 시간을 스스로 계획하고 지킬 수 있다.

    디지털 환경에서도 타인을 배려하고 예의를 지키는 태도가 중요합니다. 특히, 온라인에서 이루어지는 의사소통에서는 올바른 댓글 작성법을 익히고, 타인을 존중하는 태도를 갖추는 것이 필수적입니다.

학급에서 온라인 기반으로 '다른 친구들의 작품 평가하기', '의견 표현하기'와 같은 활동을 진행하다 보면, 가끔 "선생님, 누가 제 작품에 상처가 되는 댓글을 달았어요!"라는 이야기를 듣게 됩니다. 누군가 익명성에 숨어 타인의 감정은 고려하지 않은 채 자신의 감정만 표현한 것입니다.

또한, "선생님, 누가 제 얼굴이 있는 사진을 제 허락 없이 게시판에 올렸어요!"와 같이 초상권이 지켜지지 않은 상황도 가끔씩 발생합니다. 과연 익명이 아니었다면 이와 같은 상황들이 발생했을까요? 물론 학급에서 실명으로 활동을 진행하는 것이 대다수이지만, 수업 편의상 학생들이 익명성이 있는 환경에서 활동을 하기도 합니다. 어떤 상황이든 학생들에게 반드시 필요한 것은 디지털 에티켓입니다. 우리가 살아가는 현실에서와 마찬가지로 디지털 의사소통 환경에서도 올바른 대화법을 지켜야 하고 타인을 존중하는 행동을 해야 한다는 것을 알고 있어야 합니다.

학생들은 수업에서 디지털 콘텐츠를 사용할 때, 인터넷에서 검색한 자료를 쉽게 가져와 활용하는 경우가 많습니다. 그러나 모든 디지털 자료에는 '저작권'이 적용되며, 허락 없이 사용하면 법적 문제가 될 수 있다는 점을 반드시 인지해야 합니다. 예를 들어, 불법 음악 파일을 다운로드해 영상을 제작하면 실제 저작권 분쟁이 발생할 수도 있습니다. 최근에는 생성형 AI를 활용한 콘텐츠에서도 저작권 논란이 증가하고 있어, 학생들이 더욱 주의해야 합니다. 또한, 학생들은 네이버, 구글 등의 검색 엔진에서 간단히 이미지나 동영상을 찾아 캡처한 후 발표 자료나 보고서에 사용하는 경우가 많습니다. 하지만 이러한 자료가 교육 현장 밖에서 사용된다면 저작권 침해 문제가 될 수 있습니다. 특히 어린 학생들은 SNS에서 받은 자료를 친구들에게 무단으로 배포하는 경우가 많습니다. 따라서 학교에서는 자료를 사용하기 전에 저작권 여부를 반드시 확인해야 하며, 무단 배포가 허용되지 않는다는 점을 교육하고 있습니다. 나아가 저작권이 없는 자료를 찾는 방법, CC 라이선스 표기 이해, 무료 이미지 사이트 활용법 등을 가르쳐 학생들이 저작권을 준수하면서도 적절한 자료를 활용할 수 있도록 지도합니다.

초상권 침해 역시 학생들이 꼭 알고 있어야 할 개념입니다. 별다른 문제의식 없이 친구의 사진을 허락 없이 SNS나 온라인 공간에 게시하는 경우가 많은데, 이런 경우 학교 폭력과 법적 문제로 이어질 수 있습니다. 이러한 문제를 예방하기 위해 학교에서는 디지털 도구 사용 시 초상권 보호의 중요성을 교육하고 있으며 사진이나 영상을 공유하기 전 당사자의 동의를 구해야 한다는 점을 지도하고 있습니다.

〈교실 내 디지털 리터러시 교육〉

학교에서는 학생들이 자료를 수집하고 활용할 때 타인의 콘텐츠를 함부로 사용하거나 공유해서는 안 된다는 점을 명확히 인식할 수 있도록 교육하고 있습니다. 가정에서도 학생들이 초상권과 개인 정보 보호의 개념을 올바르게 이해하고, 온라인에서 책임감 있는 행동을 할 수 있도록 지속적인 대화가 이루어지면 좋습니다.

다음으로 인터넷에서 찾은 자료를 활용할 때 반드시 출처를 남겨야 한다는 점을 유의해야 합니다. 학교 과제를 수행하거나 발표 자료를 만들면 학생들은 자신이 만든 자료라고 생각하지만, 그 안에는 사실 인터넷에서 찾아온 자료가 대다수 포함되어 있습니다. 그냥 가져와서 사용하는 경우 저작권과 표절 문제가 있기 때문에, 자신이 직접 제작한 자료가 아닌 자료에 대해서는 누가, 언제, 어디서 만든 자료인지 밝혀야 합니다. 출처를 잘 기입하면 표절과 저작권 문제를 피할 수 있음과 동시에 자료의 신뢰성 여부도 검증할 수 있습니다. 똑같은 주제를 다른 학생들이어도 정반대의 내용으로 발표하기도 합니다. 이때 각자가 찾은 자료의 출처가 있어야 그 출처 자료의 사실 여부를 확인해 볼 수 있을 것입니다. 이런 과정을 거치는 것 자체가 학생들에게 훌륭한 교육이 됩니다.

마지막으로 학교 및 가정에서 정한 디지털 기기 사용 규칙을 실천하는 습관을 갖춰야 합니다. 이는 가정에서 가장 중요하게 지도해야 할 부분 중 하나입니다. 가정에서 디지털 기기 사용의 조절이 안 되는 학생은 학교에서도 핸드폰과 디지털 기기에 매달리게 됩니다. 또한, 가정에서의 지나친 디지털 기기의 사용은 학업에 지장을 주기도 합니다. 게임에 지나치게 몰두한 나머지 늦잠을 자서 학교에 지각을 하거나, 숙제를 하지 못한 채로 등교하는 학생들을 종종 관찰할 수 있습니다.

많은 부모들이 학생들과 휴대폰 하루 사용 시간에 관하여 약속을 정하고 이를 실천하곤 합니다. 디지털 기기 사용 시간과 관련된 논의는 자기 조절력이 부족한 학생들과 부모들이 가장 많이 갈등을 겪는 상황 중 하나입니다. 이럴 때는 학생과 함께 왜 휴대전화 사용을 줄여야 하는지, 얼마나 사용하면 좋을지 등을 함께 대화해야 합니다. 반복적인 대화를 통해 학생이 자신의 상황을 인지하고, 문제라고 여기는 것이 중요합니다. 문제 인식이 우선적으로 이루어진다면 대처 방안에 대해 자연스럽게 논의할 수 있습니다. 이렇게 해서 학생의 자기 조절 역량을 천천히 길러 주면 가정에서뿐만 아니라 학교에서도, 다른 일상에서도 충분히 스스로 통제하며 디지털 기기를 활용할 수 있을 것입니다.

    디지털 시대를 살아가는 학생들에게 올바른 디지털 윤리는 필수적인 역량입니다. 특히나 초등학생의 시기에 기본적인 디지털 에티켓이 교육되지 않는다면 추후 큰 문제로 다가올 수도 있습니다. 디지털 기기 사용 시 지켜야 할 온라인 예절, 저작권 존중, 초상권 보호, 출처 표기와 같은 디지털 윤리, 그리고 스스로 기기 사용 시간을 조절하는 능력은 학교와 가정이 함께 지도할 때 더욱 효과적으로 형성됩니다. 이를 통해 학생들은 건강하고 안전하게 디지털 세상을 탐색하며 올바른 습관을 길러갈 수 있습니다.

가정에서 이렇게 하면 좋아요

- SNS 상에서 다른 사람과 어떻게 의사소통하고 있는지 대화하기
- 도란도란 사이트에서 사이버 언어 습관 진단해 보기
  (doran.edunet.net/langDgns/main)

- SNS 상에서 다운 받은 자료를 전달한 경험에 대해 대화하기
- 디지털 기기 사용 시간을 스스로 계획하기

10 디지털 정보 보호

세 살 버릇 여든까지 가는 디지털 정보 보호 습관 세우기

CHECK BOX ☑
□ 개인 정보를 보호하기 위해 비밀번호를 설정하고, 이를 안전하게 관리할 수 있다.
□ 개인 정보 유출이 될 수 있는 의심스러운 메시지나 이메일을 구별할 수 있다.
□ 문서나 파일을 배포할 때 개인 정보가 있는지 사전에 검토할 수 있다.

정보 보호를 위해 가장 기본이지만 소홀하기 쉬운 것 중 하나가 바로 비밀번호 관리입니다. 디지털 시대를 살아가는 우리 아이들에게 필요한 개인 정보 보호의 첫걸음은 올바른 비밀번호 관리입니다. 교육 현장에서 태블릿 PC, 교육용 플랫폼 등 다양한 디지털 기기와 서비스 활용이 일상화되면서 비밀번호 관리의 중요성은 더욱 강화되고 있습니다. 예를 들어, 초등학교에서 친구와 비밀번호를 공유했다가 학습 데이터가 삭제되는 사례나, 공용 PC 사용 후 로그아웃을 하지 않아 개인 계정이 도용되는 사례가 종종 발생합니다. 이와 같은 단순한 실수는 학생 간 사이버폭력이나 개인 정보 유출과 같은 심각한 문제로 이어질 수 있습니다. 여러 가지 비밀번호 관리 수칙이 있지만 학생들이 기본적으로 알아야 할 내용은 다음과 같습니다.

1. 생년월일, 전화번호와 같이 추측이 용이한 조합은 지양합니다.
2. 영문, 숫자, 특수 문자를 조합하여 8자리 이상으로 설정합니다.
3. 정기적인 비밀번호 변경을 통해 보안을 강화합니다.
4. 어떠한 경우에도 타인과 비밀번호를 공유하지 않습니다.

사실 알면서도 불편하다는 이유로 많이 지켜지지 않는 것이 현실입니다. 그리고 이러한 수칙을 기본적으로 지킨다고 하더라도 학교에서 마주하는 현실은 "선생님, 비밀번호를 까먹었어요!" "로그인이 안 돼요!"와 같은 모습입니다. 그래서 가정에서도 학교에서도 학생에게 자신만의 장소에 비밀번호를 기록해

두도록 지도하는 것이 필요합니다. 기록된 정보도 유출될 가능성이 있지만, 학생들이 자신의 정보를 기억하고 관리할 수 있을 정도로 성장할 때까지는 이러한 기록도 필요한 습관입니다.

또한, 디지털 환경에서 새롭게 등장한 위협 요소 중 하나가 바로 디지털 피싱입니다. 어른들도 피싱에 속아 넘어가는 환경 속에서, 아직 정보 판별에 미숙한 학생들을 대상으로 한 피싱 수법이 날로 교묘해지고 있어 각별한 주의가 필요합니다. 예를 들어, 모바일 게임의 아이템을 무료로 제공한다거나, 한정된 이벤트에 당첨되었다는 문자를 발송하여 개인 정보를 탈취하는 사례도 나타나고 있습니다. 최근에는 학교 공식 공지 시스템을 사칭하여 학부모들에게 자녀의 개인 정보를 요구하는 등 교육 기관을 사칭한 피싱도 발생하고 있습니다. 이러한 디지털 피싱 예방을 위해서 학생들이 기본적으로 알아야 할 수칙은 다음과 같습니다.

1. 개인 정보나 인증 번호 요구에 즉각적으로 응하지 않습니다.
2. 출처가 불분명한 파일이나 애플리케이션은 다운로드하지 않습니다.
3. 기관에서 문자로 온 메시지는 의심해 보고 해당 기관에 확인합니다.
4. 무료 혜택을 미끼로 한 링크는 클릭하지 않습니다.

아직 판단력이 미숙한 학생들은 문자나 채팅을 보고 유혹에 빠지기 쉽습니다. 약점을 노리고 이뤄지는 피싱인 만큼 어린 나이부터 디지털 피싱에 대한 교육이 함께 이뤄져야 합니다.

마지막으로 디지털 시대의 새로운 과제는 바로 '디지털 발자국' 관리입니다. SNS나 인터넷에 사용자가 올린 글이나 사진과 같은 디지털 발자국은 익명에 숨은 범죄자들로부터 악의적 편집이나 딥페이크와 같은 허위 영상으로 악용되기도 합니다. 심지어 교사나 친구들의 사진을 딥페이크에 악용하는 사례도 등장하였습니다. 또한 학교에서의 온라인 학습 환경이 보편화되면서 의도치 않은 개인 정보 노출 위험이 증가하고 있습니다. 대표적으로 온라인 발표 수업 중 화면 공유 과정에서 개인 정보가 포함된 파일이 노출되거나, 학습 관리 시스템을 통한 과제 공유 시 학생들의 인적 사항이 함께 게시되는 사례가 발생하고 있습니다. 이러한 디지털 발자국은 한번 노출되면 완전한 삭제가 어렵다는 점에서 사전 예방이 매우 중요합니다. 이러한 개인 정보 노출 방지를 위해 학생들이 기본적으로 알아야 할 수칙은 다음과 같습니다.

1. SNS 게시물 업로드 전 위치 정보 및 개인 정보 노출 여부를 확인합니다.
2. 온라인 커뮤니티 활동 시 개인 식별 정보 포함 여부를 철저히 점검합니다.
3. 과제물 제출 시 문서 내 개인 정보 포함 여부를 검토합니다.
4. 온라인 수업 참여 전 개인 정보가 포함된 파일을 정리하고 바탕화면을 정돈합니다.

부모는 디지털 기기의 사용도 관리해야 하고 사용 시간도 관리해야 하며, 디지털 기기를 안전하게 사용하고 있는지도 점검해야 하니 챙겨야 할 것들이 너무나 많습니다. 하지만 이러한 디지털 시대를 살아가는 부모일수록 자녀의 안전을 위해 적극적인 역할을 수행해야 합니다. 개인 정보 보호나 피싱 예방과 같이 학생 안전을 위해서 부모도 경계심을 갖고 개인 정보 보호의 중요성에 대해 자주 대화를 나누어야 합니다. 사실 학생들은 개인 정보 유출이나 디지털 피싱과 같은 상황에 자주 노출되지만 혼날 것 같은 두려움으로 어른들에게 이야기하지 않는 경우가 많습니다. 그러다 일이 걷잡을 수 없을 정도로 커진 후에야 부모님이나 교사에게 들키게 되는 상황이 발생합니다. 이러한 상황을 미연에 방지하기 위해 부모들은 자녀들에게 위험하거나 의심스러운 상황에 꼭 부모님이나 교사에게 알려야 한다고 당부할 필요가 있습니다. 이는 학교에서도 이루어지는 교육 중 하나입니다. 우리 아이들이 안전하고 현명한 디지털 시민으로 성장하기 위해서는 가정과 학교의 협력이 꼭 필요합니다.

디지털 시민으로서의 역량은 이제 선택이 아닌 필수입니다. 기능적인 부분도 있지만 개인 정보 보호 교육과 실천을 통해 우리 아이들이 안전하고 책임감 있는 디지털 시민으로 성장할 수 있도록 도울 수 있습니다.

가정에서 이렇게 하면 좋아요

- 쉽게 예상하기 어려운 비밀번호를 만들고, 이를 관리할 수 있는 방법에 대해 대화하기
- SNS나 문자 등에서 피싱 메시지를 받은 적이 있는지 이야기해 보고, 이때의 대처 방안 논의하기
- 위험한 상황에 처했을 때 부모나 교사에게 도움을 청한 경험에 대해 대화하기

00 중, 고등학생을 위한 디지털 역량 체크리스트
01 디지털 기기의 활용
02 소프트웨어의 활용
03 인공지능의 활용
04 자료의 수집과 저장
05 정보의 분석과 표현
06 디지털 콘텐츠 생성
07 디지털 의사소통
08 디지털 문제 해결
09 디지털 윤리
10 디지털 정보 보호

4

우리 아이
AI·디지털 역량 기르기
(중등편)

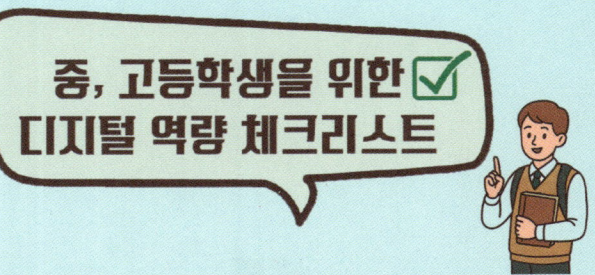

중, 고등학생을 위한 디지털 역량 체크리스트

💻 디지털 기기의 활용

- ☐ 디지털 기기의 설정을 변경하고 문제를 해결할 수 있다.
- ☐ 디지털 기기의 네트워크 연결 상태를 점검하고 설정할 수 있다.
- ☐ 다양한 디지털 기기를 탐색하고 사용법을 익힐 수 있다.

🖥️ 소프트웨어의 활용

- ☐ 필요에 따라 소프트웨어를 설치하고 삭제할 수 있다.
- ☐ 과제를 수행하기 위해 여러 가지 애플리케이션을 동시에 사용할 수 있다.

💡 인공지능의 활용

- ☐ 생성형 AI를 이용하여 창작 활동을 수행할 수 있다.
- ☐ AI 기술이 실생활에 가져온 변화를 말할 수 있다.
- ☐ AI 기술의 장단점과 AI 기술이 유발하는 윤리적 문제를 말할 수 있다.

📇 자료의 수집과 저장

- ☐ 공신력 있는 사이트(예: 공공 데이터 포털 등)에서 필요한 자료를 수집할 수 있다.
- ☐ 클라우드 서비스를 이용하여 자료를 저장하고 관리할 수 있다.

📖 정보의 분석과 표현

- ☐ 엑셀 등 데이터 분석 도구를 활용하여 데이터를 정리할 수 있다.
- ☐ 데이터를 표 또는 그래프로 만들어 분석하고 설명할 수 있다.
- ☐ 추세선 그리기 등 데이터의 경향성을 분석할 수 있다.
- ☐ 시각적 자료와 텍스트가 포함된 보고서를 작성할 수 있다.

이 체크리스트는 한국교육학술정보원(KERIS)에서 제공한 『디지털 리터러시 구성체계 및 교과별 성취수준 연계』의 내용을 재구성한 것입니다.

🎬 디지털 콘텐츠 생성

☐ 동영상 편집 소프트웨어를 활용해 이미지, 동영상, 텍스트가 포함된 간단한 영상을 제작할 수 있다.
☐ 블로그 또는 웹페이지를 통해 자신의 의견이나 작품을 공유할 수 있다.

💬 디지털 의사소통

☐ 온라인 협업 도구를 활용해 프로젝트를 진행하는 과정에서 의견을 나눌 수 있다.
☐ 소셜 미디어를 통해 안전하게 친구들과 소통하고 정보를 공유할 수 있다.
☐ 디지털 환경에서 접하는 정보를 비판적으로 구별하여 수용할 수 있다.

🧠 디지털 문제 해결

☐ 문제를 해결하기 위해 적절한 디지털 도구를 선택할 수 있다.
☐ 실생활의 문제를 논리적으로 분석하고, 컴퓨팅 사고를 활용하여 해결 방안을 모색할 수 있다.

⚖️ 디지털 윤리

☐ 온라인에서의 비윤리적 행동 사례를 들어 이를 예방하기 위한 방안을 제안할 수 있다.
☐ 공정한 디지털 콘텐츠 사용과 제작에 대해 토론할 수 있다.
☐ 저작권을 표시하는 다양한 방법을 알고 출처를 명확하게 표현할 수 있다.
☐ 디지털 과의존 예방 방안을 계획하고 실천할 수 있다.

🔒 디지털 정보 보호

☐ 개인 정보의 중요성을 인식하고 스스로 안전하게 관리할 수 있다.
☐ 개인 정보가 유출되었을 때 즉각적으로 취해야 할 조치를 설명할 수 있다.
☐ 해킹 등 정보 보안 침해 사례를 분석하고, 사회적 영향을 설명할 수 있다.

0~7개 체크 ✅ : 노력 필요! 시작은 지금부터!
8~15개 체크 ✅ : 보통! 점점 잘하고 있어요!
16~23개 체크 ✅ : 우수! 멋진 디지털 모험가!
24~30개 체크 ✅ : 매우 우수! 디지털 리더에 가까워요!

01 디지털 기기의 활용

디지털 기기, 기본을 알면 활용이 보인다!

CHECK BOX ☑
☐ 디지털 기기의 설정을 변경하고 문제를 해결할 수 있다.
☐ 디지털 기기의 네트워크 연결 상태를 점검하고 설정할 수 있다.
☐ 다양한 디지털 기기를 탐색하고 사용법을 익힐 수 있다.

    디지털 기기를 효과적으로 활용하기 위해서는 단순히 사용하는 것을 넘어, 직접 설정을 변경하고 문제를 해결할 수 있는 능력이 필요합니다. 학교에서는 크롬북, 노트북, 데스크톱 등 다양한 디지털 기기를 활용한 수업이 이루어지고 있으며, 학생들은 이를 통해 학습의 효율성을 높일 수 있습니다. 그러나 기기를 사용하다 보면 화면 설정을 변경해야 하거나, 네트워크 연결이 끊기는 등 다양한 문제가 발생합니다. 이러한 상황에서 학생들은 교사의 도움 없이도 스스로 해결할 수 있는 능력을 갖춰야 합니다.

예를 들어, 수업 시간에 학생들은 발표를 준비하거나 외부 모니터를 연결해야 할 때 HDMI 설정을 변경하는 방법을 익혀야 합니다. 크롬북에서는 기본적으로 미러링(동일한 화면 출력)이 설정되어 있지만, 필요에 따라 확장 모드로 변경하여 화면을 두 개의 독립적인 작업 공간으로 활용할 수도 있습니다. 발표를 시작하기 전 한쪽 화면에서는 발표 자료를 띄우고, 다른 화면에서는 발표 내용을 참고하는 방식으로 설정하면 발표를 더욱 원활하게 진행할 수 있습니다. 이러한 설정 변경 능력은 단순히 화면을 연결하는 것이 아니라, 디지털 환경을 본인이 처한 상황에 맞게 효율적으로 조정하는 데 필수적인 기술입니다.

네트워크 설정도 디지털 기기 활용에 있어 매우 중요한 요소입니다. 학교에서 와이파이를 사용할 때 단순히 비밀번호를 입력하는 것만으로 해결되지 않는 경우가 많습니다. 네트워크 설정에서 현재 연결된 와이파이 상태를 점검하고, IP 주소를 확인하거나 수동으로 DNS를 설정하는 방법을 익히는 것이 필요합니다. 학교에서는 수많은 학생이 동시에 와이파이를 사용하기 때문에 신호가 불안정할 수 있습니다. 이럴 때 학생들은 단순히 연결이 끊긴다고 당황하는 것이 아니라, 와이파이를 다시 연결하거나, 신호가 더 강한 네트워크를 선택하는 등의 문제 해결 방법을 익혀야 합니다.

또한, 블루투스 설정도 마찬가지로 중요한 부분입니다. 학생들은 무선 이어폰이나 마우스, 키보드를 사용할 때 블루투스를 통해 연결하는 경우가 많으며, 연결이 원활하지 않을 경우 블루투스 목록에서 장치를 삭제한 후 다시 연결하는 방법을 익혀야 합니다. 특히 학교에서 제공하는 스타일러스 펜을 사용할 때는 블루투스 연결이 필요한 경우가 많으며, 이를 설정하는 방법을 모르면 기기를 제대로 활용할 수 없습니다. 스타일러스 펜이 정상적으로 작동하지 않는다면 우선 배터리가 있는 경우 충전을 확인하고, 블루투스 설정에서 장치가 인식되는지 점검한 후 다시 페어링하는 과정을 진행해야 합니다.

왜 학생들이 기기 설정과 네트워크 연결 상태를 스스로 점검하고 문제를 해결할 수 있어야 할까요? 이는 학생들의 문제 해결 역량과 관련이 있습니다. 단순히 기기 사용법을 배우고 끝나는 것이 아니라, 일상적으로 사용하는 디지털 기기의 기술적 요소들을 스스로 해결하면서 문제를 분석하고 해결하는 과정을 경험할 필요가 있습니다. 학교에서 디지털 기반 교육이 진행되면서 학생들이 이를 자연스럽게 경험할 수 있고 문제 상황을 맞닥뜨렸을 때 교사와 함께 문제를 먼저 해결해 보게 됩니다. 이를 통해 학생들의 디지털 기기 활용 역량뿐만 아니라 문제 해결 역량도 함께 강화됩니다.

    학교에서는 다양한 디지털 기기가 제공되며, 학생들은 이를 효과적으로 활용할 수 있어야 합니다. 예를 들어, 학교의 데스크톱 컴퓨터를 사용할 때 단순히 인터넷 검색을 하는 것뿐만 아니라, 다양한 프로그램을 실행하고 파일을 저장하거나 프린트하는 방법까지 익혀야 합니다. 노트북을 활용할 때도 마찬가지입니다. 노트북의 기본적인 사용법을 익히는 것은 물론 배터리 관리, 저장 공간 확보, 윈도우 업데이트 등의 설정을 변경할 수 있어야 합니다. 또한, 학교에서 지급하는 크롬북이나 태블릿 등 디지털 기기는 특정한 운영 체제와 사용 방식이 적용되어 있기 때문에, 이를 적절히 활용하는 방법을 익히는 것이 중요합니다. 크롬북을 사용할 때는 구글 드라이브를 통한 파일 저장과 공유 기능을 익혀야 하며, 태블릿을 사용할 때는 필기 앱이나 학습 도구를 효과적으로 활용하는 능력을 키워야 합니다.

    이러한 기술을 익히지 않으면 디지털 기기를 원활하게 활용할 수 없을 뿐만 아니라, 학습 과정에서도 불필요한 시간이 소요됩니다. 예를 들어, 과제를 하다가 와이파이 연결이 끊겼을 때 디지털 기기 활용 역량이 부족한 학생들은 그저 기다리거나 당황해 허둥지둥하는 모습을 보입니다. 그러나 디지털 기기 활용 역량이 충분한 학생들은 상황에 능동적으로 대처합니다. 단순히 기다리기만 하는 것이 아니라, 네트워크 문제를 점검하고 해결하면서 더 효율적으로 학습을 진행합니다. 디지털 기기를 다룰 줄 아는 학생들은 단순 사용자에서 벗어나, 문제 해결 능력을 갖춘 능동적인 학습자로 성장할 수 있습니다.

결국, 디지털 기기의 설정을 변경하고 문제를 해결하는 능력, 네트워크 연결 상태를 점검하고 설정하는 능력, 다양한 디지털 기기를 탐색하고 사용법을 익히는 능력은 미래 사회에서 필수적인 역량이 될 것입니다. 기술은 계속 발전하고 있으며, 학생들은 이에 맞춰 새로운 도구를 익히고 활용하는 능력을 키워야 합니다. 단순히 스마트폰을 잘 다루는 것이 디지털 기기를 잘 활용하는 것이 아닙니다. 다양한 환경에서 적절한 기기를 선택하고 설정을 조정하며, 네트워크 연결 문제를 해결할 수 있는 능력을 갖춰야만 진정한 디지털 활용 능력을 갖춘 학생이 될 수 있습니다. 따라서 학생들은 평소에 디지털 기기를 다루면서 스스로 설정을 변경해 보고, 문제를 해결하는 연습을 해야 하며, 이를 통해 점점 더 능숙한 디지털 사용자로 성장해야 합니다.

가정에서 이렇게 하면 좋아요

- 디지털 기기의 설정을 변경할 수 있는지 확인하기
- 디지털 기기의 네트워크 설정을 변경할 수 있는지 확인하기
- 학교에서 제공되는 디지털 기기를 활용할 수 있는지 확인하기

02 소프트웨어의 활용

소프트웨어 활용, 나만의 방식으로 완성하다!

> **CHECK BOX** ☑
> ☐ 필요에 따라 소프트웨어를 설치하고 삭제할 수 있다.
> ☐ 과제를 수행하기 위해 여러 가지 애플리케이션을 동시에 사용할 수 있다.

 디지털 환경에서 학습하는 중고등학생들에게 소프트웨어를 적절히 활용하는 능력은 점점 더 중요해지고 있습니다. 특히 다양한 과제와 수행 평가를 완성하기 위해서는 자신에게 필요한 프로그램을 직접 설치하고 실행할 수 있는 능력은 물론, 여러 소프트웨어와 애플리케이션을 동시에 활용해 문제를 해결하는 능력이 요구됩니다. 학생들이 실질적으로 소프트웨어를 선택·적용하고 자신만의 방식으로 결과물을 만들어내는 과정을 구체적으로 살펴보겠습니다.

학생들이 가장 흔히 마주하는 상황 중 하나는 과제 작성 도중 적합한 소프트웨어가 기기에 설치되어 있지 않거나, 기존 소프트웨어가 실행되지 않는 경우입니다. 수업 시간에도 학생들의 소프트웨어 관련 질문이 쇄도합니다.

"한글 문서 작성 프로그램이 설치가 안 되어 있는데, 보고서를 작성하려면 어떻게 해야 하나요?"

"선생님, 과제를 하려고 하는 데 필요한 프로그램이 없어요. 어떻게 설치해야 하죠?"

"발표 자료를 만들려는데 파워포인트랑 구글 프레젠테이션 중 어느 걸 써야 할까요?"

학생들은 자신에게 필요한 프로그램을 선택하고 설치하는 과정을 통해 문제를 해결할 수 있어야 합니다. 예를 들어, 문서 작성 과제가 주어진 상황에서 한글이 설치되지 않았다면, 대체 도구로 구글 문서나 MS 워드를 활용할 수 있습니다. 클라우드 기반의 구글 문서는 팀원들과 협업할 때 특히 유용합니다. 또 다양한 소프트웨어 중 본인의 상황에 적합한 소프트웨어를 선택할 수 있어야 합니다. 발표 자료 제작 과제를 예로 들면, 발표 자료 제작 과제는 다양한 소프트웨어를 활용할 수 있는 기회입니다. 학생들은 파워포인트를 사용해 디자인 템플릿을 선택하고, 애니메이션과 전환 효과를 추가해 발표 자료를 시각적으로 강화할 수 있습니다. 그러나 조별 과제의 경우, 팀원들이 동시에 작업해야 하는 상황에서는 구글 프레젠테이션을 사용하는 것이 더 효율적일 수 있습니다. 구글 프레젠테이션은 실시간 협업 기능과 댓글 기능을 제공하므로, 팀원들 간의 의견을 교환하며 작업할 수 있습니다. 학생들이 직접 도구를 선택해 보면서 학생들은 상황에 맞는 도구를 판단하고 활용하는 능력과 유연한 사고를 기를 수 있습니다.

소프트웨어를 설치하고 실행하는 과정에서 저장 공간 부족 문제도 흔히 발생합니다. 이때 학생들은 자신의 기기에 설치된 프로그램과 파일을 검토하고, 필요 없는 프로그램을 삭제할 수 있어야 합니다. 예를 들어, 오래된 게임 앱이나 더 이상 사용하지 않는 소프트웨어를 삭제하여 저장 공간을 확보하면, 새로 설치한 프로그램을 원활히 실행할 수 있습니다. 또한, 클라우드 기반의 저장소(구글 드라이브, 원드라이브)를 활용해 파일을 정리하고 저장 공간을 절약하는 방법도 익힐 수 있습니다.

앞서 설명했듯이, 적절한 도구를 선택하는 것도 중요하지만 여러 개의 도구를 동시에 사용할 수 있다면 효과는 배가 됩니다.

학생들은 발표 자료를 제작할 때 단순히 텍스트와 슬라이드 디자인에 그치지 않고, 창의적이고 시각적으로 돋보이는 자료를 만들기 위한 다양한 시도를 하곤 합니다. 앞서 설명한 구글 프레젠테이션은 실시간 협업 기능과 간단한 디자인 도구를 제공하므로, 발표 자료를 제작하는 데 매우 유용합니다. 학생들은 발표 주제에 따라 팀원들과 슬라이드를 분담하고 동시에 작업하면서, 빠르게 자료를 완성할 수 있습니다. 또한 발표 자료를 더욱 돋보이게 만들기 위해서는 시각 자료와 독창적인 이미지를 적절히 활용하는 것이 필요합니다. 예를 들어, 과학 과목에서 '지구 온난화와 자연재해'와 관련된 발표 과제를 준비한다고 가정해 보겠습니다. 학생들은 구글 프레젠테이션에서 기본 슬라이드를 제작한 후, 생성형 AI 도구를 활용해 발표 내용을 보완할 수 있습니다. 자연재해의 모습을 설명할 때, DALL·E 같은 AI 이미징 도구를 사용해 '해수면 상승과 연관 지어 지구 온난화를 이해할 수 있도록 이미지를 만들어 줘'와 같은 프롬프트를 입력해 독창적인 이미지를 생성하면 슬라이드의 시각적 효과를 극대화할 수 있습니다. 다양한 도구를 결합하여 사용하면서 발표 자료는 단순한 텍스트와 이미지로 구성된 자료에서 벗어나, 시각적으로 매력적이고 설득력 있는 자료가 됩니다.

    더불어 학생들이 이렇게 다양한 도구를 조합해 사용하면 결과물의 완성도를 높일 뿐 아니라, 창의적인 작업 과정을 경험할 수 있습니다. 일련의 과정 속에서 학생들은 학습 내용을 더 깊이 이해하게 되고, 결과물을 완성하면서 자신감을 키울 수 있습니다.

학생들이 과제와 수행 평가를 수행하면서 다양한 소프트웨어를 설치하고 활용하는 경험은 단순한 도구 사용을 넘어, 디지털 환경에서 자율적으로 문제를 해결하는 능력을 기르는 데 중요한 역할을 합니다. 프로그램을 선택하고 설치하며, 필요에 따라 여러 소프트웨어를 병행해 활용하는 과정은 학생들에게 창의적인 작업 방식을 배우고, 새로운 기술을 탐색하고 적용하는 능력을 키우는 기회를 제공합니다. 이러한 경험은 학생들이 디지털 학습 환경에서 성공적으로 과제를 완성하고, 더 나아가 미래의 디지털 사회에서 필수적인 역량을 갖추는 데 밑거름이 됩니다.

가정에서 이렇게 하면 좋아요

- 필요한 프로그램을 직접 선택하고 설치해 보기
- 발표 자료를 더욱 창의적으로 만들 수 있도록 다양한 디지털 도구를 활용해 보기

03 인공지능의 활용

인공지능의 활용,
편리함과 고민이 공존하는 시대

> **CHECK BOX ☑**
> ☐ 생성형 AI를 이용하여 창작 활동을 수행할 수 있다.
> ☐ AI 기술이 실생활에 가져온 변화를 말할 수 있다.
> ☐ AI 기술의 장단점과 AI 기술이 유발하는 윤리적 문제를 말할 수 있다.

AI 기술이 발전하면서 창작의 방식도 달라지고 있습니다. 과거에는 디자인을 하려면 포토샵 같은 프로그램을 배우거나 직접 손으로 작업해야 했지만, 이제는 AI가 자동으로 디자인을 생성해 줍니다. Canva의 Magic Studio는 사용자가 원하는 키워드나 스타일을 입력하면 포스터, 배너, 발표 자료 등을 자동으로 제작해 주기 때문에 디자인에 익숙하지 않은 사람도 쉽게 활용할 수 있습니다. 학생들도 발표 자료를 만들 때 이런 AI 도구를 자주 활용해 시간을 절약하면서도 더 깔끔한 결과물을 만들어 냅니다. 하지만 AI가 해주는 작업을 그대로 사용하는 것이 아니라, 학생들이 직접 AI 도구를 활용하여 창의적인 콘텐츠를 만들어 보는 경험이 필요합니다. 예를 들어, 프롬프트에 따라 AI가 생성한 디자인을 그냥 차용하는 것이 아니라 자신의 아이디어를 반영하여 프롬프트를 수정하고, 생성된 디자인의 색상이나 배치를 재편집하여 원본과 비교해보는 것이 좋습니다. 이를 통해 학생들은 AI에 단순히 의존하는 것이 아니라 AI가 창작 보조자임을 이해하고 AI를 효과적으로 활용하면서도 보다 주체적으로 창작 과정에 참여할 수 있습니다.

AI 기술의 장점 중 하나는 창작 활동을 돕고, 시간을 절약할 수 있도록 해 준다는 점입니다. 디자인, 음악, 영상 제작 같은 창작 활동을 할 때 AI를 활용하면 더 빠르고 효율적으로 작업할 수 있습니다. 예를 들어, 프롬프트 명령어를 입력하거나 간단한 콘텐츠와 원하는 방향성을 알려주면 자동으로 PPT를 제작해 주는 기술도 있으며, 자율 주행차도 AI가 실시간으로 교통 상황을 분석하여 최적의 경로를 안내해 주기 때문에 이동이 훨씬 편리해집니다. 그러나 AI가 만든 결과물이 항상 올바르거나 신뢰할 수 있는 것은 아닙니다. AI가 생성한 가짜 뉴스나 왜곡된 정보를 그대로 믿게 되면 사회적으로 큰 문제가 될 수도 있습니다. 또한, AI로 만든 창작물의 저작권이 누구에게 있는지에 대한 법적 기준이 아직 명확하지 않다는 점도 해결해야 할 과제입니다.

이처럼 AI 기술이 발전하면서 윤리적인 문제가 점점 더 중요해지고 있습니다. AI가 만든 그림, 노래, 글 등이 누구의 창작물인지에 대한 논의가 계속되고 있으며, AI의 편향성이나 악용 가능성에 대한 우려도 커지고 있습니다. 예를 들어, AI가 학습한 데이터가 특정한 관점을 반영하거나 왜곡된 정보를 포함할 경우, 사람들이 이를 사실로 받아들일 위험이 있습니다. 또한, AI 기술이 발전할수록 인간의 일자리를 위협할 수도 있다는 문제도 제기되고 있습니다. 자율 주행차가 보편화되면 택시 운전기사나 배달업 종사자들의 일자리가 줄어들 수 있으며, AI 작곡 기술이 발전하면 실제 가수나 작곡가의 역할이 축소될 가능성도 있습니다.

AI는 창작 활동을 돕고, 생활을 편리하게 만들어 주는 등 긍정적인 영향을 미치지만, 동시에 윤리적 문제나 부작용이 산재합니다. AI 기술이 점점 더 발전하면서 미래 사회를 살아갈 학생들에게 더 큰 영향을 미칠 것은 분명합니다. 따라서 학생들은 다양한 AI 기술을 단순히 활용하는 것이 아니라, AI를 비판적으로 바라보면서도 적재적소에 활용할 수 있는 균형 잡힌 시각을 길러야 합니다. 이를 위해 실제 학교에서는 다양한 AI 도구를 활용하여 수업을 진행하는 한편 AI가 만들어낸 결과물의 신뢰성을 평가해 보고, AI 윤리와 관련해 학생들이 고민해 볼 수 있도록 교육을 하고 있습니다.

학생들은 AI 기술을 단순히 사용하는 것이 아니라, 그 장점과 단점을 모두 이해하고 올바르게 활용하는 방법을 익혀야 합니다. 앞으로 AI가 더 발전하면 더 많은 영역에서 활용될 것이며, 이에 대한 윤리적 기준과 사회적 합의도 점점 더 중요해질 것입니다. AI는 우리의 생활을 변화시키는 강력한 도구이지만, 이를 올바르게 활용할 수 있도록 고민하고 비판적으로 바라보는 태도를 함께 가져야 합니다. 이러한 과정 속에서 학생들은 AI 기술을 창의적으로 활용하는 동시에, 그 이면에 존재하는 윤리적 문제를 스스로 고민하고 해결 방안을 모색하는 능력을 키울 수 있을 것입니다.

가정에서 이렇게 하면 좋아요

- AI가 실생활에서 어떻게 활용되는지에 대해 대화하기
- AI 기술의 장점과 단점에 대해 논의해 보기
- 생성형 AI를 활용해서 그림과 노래를 제작해 보기
- 참고: 인공지능 윤리 소통 채널(ai.kisdi.re.kr/aieth/main/main.do)

04 자료의 수집과 저장

'진짜' 정보를 '제대로' 정리하기

CHECK BOX ☑
- ☐ 공신력 있는 사이트(예: 공공 데이터 포털 등)에서 필요한 자료를 수집할 수 있다.
- ☐ 클라우드 서비스를 이용하여 자료를 저장하고 관리할 수 있다.

　　청소년들과 인터넷, 이제는 뗄레야 뗄 수 없는 사이입니다. 2022년 한국언론진흥재단에서 진행한 '2022 10대 청소년 미디어 이용 조사' 결과에 따르면 청소년들의 하루 평균 인터넷 이용 시간은 약 8시간으로, 평균 수면 시간(7.2시간)보다 긴 시간을 차지합니다. 달리 해석하면, 하루의 1/3가량을 인터넷과 함께하는 셈입니다. 이렇게 긴 시간 동안 학생들이 상상도 못 할 정도로 많은 정보들을 접할 것이라는 사실은 너무나 뻔한 일입니다.

그러나 학생들이 접하는 정보들이 모두 '진짜'라는 것은 보장할 수 없습니다. 모든 사람들이 정보의 소비자이면서 생산자임을 감안해 보면, 신뢰할 수 없는 데이터들이 온라인상에 산재되어 있는 셈입니다.

실제로 학교 현장에서 학생들이 과제를 하면서 인터넷에서 정보 검색을 하는 순간들을 살펴보면, 학생들이 주로 정보 검색을 하는 사이트는 '나무위키'나 '위키백과' 같은 모두가 편집에 참여할 수 있는 열린 온라인 백과사전이거나, 또는 '네이버 블로그' 같은 개인이 운영하는 사이트입니다. 이러한 사이트들은 익명성을 바탕으로 누구나 쉽게 정보를 추가하거나 수정할 수 있어 주관적인 의견이나 검증되지 않은 정보가 포함되는 경우가 많고, 출처가 명확하지 않고 편향된 서술이 이루어지는 경우가 많습니다.

이러한 문제점에도 불구하고, 학생들은 본인이 검색한 내용을 의심 없이 그대로 믿어버리곤 합니다. 교차 확인과 출처 분석은커녕, 복사 붙여넣기를 통해 그대로 정보를 가져오는 경우도 있습니다. 교사가 이런 점을 눈치채고 "이 정보 진짜일까요?" "지금 쓴 내용 어디서 참고했나요?" 등의 질문을 하면, 학생들은 그제야 정보의 신뢰성을 의심하고 교차 검증을 시도합니다.

학생들의 이러한 태도는 학업 성취에 큰 문제를 야기합니다. 잘못된 지식을 학습하거나, 특정 주제에 대해 편향·왜곡된 내용을 무비판적으로 수용해 균형 잡힌 시각 형성이 저하될 수 있으며 학습의 깊이가 떨어지고 비판적 사고 능력이 감소할 수 있습니다.

따라서 학생들은 단순히 검색 엔진에서 검색하고, 결과를 찾아내는 것을 넘어 자신에게 필요한 정보가 어디에 있는지 알고 공신력 있는 사이트에서 정보를 찾아내는 법을 알아야 합니다. 정부 및 연구 기관의 공식 웹사이트, 공공 데이터 포털 등 정확하고 객관적인 자료를 기반으로 과제를 수행할 수 있어야 합니다. 또한 인터넷 기사라고 해서 모든 것이 올바른 정보는 아니며, 교차 검증이 필요하다는 것을 알고 있어야 합니다.

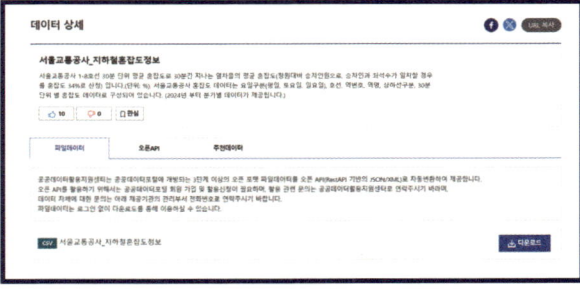

〈공공 데이터 포털 지하철 혼잡도 정보〉

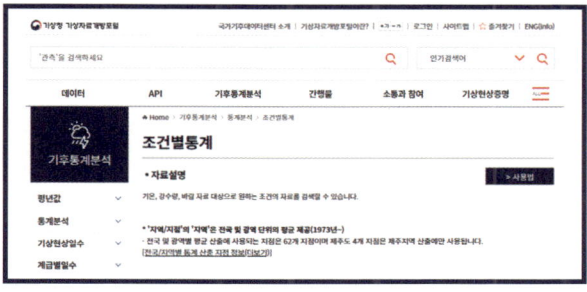

〈기상청 기상 자료 개방 포털〉

    학생들이 다루는 데이터는 대개 파일 형태로 저장됩니다. 사진이나, 엑셀 파일이나, 동영상 등 기타 등등의 다양한 형태를 띠는데, 학생들이 많은 양의 정보를 다루다 보니 본인이 편집하거나 활용한 데이터인데도 불구하고 저장한 위치를 잘 찾지 못합니다. 특히 학교 현장에서 학생들이 과제를 수행할 때 분명 다루었던 파일인데도 어디에 저장되어 있는지 찾을 수 없거나, 파일이 유실되어 난감해하는 경우가 종종 있습니다. 따라서 데이터를 저장할 때는 명확하고 체계적인 방식으로 파일과 폴더를 관리할 수 있어야 합니다. 예를 들어, 과목별, 주제별로 폴더를 구분하고 파일에 날짜와 내용을 명시하여 이후에도 필요한 자료를 빠르게 찾을 수 있도록 습관화하는 것이 좋습니다. 더불어 저장된 데이터의 유실을 막기 위해 클라우드 서비스를 적극적으로 사용하면서 백업을 유지할 필요가 있습니다. 구글 드라이브, 원드라이브, 드롭박스와 같은 클라우드 서비스는 온라인상에 파일을 업로드하고 관리할 수 있기 때문에 기기의 제약 없이 언제 어디서나 데이터에 쉽게 접근하고 편집할 수 있습니다. 구글 문서와 같은 도구는 수정 이력을 자동으로 저장하기 때문에 이전 버전이 필요할 때 쉽게 복구할 수 있도록 도와줍니다. 이렇게 학생들이 체계적인 파일 관리, 클라우드 서비스 활용, 백업 관리에 익숙해진다면 자료 유실로 인한 시간 낭비와 혼란을 미리 방지할 수 있습니다. 단순히 시간 절약의 차원을 넘어, 중요한 자료를 안전하게 보관하고 생산성 극대화에 큰 도움을 줍니다.

'진짜' 정보를 '제대로' 관리한다면 과제의 효율성이 높아지는 것뿐만 아니라, 역량을 강화하고 학습을 심화시킬 수 있는 강력한 도구가 됩니다. 제대로 된 데이터를 얻고, 이를 잘 가공하고, 또 잘 정리한다면 단순한 데이터 소비자에서 그치는 것이 아니라 비판적 사고와 분석력을 갖춘 능동적인 데이터 생산자가 될 수 있을 것입니다.

가정에서 이렇게 하면 좋아요

- 가족과 함께 뉴스를 보고, 해당 정보의 진위 여부를 논의하기
- 숙제나 과제를 준비할 때 정보를 검색하는 과정을 함께 점검하기
- 정보 분석과 비판적 사고를 다룬 책을 읽어보고, 정보 판별의 중요성을 논의하기
- 공공 데이터 포털(data.go.kr)에서 흥미 있는 데이터를 다운로드받고, 의미를 찾아보기
- 사용하고 있는 클라우드 서비스나 노트북의 파일 정리 방식 점검하기

05 정보의 분석과 표현

데이터를 읽고, 보여주고, 설득하기

CHECK BOX ☑
- [ ] 엑셀 등 데이터 분석 도구를 활용하여 데이터를 정리할 수 있다.
- [ ] 데이터를 표 또는 그래프로 만들어 분석하고 설명할 수 있다.
- [ ] 추세선 그리기 등 데이터의 경향성을 분석할 수 있다.
- [ ] 시각적 자료와 텍스트가 포함된 보고서를 작성할 수 있다.

데이터를 '읽는다'는 것은 어떤 의미일까요? 수많은 숫자들과 문자들 속에서, 내포되어 있는 의미를 찾거나 새로운 사실을 알아내는 것은 성인들에게도 어려운 일입니다. 특히 데이터 관련 수업을 해 보면, 학생들이 수만 개의 숫자와 글자를 앞두고 막막해하는 것을 쉽게 관찰할 수 있습니다.

"선생님, 이거 어떻게 정리해요?"
"데이터가 너무 많아서 뭘 어떻게 해야 할지 모르겠어요."

학교 현장에서는 많은 과제가 데이터를 기반으로 이루어지고 있습니다. 수업에서 진행하는 프로젝트 학습이나, 학생 개별 연구 과제 등 다양한 부분에서 학생들은 직접 데이터를 다룹니다. 실험 데이터를 정리하고 시각화해야 하는 과학 과제, 통계 데이터를 분석하여 결론을 도출해야 하는 프로젝트, 설문 데이터를 기반으로 보고서를 작성해야 하는 수학 통계 연구 과제 등 다양한 학습 활동에서 데이터를 다루는 능력은 필수적입니다. 미래 직업 세계에서도 데이터 분석은 많은 분야에서 요구되는 기본 역량입니다. 학생들이 기본적인 데이터 분석 도구를 다룰 수 있다면, 학업뿐만 아니라 실생활과 직업 세계에서도 큰 경쟁력을 가질 수 있습니다.

학생들은 공공 데이터 포털 등 공신력 있는 사이트에서 데이터를 수집하고 이를 잘 가공할 수 있어야 합니다. 단순히 정보를 수집하여 쌓아두는 것이 아니라 체계적으로 정리하고 관리할 필요가 있습니다. 정보를 수집한 이후, 그 데이터를 어떻게 정리하고 가공하는 지는 새로운 인사이트를 얻거나 의미 있는 결론을 내리는 것에 직접적인 영향을 미칩니다. 특히 수치가 있는 데이터라면 그 중요성이 더욱더 커집니다. 따라서 단순히 데이터를 나열하는 것이 아니라, 우선적으로 엑셀, 구글 스프레드시트, 파이썬의 다양한 시각화 라이브러리를 이용해서 본인에게 필요한 정보만 남기고 나머지 불필요한 데이터는 제거한 후 범주별로 분류하고 정리해야 합니다. 간단한 함수를 이용해서 추가적인 인사이트를 얻을 수 있다면 더욱 좋습니다.

필요하지 않은 정보를 삭제하고 범주별로 분류했다면, 다음 과정은 데이터를 분석하고 이를 다른 사람에게 알리기 쉽도록 변환하는 일입니다. 데이터를 문자와 숫자로만 보여준다면 본인이 이해하고 분석한 바를 타인에게 잘 전달할 수 없습니다. 데이터를 표와 그래프로 시각화하는 것은 학업 전반에서 필요한 역량이면서 동시에 직업 세계의 중요한 의사소통 기술이기도 합니다. 데이터를 표와 그래프로 변환하여 표현하면 본인이 의도한 바를 효과적으로 전달할 수 있으면서도 학생 스스로 데이터를 이해하는 데에도 큰 도움이 됩니다. 표를 작성할 때 데이터를 항목별로 직접 정리해 보고, 그래프의 형태부터 제목, 범주, 범례 등을 스스로 고민해 보고 그래프를 작성하는 과정을 통해 비로소 데이터를 직관적으로 이해할 수 있으며 논리적 사고력을 기를 수 있습니다.

또한 데이터의 경향성을 파악하는 것은 단순한 정리를 넘어서 데이터를 문제 발견과 의사 결정에 활용할 수 있도록 해 심화 분석에 중요한 역할을 합니다. 그래프에 추세선을 추가하면 숨겨져 있던 문제를 발견하고 새로운 의미를 파악할 수 있습니다. 또한 추세선을 바탕으로 데이터의 변화 방향을 예측하고 이를 통해 장기적인 미래 대책을 세워 볼 수도 있습니다. 서로 다른 데이터 간의 상관관계를 분석해 본다면 객관적 근거에 기반하여 합리적 의사 결정을 수행하는 데 도움을 줍니다. 데이터에서 반복되는 패턴이나 이상치를 찾아내며 데이터의 경향성과 추세를 분석해 본다면 데이터를 기반으로 새로운 문제를 발견하거나 이를 바탕으로 합리적인 결론과 문제 해결 방안을 도출할 수 있습니다. 이렇게 데이터를 직접 분석해 보며 숨겨져 있던 경향성과 추세를 파악하는 과정에서 학생들은 비판적으로 데이터를 받아들이고 스스로 합리적인 결론을 도출하는 경험을 하게 됩니다. 이를 통해 궁극적으로는 창의적으로 문제를 해결하는 방법을 배울 수 있습니다.

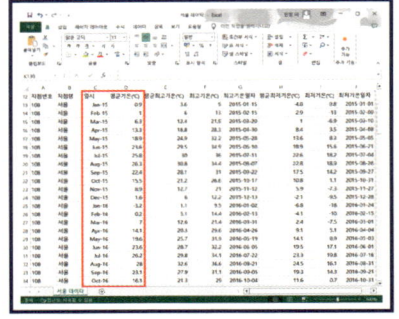 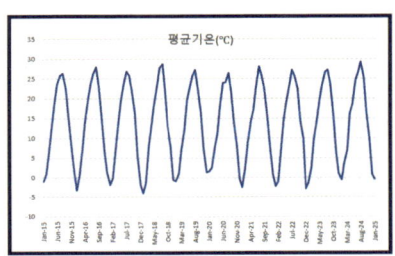

〈서울 월평균 기온 데이터〉　　　　〈서울 월평균 기온 데이터 시각화〉

　마지막으로 데이터를 제대로 분석했다면 이를 효과적으로 전달하고, 설득력 있는 주장을 펼칠 수 있어야 합니다. 보고서는 단순한 글과 달리 데이터를 텍스트뿐만 아니라 다양한 시각 자료와 결합하여 정보를 전달합니다. 다양한 형태의 자료를 조합하여 논리적 구성을 만들어 냄으로써 데이터를 활용해 문제를 해결할 수 있는 창의적 문제 해결 역량이 길러집니다.

　학생들은 엑셀 등 기본적인 데이터 분석 도구를 활용하여 데이터로부터 의미를 '읽어'낼 수 있어야 합니다. 데이터를 제대로 읽어내면 숨겨진 정보의 본질을 파악하고 객관적인 근거를 기반으로 문제를 해결할 수 있는 능력을 기를 수 있습니다. 데이터를 기반으로 의사 결정을 내리고, 이를 명확하게 전달하는 역량은 현재의 학업뿐만 아니라 미래 직업 세계에서도 중요한 경쟁력이 됩니다.

가정에서 이렇게 하면 좋아요

- 공공 데이터 포털에서 관심 있는 주제를 찾아보고, 데이터를 엑셀 파일로 다운로드 받아 필요하지 않은 열과 행을 직접 삭제해 보기
- 엑셀의 간단한 함수를 통해 데이터의 의미를 파악해 보거나, 차트 생성하기
- 그래프를 작성했다면 추세선을 추가해 보고, 추세선이 나타내는 의미 생각하기
- 알게 된 사실을 바탕으로 문제를 발견하고 해결하기 위한 방법 고안해 보기

06 디지털 콘텐츠 생성

콘텐츠 소비자에서 콘텐츠 생산자로!

CHECK BOX ☑
- ☐ 동영상 편집 소프트웨어를 활용해 이미지, 동영상, 텍스트가 포함된 간단한 영상을 제작할 수 있다.
- ☐ 블로그 또는 웹페이지를 통해 자신의 의견이나 작품을 공유할 수 있다.

'우리 아이가 동영상 편집을 배우고, 블로그를 운영하는 것이 과연 중요한가?'

대부분의 학부모들이 가질 수 있는 의문입니다. 그러나, 디지털 콘텐츠 생성 역량은 단순히 동영상을 편집하는 기술을 익히는 것과 블로그 운영하는 방법을 아는 것과는 다릅니다. 디지털 콘텐츠 생성 역량은 본인이 표현하고자 하는 정보를 디지털 콘텐츠로 '창작'하는 것을 의미합니다. 즉, 디지털 기술을 활용하여 본인이 전달하고 싶은 메시지를 효과적으로 전달할 수 있는 방법을 고민하고, 이를 실현하는 과정까지를 포함합니다. 디지털 콘텐츠 생성 역량은 단순히 기술을 사용하는 것이 아니라 정보를 표현하는 사고 과정까지를 포함하는 셈입니다.

우리는 매일 수많은 콘텐츠를 소비하는 콘텐츠 소비자로서 살아가고 있습니다. 그러나 이제는 콘텐츠를 직접 제작하고 공유할 수 있는 능력이 중요한 시대입니다. 학교 수업은 물론, 입시와 구직에도 디지털 콘텐츠 생성 역량이 필요해지고 있습니다.

우선 학교에서는 교과를 가리지 않고 다양한 창작 활동이 진행되고 있습니다. 교육청에서 보급하는 개인 스마트 기기를 이용하여 글, 영상, 이미지뿐만 아니라 PPT, 카드뉴스, 인포그래픽, 팟캐스트 등 무궁무진한 형식의 산출물들을 생성합니다. 정보 시간에만 노트북과 컴퓨터를 사용하는 것이 아니라 국어, 영어, 수학, 과학, 사회 등 교과의 성격에 맞는 주제를 바탕으로 창작 활동을 진행합니다. 예를 들어, 국어 교과에서는 고전 시가의 형식을 이용해 시화를 창작하거나, 수학 교과에서는 다양한 n차 함수를 직접 그려 보기도 하고, 사회 교과에서 공익 포스터를 제작하거나, 과학 교과에서 환경 인포그래픽을 제작해 보기도 합니다. 심지어 음악 교과에서 AI를 활용해 작곡을 하거나 체육 교과에서 무용 안무를 동영상으로 찍어 작품을 만들기도 합니다. 학교에서는 왜 이렇게 다양한 교과에서 다양한 형식의 콘텐츠를 생성하도록 지도할까요? 디지털 기술을 사용하면 교과 지식의 획득은 물론 학생들의 창의적 사고력과 표현력을 함께 키울 수 있기 때문입니다.

학생들이 수업 중 다양한 콘텐츠를 조합하여 산출물을 제작하는 상황을 떠올려보면, 학생들은 본인의 목적 달성을 위해 어떠한 형식이 적절한지 고민하게 됩니다. 또한 산출물을 제작하기 위해 적절한 정보를 수집하여 논리에 맞게 조합해 재구성하는 과정을 거칩니다. 내용을 재구성하며 학생들은 배운 내용을 적용해 보고, 반복적으로 활용하게 됩니다. 따라서 자신만의 방식으로 지식을 재구성하며 학습 내용을 더 오래 기억할 수 있습니다. 또한 새로운 산출물을 만들어내는 과정에서 창의력을 십분 발휘할 수 있습니다.

이렇게 다양한 창작 활동이 이루어질 때, 교사는 학생들이 기술적 어려움을 겪지 않도록 적극적으로 돕지만, 학생들이 스스로 콘텐츠 창작 역량을 갖추고 있다면 학습 효과는 더욱 극대화될 수 있습니다. 학생들이 이미 영상 편집, 이미지 제작, 블로그 운영, 프레젠테이션 제작 등의 기본적인 디지털 창작 역량을 갖추고 있다면 자기 주도적으로 프로젝트를 이끌어 나갈 수 있고,

심지어 교사가 제시하지 않은 창의적 도구를 활용하여 산출물을 생성할 수도 있습니다.

디지털 콘텐츠 생성 역량은 미래의 다양한 기회와 연결되기도 합니다. 과거에는 스스로를 어필할 때는 자기소개서를 쓰거나, 본인에 대해 발표하는 것이 전부였습니다. 어떻게든 자기소개서 속에 본인의 삶을 입체적으로 실감 나게 녹여내려고 노력했고, 발표하는 자리에서 유창하게 말하기 위해 매진한 경험, 모두가 쉽게 떠올릴 수 있는 경험일 것입니다. 그러나 바야흐로 이제는 다양한 형식을 이용한 디지털 콘텐츠로 본인을 표현하는 시대입니다. 자기소개서와 발표뿐만 아니라, 연표가 포함된 한 장의 포트폴리오, 팟캐스트, 짧은 동영상 등 형태는 점점 더 다양해지고 있습니다. 대학 입시에서는 자기 주도 학습 경험과 창의적 활동이 중요한 평가 요소가 되고 있고, 기업에서는 다양한 형태의 콘텐츠 활용 능력을 중시합니다. 이전에는 볼 수 없었던 1인 미디어의 등장과 유튜브 크리에이터, 블로그 기반 콘텐츠 창작가들이 증명하듯, 새로운 직업으로 이어지기도 합니다.

디지털 콘텐츠를 생성하는 것은 더 이상 특별한 소수의 사람들만의 것이 아닙니다. 점점 더 기본적인 자기표현 수단이 되어가고 있습니다. 미래에는 디지털 콘텐츠를 활용한 커뮤니케이션이 필수가 될 것입니다. 이러한 변화를 앞두고, 학생들은 다양한 정보들을 엮어 새로운 콘텐츠를 직접 생성할 수 있는 능동적인 콘텐츠 생산자가 되기 위해 노력해야 할 것입니다. 디지털 콘텐츠 생성 역량, 선택이 아닌 필수입니다.

가정에서 이렇게 하면 좋아요

- 간단한 영상 편집 도구를 활용해 본인을 소개하는 영상 제작하기
- 관심 있는 주제를 하나 선정해, 이를 소개하는 게시물 작성하기
- 자신이 좋아하는 책, 영화, 게임을 소개하는 프레젠테이션 제작하기

07 디지털 의사소통

상호 작용을 배우며 성숙한 디지털 시민으로!

CHECK BOX ☑
- □ 온라인 협업 도구를 활용해 프로젝트를 진행하고 의견을 나눌 수 있다.
- □ 소셜 미디어를 통해 안전하게 친구들과 소통하고 정보를 공유할 수 있다.
- □ 디지털 환경에서 접하는 정보를 비판적으로 구별하여 수용할 수 있다.

요즘 학생들을 보면 어른들의 학창 시절과는 다른 모습으로 소통합니다. 가장 두드러진 차이점은 '음성'보다 '텍스트'로 소통한다는 것입니다. 다이얼을 누르고 전화를 걸어 소통하고 편지와 이메일이 특별한 매체이던 과거와 달리, 요즘 아이들은 그들만의 방식과 메시지로 소통합니다. "깨톡!" 하고 알림이 울리면 모든 세포가 반응하는 시대가 온 이후 청소년의 소통 공간은 또 다른 곳으로 옮겨 갔습니다. 바로 SNS(Social Network Services/Site) DM(Direct Message)입니다. 몇 년 전에는 '페메(페이스북 메신저)'였다가 요즘은 또 '인스타 DM'이 대세입니다. 아무리 할 말이 많아도 학생들은 장문의 글을 쓸지언정 전화하지 않습니다. 그런데 가끔 그들의 대화 방식을 보면 어른들은 놀라움을 감추지 못합니다. 알아들을 수 없는 용어가 많고 맞춤법도 엉망일 때가 많습니다. 특히 줄임말이 많고, 짧은 대화를 여러 번 반복해서 주고받습니다. 이런 소통 방식에 익숙한 아이들이 학교에서 프로젝트 수업으로 의사소통할 때는 어떤 모습일까요?

〈1조〉
수빈: 야, 나 이거 찾음. 근데 어떻게 보냄?
연정: 아 그거. 내가 방 팔게. 거기로 다 보내.
수빈: 어 근데 그럼 우리 조 모두 여기로 모이는 거임?
연정: 아니, 번호도 다 모르는데. 걍 우리끼리 해.
수호: …….

〈2조〉
민준: 나 동영상 거의 완성되어 감.

지훈: 그거 선생님께 이메일로 제출하면 됨.
민준: ? 그거 어떻게 함?
지훈: ……

⟨3조⟩
상철: 아…… 이거 이번 시간에 다 못 끝내겠네…….
현지: 그러게. 누가 계속 떠들래.
상철: 안 되겠다. 이따 단톡에서 다 모여.
시현: 나 학원 늦게 끝나는데. 내가 끝나고 페메 보낼게.
정민: 나 엄마가 10시 이후에 다 잠금.
상철: ……

코로나19로 인한 팬데믹 전후 학생들의 대화 내용 중 일부입니다. 대부분의 대화와 소통은 합의점을 찾지 못하거나 미해결로 남습니다. 이 시기에 공동으로 작품 구상-제작-제출을 거쳐야 하는 디지털 기반 활동은 많은 개인적 시간과 노력을 필요로 했습니다. 제한된 시간 안에 원활한 공동 작업과 의사소통이 쉽지 않았기 때문입니다. 그런데 엔데믹 이후 상황은 또 다르게 펼쳐졌습니다. 이제 학생은 전보다 개인 활동에 더 익숙해하고 공동 작업을 싫어합니다. 친구들과 함께 만났을 때 입을 열지 않습니다. 나의 생각을 표현하거나 다른 친구의 의견을 경청하는 것은 힘들고 에너지를 많이 쓰는 일이므로 겁을 내는 경우도 많습니다. 하지만 최근 사회에서는 협업과 의사소통 능력이 인재의 핵심 역량으로 강조되고 있으며, 기업 및 교육 기관 모두 이들 능력 향상을 위해 다양한 방법을 모색하고 있습니다. 한지우, 장수정, 오삼일(2024)에 따르면 AI의 발전과 기술·기계로 인한 자동화에 따라 인간이 하는 많은 일들이 대체되고 있지만, 기술이 대체하기 어려운 팀워크 능력 또는 의사소통 능력과 같은 사회적 능력의 상대적 중요성이 앞으로 더욱 커진다고 합니다. 사회적 능력은 현시대가 중시하는 인재상으로서 더욱 주목받고 있습니다. 더욱이 미래의 업무 환경에서는 온라인 협업이 필수가 될 것입니다. 현재도 이메일과 사내 메신저를 통해 소통하고, 또는 화상 회의로 외국의 바이어들과 논의하는 장면은 어색한 일이 아닙니다. 10년 후 사회로 나갈 학생들에게는 오히려 면대면 소통이 더욱 생소해질지도 모릅니다. 따라서 학생들은 디지털 협업 도구를 활용하여 정보를 공유하고, 온라인에서 효율적으로 의견을 조율하며, 비대면 환경에서도 원활하게 협업할 수 있는 역량을 갖추어야 합니다.

    이를 위해 학교에서도 협업을 바탕으로 단계적으로 완성하는 온라인 기반 프로젝트 학습이 많이 이루어지고 있습니다. 이때 프로젝트를 끝까지 완수하기 위해 학생들에게 가장 중요한 것은 지속적인 소통입니다. 완벽하지는 않아도, 함께 성취하는 경험을 축적하면서 학생들이 성장하길 바라기 때문에 교사는 첫 시작부터 마지막 단계까지 과정별로 학생들에게 과업을 부여하고, 소통하는 방법을 가르치기 위해 노력합니다. 또한 짧은 대화를 주로 하고 텍스트로 소통하는 것이 익숙한 학생들에게 공동 작업장을 마련해줍니다. 프로젝트의 진행 과정을 한번 살펴볼까요?

먼저 주제 선정을 위한 토론의 기회를 부여합니다. 함께 뜻을 모아 주제를 선정하며 팀원과 익숙해지는 시간을 쌓아 갑니다. 이후 프로젝트가 진행될 때는 각자 역할을 나누고 자신이 할 일을 수행합니다. 그 과정에서 서로의 진행 상황을 점검하고, 먼저 끝낸 사람이 도움이 필요한 곳을 지원하는 것도 필요합니다. 교사는 지속적인 소통을 할 수 있도록 지원하고 코칭합니다. 한두 사람이 자신의 역할에 소홀할 때 프로젝트의 완성이 쉽지 않음을, 모두가 함께 노력할 때 프로젝트가 더 의미 있다는 것을 경험을 통해 배워갑니다.

여기까지는 기존의 학교에서 진행하는 방식과 다르지 않지만, 학생들이 협업을 할 때 가장 큰 힘을 발휘하는 것이 바로 디지털 기반 플랫폼입니다. 학교에서 교사는 프로젝트의 목적과 방법에 따라 다양한 플랫폼을 학생과 함께 사용합니다. 사진, 영상 등 찾은 자료를 업로드하고 서로 댓글을 달며 중요한 것은 표시하여 기억하고 공유하는 작업장입니다. 학생들은 링크나 QR

코드를 통해 쉽게 접근할 수 있으며 개인기기를 활용하여 쉬는 시간이나 점심시간, 방과 후까지 이곳에서 활발하게 소통합니다. 수업 시간에 모여 회의를 하고 프로젝트 과정이 진행될 때 학생들은 공동 작업장에 많은 내용을 저장하고 기록합니다. 이 공간은 회의 장소이자 소통의 공간이고 기록 저장소입니다. 여기서 기록된 댓글 하나, 공감 하트 하나, 이 모든 것들이 학생들에게 긍정적 경험을 제공합니다. 또한 상황에 맞는 기술을 선택하거나 디지털 도구를 어떻게 사용할 수 있는지 익히며 적절한 도구를 활용하여 상호 작용하는 방법을 배웁니다. 친구들과의 공동 작업과 성공 경험을 통해 배운 내용이나 지식 등을 활용하여 공동으로 결과물을 구축하고 협업을 위한 과정을 익히며 성장합니다. 이렇게 다양한 플랫폼을 활용하며 학생들은 디지털 의사소통 역량을 키워갑니다. 그리고 팀 프로젝트가 종료될 때 개인 보고서에 하나같이 비슷한 내용이 기록됩니다.

"친구들이 잘 협조해 주어서 마무리가 수월했다."
"나의 의견을 잘 들어주어서 고마웠다."
"처음엔 어색했지만, 새로운 친구를 알아간 것 같다."
"나도 용기를 내서 나의 의견을 말할 수 있어야 한다는 것을 배웠다."
"디지털 도구를 활용해서 자료를 잘 모으고, 쉽게 해낼 수 있

었다."
"친한 친구가 없어 걱정이 많았는데 모두 노력해서 좋은 결과를 얻은 것 같다."
"협업 보드를 활용해서 정말 편리하게 프로젝트를 끝냈다."
"디지털 도구를 활용해서 시간을 효율적으로 관리할 수 있었다."

디지털 의사소통 역량이 필수적인 학생들에게 디지털 협업 경험은 디지털 환경에서의 원활한 의사소통과 협력의 가치를 깨닫게 합니다. 함께 노력하며 성취한 경험은 학생들을 성숙한 디지털 시민으로 성장하게 합니다.

〈디지털 공동 작업장〉

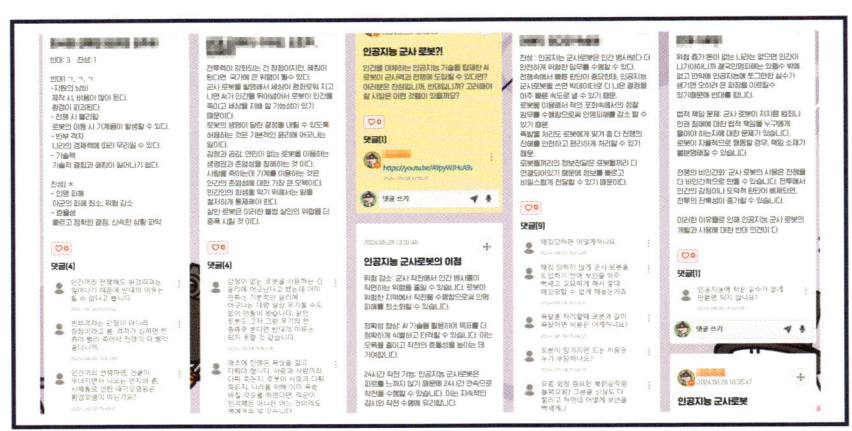

〈디지털 토론 게시판〉

가정에서 이렇게 하면 좋아요

- 바른 맞춤법과 적절한 높임말을 익혀 글과 말에 품격을 더하기
- 다양한 주제에 대해 논리적으로 생각하고 자신의 관점을 글과 말로 표현하는 연습하기
- 시사 이슈나 사회적 주제에 대해 가족과 토론하며 소통의 폭 넓히기
- 자신의 의견을 자신감 있게 표현할 수 있도록 지속적으로 격려하고 기회 주기

08 디지털 문제 해결

컴퓨팅 사고력을 넘어
삶과 연계한 문제 해결까지!

> **CHECK BOX ☑**
> ☐ 문제를 해결하기 위해 적절한 디지털 도구를 선택할 수 있다.
> ☐ 실생활의 문제를 논리적으로 분석하고, 컴퓨팅 사고를 활용하여 해결 방안을 모색할 수 있다.

우리말 속담에 '배워서 남주나'라는 말이 있습니다. 어떤 내용이든지 배우고 나면 다 자기에게 유리하게 이용될 것이므로 열심히 배워 두라는 뜻입니다. 그런데 실제로 학교에서 수업하다 보면 학생들이 꼭 묻는 질문이 있습니다.

"이걸 배우면 쓸모가 있나요?"

좋아하는 과목도, 싫어하는 과목도 모두 열심히 해야 하기에 학생들의 불만이 터져 나올 때 어른들은 열심히 배워두면 다 쓸모가 있다고 일러줍니다. 핑계가 아니고 실제로도 그렇습니다. 배운 지식은 시험을 위해서만 존재하는 것이 아니고, 내가 직면한 문제를 해결하고, 나만의 답을 찾아가는 강력한 도구가 될 수 있습니다. 여기에 더해 학교에서는 지식의 습득에만 머무는 것이 아니라 이를 토대로 다른 곳에 적용하고, 실생활의 문제를 해결할 수 있도록 활용하는 것을 강조합니다. 문제 해결은 우리의 일상생활에서도 중요한 부분이고, 디지털 기반 교육의 활성화 전부터 강조되었던 역량입니다.

그렇다면 디지털 문제 해결은 무엇을 의미할까요? 디지털 환경에서 발생하는 문제를 인식하고, 문제를 구체적으로 정의하며, 필요한 데이터를 수집 및 분석하여 문제 해결책을 찾아서 적용하는 것입니다(이철현, 전종호, 2020). 이는 컴퓨팅을 활용한 문제 해결을 전제로 문제를 발견·분석하여 실생활과 다양한 학문 분야의 문제를 해결하기 위한 새로운 방법론을 제시할 수 있는 능력인 '컴퓨팅 사고력'과도 관련되어 있습니다. 시대적 요구를 반영하듯 2022년 개정된 교육과정에서는 정보 교과의 시수를 확대하였으며 이를 통해 컴퓨팅 사고력을 기반으로 인공지능을 포함하는 컴퓨팅 기술을 활용하여 미래 사회에서 다양한 분야의 문제를 발견하고 해결할 수 있는 기초적인 능력을 함양하도록 하는 데 중점을 두고 있습니다.

학생들은 컴퓨팅 시스템을 이해하고, 문제 해결에 필요한 데이터를 수집·분석하며 의미를 해석하는 것을 배웁니다. 하지만 단순히 데이터를 모으는 것만으로는 충분하지 않습니다. 문제를 정확히 이해하고, 분석 과정을 통해 적절한 디지털 도구를 선택해 해결 방안을 도출해야 합니다. 이어 다양한 설계 전략을 통해 일상생활의 문제를 해결하는 데 활용되는 알고리즘을 학습하고, 복잡하고 어려운 문제를 해결할 때 AI를 어떻게 활용하는지 학습합니다.

이렇게 배운 내용들은 다른 교과의 내용을 학습하고 삶과 연계된 문제를 해결할 때 전이되어 활용됩니다.

학생들은 문제 상황과 원인 분석 → 해결을 위한 단계적 방법 탐구 → 문제 해결 전략 제시 등의 과정을 거쳐 창의적인 방법과 아이디어를 제안합니다. 예를 들어, 우리나라의 인구 문제를 파악하고 이를 해결하기 위한 정책 제안 프로젝트를 진행하는 수업에서도 학생들은 이와 같은 수행 과정을 그대로 보여줍니다.

1. 문제가 되는 상황과 원인 분석:

인구 구성 비율 변화 그래프 및 인구 구조 변화, 합계 출산율 등 각종 통계 자료와 시사 자료, 데이터 자료 등을 활용하여 인구 문제 파악 및 문제 상황에 대한 인식

2. 해결을 위한 단계적 방법 탐구:

저출산, 고령화에 해당하는 인구 문제에 따라 이를 해결할 수 있는 방법을 다양한 원인에서 착안해 창의적인 아이디어 모색

3. 문제 해결 전략 제시:

문제를 해결하는 데 도움이 되는 정책을 구상하여 제안, 이를 설명하는 발표

이 과정에서 학생들은 디지털 도구나 인공지능을 활용하는 방법을 배웁니다. 사실에 기반한 정보, 또는 실제 아이디어 모색에 도움이 되는 정보와 데이터를 찾고 이를 분석하며 분별하는 방법을 익히게 됩니다. 디지털 세상에는 수없이 많은 정보와 데이터가 있으나 나에게 필요하고 도움이 되는 데이터를 분별하는 것은 쉽지 않은 일입니다. 반복되는 수업과 프로젝트의 경험을 통해 학생들은 자료, 정보, 데이터를 찾고 변별하는 연습의 기회를 얻고, 출처가 명확한 정보를 찾기 위해 노력합니다. 이때 검색 도구로 AI를 활용하기도 합니다. 여러 교과에서 문제 해결 과정을 경험하며 학생들은 AI를 활용해 보고, 다양한 활동을 통해 AI에 대한 이해를 내면화할 수 있습니다. 위의 인구 정책 제안 프로젝트로 돌아가면, 비슷한 문제를 겪고 있는 나라를 파악하고, 그 나라만의 정책이 무엇인지 알게 되는 과정은 AI를 통해 효율적으로 단축됩니다. 이후 학생들은 우리나라에 적용 또는 확대할 수 있는 새로운 아이디어를 더해 창의적인 정책을 만들기 위해 노력합니다. 또한 다른 친구들의 정책을 경청하고 공유하며 정책을 만들 때 고려해야 할 사항이 얼마나 많은지, 새롭고 다양한 아이디어가 얼마나 많은지 등을 경험으로 알아갑니다.

문제는, 이 과정에 참여하는 학생들 간 격차가 크다는 것입니다.

"어떻게 해야 할지 모르겠어요."
"선생님께서 알려주세요."
"저는 아이디어가 하나도 없는데요?"
"생각이 없습니다."
"대충 여기까지 할래요."
"이거 점수에 들어가요?"

사실 차근차근해 나간다면 문제 해결 과정을 통해 배우고 성공 경험을 쌓을 수 있습니다. 다만, 생각하는 것을 귀찮아하거나 겉으로 거부감을 드러내는 아이들도 있습니다. 때로는 이러한 태도 뒤에 실패에 대한 불안감이나 자신의 방법이 틀릴지도 모른다는 두려움이 숨겨져 있기도 합니다. 결국 '귀찮다'는 이유로 문제 해결을 회피하고, 스스로를 한정된 틀 안에 가두는 것입니다. 또는 적당히 해서 빨리 이 프로젝트를 해치워버리겠다는 마음가짐을 가지고 있어 다양한 방법과 창의적인 사고를 멀리하기도 합니다. 스스로의 가능성과 잠재력을 과소평가하는 아이들을 볼 때 안타까운 마음이 큽니다.

기술의 발전과 디지털 전환에 따라 사회의 불확실성이 증가하고 있고, 사회의 복잡성과 다양성이 확대되고 있는 상황에서 사회적 문제를 해결하기 위한 역량이 중시되고 있습니다(2022 개정 교육과정). 현대 사회에서는 이러한 문제를 해결하기 위해 창의적이고 비판적인 사고를 갖춘 인재가 필요합니다. 학생들은 자라면서 점차 다양한 사회적 상황과 여러 갈등 국면을 마주하게 될 것입니다. 그때마다 효과적으로 대응하기 위해서는 다양한 정보를 평가하고 비판적으로 분석할 수 있어야 하며, 창의적인 생각을 토대로 올바른 의사 결정을 내려야 합니다. 문제 해결 능력이 부족하면 자기 주도성을 발휘하기 어렵고 스트레스나 불안 또는 사회적 관계에서의 어려움이 증가할 수 있습니다. 디지털 환경에서 발생하는 문제를 해결해 나가는 것, 그리고 일상생활 속 문제 해결을 위해 디지털 도구를 활용하는 것은 모두 학생들에게 꼭 필요하고, 이 역량을 키우기 위해서는 깊이 있는 사고의 과정과 성찰의 시간이 보장되어야 합니다. 특히 이 과정에서 학생들이 주도성을 가지고 긍정적인 경험을 쌓아갈 수 있도록 적극적으로 격려하고 지원하는 교사와 부모의 역할이 무엇보다 중요합니다.

가정에서 이렇게 하면 좋아요

- '너라면 어떤 방법을 선택할까?', '다른 방식은 없을까?'와 같은 사고 확장을 유도하는 질문하기
- 문제 상황을 다양한 관점에서 바라보고 논리적으로 해결 방안 탐색하기
- 가족 구성원과 함께 아이디어를 공유하며 협업의 중요성과 다각적 사고 배우기
- 실패를 성장의 과정으로 받아들이고 스스로 성찰할 수 있도록 지지하기
- 엔트리 등과 같은 무료 온라인 코딩 플랫폼을 통해 간단한 게임이나 애니메이션을 만들어보기

09 디지털 윤리

디지털 세상에서 올바르게 행동하기

CHECK BOX ☑
- ☐ 온라인에서의 비윤리적 행동 사례를 들어 이를 예방하기 위한 방안을 제안할 수 있다.
- ☐ 공정한 디지털 콘텐츠 사용과 제작에 대해 토론할 수 있다.
- ☐ 저작권을 표시하는 다양한 방법을 알고 출처를 명확하게 표현할 수 있다.
- ☐ 디지털 과의존 예방 방안을 계획하고 실천할 수 있다.

2024년 우리나라 언론의 화두가 된 용어 중 하나는 '딥페이크'였습니다. 딥페이크는 딥러닝(Deep learning)과 페이크(Fake)의 합성어로, AI를 이용해 실제처럼 조작한 이미지나 영상을 뜻합니다. 딥페이크를 이용한 성범죄물의 제작·유포로 많은 피해자가 생겨났고, 대한민국은 '딥페이크 공화국'이라는 오명을 쓰게 됐습니다. 딥페이크 피해를 입은 전 세계 유명인 가운데 25%가 한국의 여성 K팝 스타라는 사실이 알려졌고, 월스트리트저널이 기사에 인용한 미국 사이버보안업체 시큐리티히어로의 보고서에 따르면 지난해 7~8월 딥페이크 성범죄물 사이트 10곳과 유튜브 등 동영상 공유 플랫폼의 딥페이크 채널 85개에 올라온 영상물 9만 5,820건을 분석한 결과 딥페이크 성범죄물에 등장하는 개인 중 53%가 한국인으로 나타났다고 합니다.

더 충격적인 것은 2024년 경찰이 검거한 딥페이크 범죄 피의자 573명 중 463명(80.8%)이 10대라는 겁니다. 교육 당국은 바쁘게 지침을 내렸고 학생들의 SNS 계정을 비공개로 전환하도록 하거나 업로드한 프로필 사진을 지우게 하기도 했습니다. 그리고 실태 파악에 나섰는데, 조사 결과에 의하면 학교에서 딥페이크 성범죄가 발생하는 원인(중복 응답) 1순위로는 '장난으로'(54.8%)를 꼽았습니다. '성적 호기심 때문에'(49.3%), '해도 들키지 않을 것이라고 생각해서'(44.1%), '들켜도 처벌이 약해서'(38.2%), '심각하게 잘못된 행동은 아니라고 생각해서'(31.4%)라는 응답도 나왔습니다. 청소년 딥페이크 범죄의 가장 큰 문제는 가해자가 범죄의 심각성은 물론, 죄책감조차 제대로 느끼지 않고 있다는 것입니다. 마치 장난 또는 놀이처럼 딥페이크 범죄를

저지른 아이들에게 피해자는 사람이나 선생님, 친구가 아닌 하나의 놀이의 재료일 뿐이었습니다.

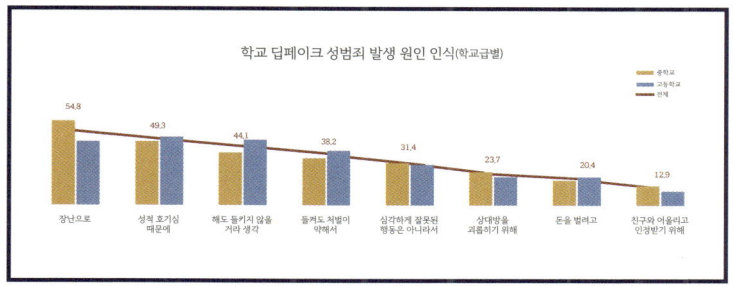

〈교육부 12-12(목) 보도자료
학교 딥페이크 불법 영상물 실태 및 청소년 인식조사 결과 발표〉

이 모든 일들이 인공지능의 등장 때문일까요? 사실 예견된 일이었을지도 모릅니다. 지난해 발표한 연구 보고서(김재엽, 2024)에 따르면 청소년들의 스마트폰 일평균 사용 시간은 4.9시간으로 10년 전보다 2배 증가했으며 우리나라의 청소년이 OECD 국가 중 가장 많은 시간을 스마트폰 이용에 보내는 것으로 나타났습니다. 과거에 비해 학생들은 스마트폰을 훨씬 더 많이 사용하고, 그들만의 세상에서 어른들은 생각지도 못한 일들이 많이 벌어지고 있습니다. 학교에서 이루어지는 학생들의 상담 요청 중 절반 이상은 디지털 세상에서 일어나는 일에 관한 것입니다.

"선생님, 이것 좀 봐주세요"라며 들이미는 스마트폰 안에는 친구의 언어폭력을 캡처한 사진 50장이 존재하기도 하고, DM으로 주고받은 친구에 대한 험담과 나의 의도와 상관없이 다른 사람의 SNS 계정에 올라와 있는 내 사진, 동의를 얻지 않은 SNS 게시물, 성적인 캡처 사진 등이 있기도 합니다. 디지털은 완전히 다른 세계라고 인식하는지 학교에서 전혀 볼 수 없었던 말투와 욕설, 배려 없는 언행 등이 적나라하게 펼쳐지는 경우가 많습니다. 음성과 어조 등을 전혀 알 수 없는 텍스트 대화에서 상대를 위해 존중과 배려가 더 필요함을 설명하는 일이 늘어나고 있습니다. 디지털 세상에서 학생들이 잘 살아가고 있는지, 올바른 방향으로 나아가고 있는지 걱정과 안타까움이 점점 커지고 있습니다.

이를 반영하듯 2025년 1월부터 인스타그램이 청소년 소셜네트워크서비스(SNS) 과이용 예방 차원으로 한국에 '청소년 계정(10대 계정)' 정책을 단계적으로 시행하기로 했습니다. 청소년은 가입 시 계정이 비공개로 자동 설정돼 이미 팔로우한 다른 이용자끼리만 메시지를 주고받을 수 있고, 부모 등 보호자가 이들의 인스타그램 사용 시간도 제한할 수 있어 이 대한 논란도 뜨거운 상황입니다. 더 나아가 학교에서의 스마트폰 사용 금지 및 SNS 사용 제한을 더 강화하자는 목소리까지 나오고 있습니다. 전 세계적으로 청소년의 SNS 과잉 노출과 디지털 리터러시, 인공지능 윤리 등은 커다란 사회 문제이고 모두가 이에 대해 많은 고민을 하고 있습니다. 다만, 한국에서는 기술 발전 속도에 비해 법·

제도적 정비와 디지털 윤리 교육에 대한 논의가 상대적으로 늦게 이루어진 측면이 있습니다. 다행인 것은 2022년 개정된 교육과정에서는 '디지털 소양'을 필수 항목으로 강조하고 있으며 이에 대한 교육이 더 확대될 것이라는 사실입니다. 디지털 리터러시 또는 윤리적 측면을 강조하는 교육이 더욱 활발하게 이루어질 것입니다. 학교에서 차근차근 교육의 내용과 질을 확대해 갈 때 가정에서도 이에 동참하여 자녀의 디지털 생활을 공감하고 점검하며 대화와 고민을 함께 나누는 것이 좋습니다.

교과 수업 시간에 종종 '댓글 쓰기' 활동을 합니다. 학생들에게 사회적 이슈 또는 상황을 보여주는 자료를 게시하고 이에 대한 댓글을 쓰도록 하는데, 원칙을 제안합니다.

1. 개선할 점을 담아 쓰기
2. 공감하는 마음을 담아 쓰기
3. 새로운 대안을 제안하는 내용을 담아 쓰기

그동안 친구들 사이에서 장난과 조롱, 유머, 비난 등의 댓글이 익숙한 아이들은 어떻게 써야 할지 모르고 당황해합니다. 자신이 쓰는 댓글의 어색함을 장난식 몸서리로 표현하는 학생들도 있었으나 몇 번 하다 보면 다들 금방 익숙해집니다. 몇몇 예시를 제안하고 친구들이 쓴 댓글을 서로 살펴보는 시간을 갖습니다. 스스로 한 문장씩 댓글을 완성해 나가는 경험을 통해 디지털 환경에서 글을 쓸 때는 더 신중하고 존중을 담아서 해야 한다는 것을 배웁니다. 이처럼 가정에서도 인터넷 뉴스 등을 함께 읽어보면서 악플과 선플을 구분하고, 자녀에게 어떤 댓글을 쓰고 싶은지 묻는 등 함께 논의하는 시간을 가지면 좋습니다. 디지털 세상에서 친구와의 사이에서 발생하는 갈등도 마찬가지입니다. 사실에 대한 명확한 판단, 출처에 대한 확인, 그리고 상대에 대한 배려 등을 점검하고 입장을 바꿔서 나라면 어떻게 했을지 또는 친구라면 어떤 감정을 느꼈을지를 가늠하고 역지사지의 입장을 가지도록 교육하고 있습니다. 가정에서도 학생이 온라인에서 겪는 갈등을 대화로 풀어갈 수 있도록 돕고, 감정적으로 대응하기보다는 사실을 기반으로 차분히 해결하는 연습을 함께할 필요가 있습니다. 또한, 디지털 환경에서의 책임감 있는 행동을 강조하며, 타인의 감정을 존중하고 온라인에서도 예의를 지키는 습관을 기를 수 있도록 지속적으로 지도하는 것이 중요합니다. 학교에서의 교육과 가정에서의 교육이 같은 방향을 볼 때 그 효과는 극대화되기 때문입니다.

 가끔 학부모들의 요청이 직접적으로 들어올 때도 있습니다.

"선생님께서 해 주세요."
"제가 하기엔 어려워서요."
"아이와 더 이상 갈등을 겪고 싶지 않습니다."

    사실 패턴과 비밀번호로 잠겨 있는 아이의 스마트폰을 볼 때, 잠겨 있는 방문을 쳐다볼 때, 학원 끝나고 늦게 들어온 아이의 휴식을 방해하고 싶지 않을 때, 친구와 있을 때 더 신나 보이는 자녀를 볼 때, 어디까지 제한하고 통제해야 하는지 도저히 알 수 없을 때, 부모와는 말이 통하지 않는다고 울분을 쏟아 내는 아이를 볼 때 모든 부모들의 고민과 마음속 갈등은 같습니다. 교사로서 그리고 부모로서 솔직히 고백하자면, 차라리 눈을 감고 싶을 때도 많습니다. 하지만 앞으로 우리의 아이들은 매일 진보하는 기술을 토대로 고도화된 AI와 경쟁할 것이고, 더 혁신적인 시스템 속에서 지능 정보사회를 살아갈 것입니다. 디지털 원주민인 아이들이 스스로를 통제하며 주체적으로 행동하고, 책임감 있는 태도를 가질 수 있도록 기성세대가 도와야 합니다. 디지털 윤리에 대한 깊은 성찰과 교육은 학생들의 인격 형성과 미래 사회의 참여 방식에 큰 영향을 줄 것이므로 성숙한 디지털 시민으로 성장할 수 있도록 지원하는 것은 우리 사회에서 꼭 필요하고 중요한 일입니다. 그리고 이는 청소년들의 건강한 삶과 지속 가능한 사회의 발전에 긍정적 영향을 미칠 것입니다.

가정에서 이렇게 하면 좋아요

- "그러면 큰일 나" 보다는 "그건 범죄야", "그건 옳지 못한 행동이야" 하고 명확하게 알려주기
- 정보, 영상, 자료의 출처를 확인하고 표시하는 습관 길러주기
- 가족 디지털 사용 규칙 만들기(모든 가족 구성원 함께 참여하기)

10 디지털 정보 보호

내 개인 정보는 내가 지킨다!

CHECK BOX ☑
☐ 개인 정보의 중요성을 인식하고 스스로 안전하게 관리할 수 있다.
☐ 개인 정보가 유출되었을 때 즉각적으로 취해야 할 조치를 설명할 수 있다.
☐ 해킹 등 정보 보안 침해 사례를 분석하고, 사회적 영향을 설명할 수 있다.

　우리는 일상적으로 많은 개인 정보를 온라인에 공유하고 있습니다. 페이스북, 인스타그램과 같은 SNS가 발달하면서 개인의 일거수일투족을 업로드하고, 카카오톡, 라인과 같은 메신저 앱을 통해 상대와 많은 것을 공유합니다. SNS에 올린 사진, 온라인

쇼핑을 위한 결제 정보, 이메일 계정 등 다양한 형태의 정보가 디지털 공간에 저장되고 있습니다.

학생들도 어른들과 다르지 않습니다. 오히려 본인을 드러내는 것에 더욱 적극적이기도 합니다. 친구들과 춤추는 영상을 틱톡에 올리고, 인스타그램에 본인이 공부한 내역을 인증하는 '공스타그램'을 운영하기도 합니다.

문제는 학생들이 개인 정보 보호의 중요성을 쉽게 간과한다는 것입니다. 학생들은 온라인에서 활동하는 것이 익숙하고 자연스럽지만, 개인 정보를 무심코 노출하는 경우가 많습니다. 본인의 얼굴, 이름, 주소 등 조금만 깊게 들여다보면 쉽게 파악할 수 있는 개인 정보가 온라인상에 수두룩합니다. 예를 들어, SNS에 올린 사진에 자동으로 포함되는 위치 태그로 인해 학생의 이동 반경이 그대로 노출되기도 하고, 교복 사진으로 재학 중인 학교가 노출되기도 합니다. SNS 프로필에 본인의 학교, 나이, 연락처를 그대로 올리기도 합니다. 또, 개인 정보 관리에도 소홀해 쉬운 비밀번호를 사용하거나 여러 사이트에서 동일한 비밀번호를 사용하기도 합니다.

이렇게 노출된 개인 정보는 별것 아닌 것처럼 여겨지지만, 현실적인 피해로 이어지기 십상입니다. 이름, 연락처, 학적 등의 정보가 유출되면 사칭 피해를 당할 수 있고, 계정 해킹으로 악용될 수 있습니다. 또한 학생들의 금융 정보가 유출되어 실질적인 금융 피해를 입을 수도 있습니다.

따라서, 개인 정보 보호는 학생들에게도 더 이상 선택이 아니라 필수적인 생존 역량입니다. 학생들이 소홀히 여기는 개인 정보가 노출되었을 때, 본인들의 신변을 위협하는 문제가 발생할 수 있다는 것을 인지하고 있어야 합니다. 또한 학생 본인뿐만 아니라 주변인까지도 위험에 처할 수 있다는 것을 알고 있어야 합니다.

SNS를 이용하기 전, 계정 설정을 '공개'에서 '비공개'로 변경하여 신뢰할 수 있는 사람만 본인의 게시물을 볼 수 있도록 설정하고, 사진 업로드 시 실시간 위치가 노출되지 않도록 유의해야 합니다. 또 SNS에 본인의 학교, 연락처, 나이 등 개인 정보를 직접 공개하지 않도록 주의해야 합니다. 해킹 피해를 막기 위해서는 강력한 비밀번호를 사용하고 정기적으로 비밀번호를 변경해 보안을 유지해야 하며, 사이트별로 다른 비밀번호를 설정해야 합니다. 또 공용 컴퓨터에서 로그인을 했다면 사용 후 반드시 로그아웃을 생활화하는 습관을 들일 필요가 있습니다.

디지털 수업이 활성화되고 있는 만큼 과제나 발표 자료를 공유할 때 문서 속 개인 정보가 없는지 다시 한번 검토하고, 민감한 정보가 있다면 삭제할 수 있어야 합니다. 즉, 개인 정보의 중요성을 알고, 스스로 사전에 안전하게 관리할 수 있어야 학생 본인의 삶을 주체적으로 보호할 수 있습니다.

사고는 예고 없이 찾아옵니다. 학생 본인도 인지하지 못한 상황에서 개인 정보가 유출되었을 때, 즉시 대응하지 않으면 그 피해는 눈덩이처럼 불어날 수 있습니다. 그러나 대부분의 학생들은 개인 정보가 유출되었을 때 어떻게 대처해야 할지 잘 모릅니다. 우왕좌왕하고, 어른들에게 알리지 않아 피해가 더욱 커지기도 합니다. 따라서 학생들은 해킹 등 정보 보안 침해 시 대처 방법을 사전에 알고 있어야 합니다.

만약 SNS 계정이 해킹되었다면 인지한 즉시 비밀번호를 변경하고, SNS 고객 센터를 이용해 계정 복구를 요청합니다. 또 주변인들에게 해킹 사실을 알리고 피싱 등 2차 피해를 막아야 합니다. 또 다른 사이트에서 같은 비밀번호를 사용했다면 이를 점검해 추가적인 보호 조치를 취해야 합니다. 만약 금융 정보가 유출되었다면 부모님에게 즉시 알리고, 카드사 또는 은행을 통해 카드를 정지하거나 경찰에 신고해야 합니다. 즉각적인 대처 능력이 없다면, 피해를 줄일 수 없습니다. 만약의 사태를 대비하여 학생들은 대처 방법을 미리 숙지하고 있어야 합니다.

더불어, 정보 보안 문제는 개인의 문제가 아니라 사회적인 문제입니다. 오늘날 우리는 개인 정보 유출 사례를 뉴스에서 종종 접할 수 있습니다. 대기업의 회원 데이터 유출 사고, 해킹을 통한 금융 정보 도난, SNS 계정 도용 등의 사례가 증가하고 있습니다. 학생들은 이런 사례들의 당사자이며, 동시에 미래 사회 전체의 안정성과 신뢰를 유지할 수 있는 디지털 시민이기도 합니다. 다양한 사례를 학생들이 접하고 이를 직접 분석해 보며 사회적 영향을 가늠해 본다면 학생들의 디지털 시민성이 강화될 것입니다. 학생들은 본인의 개인 정보뿐만 아니라 가족과 친구, 주변인, 사회 전체의 안전까지 고려하는 책임감 있는 태도를 가질 수 있습니다. 이는 결국 본인의 안전까지도 강화시키는 중요한 열쇠가 됩니다.

단순히 해킹을 방지하는 것을 넘어, 개인 정보를 안전하게 보호하는 사람은 신뢰받는 디지털 시민으로 성장할 수 있습니다. 학생 본인을 위해, 모두를 위해, 디지털 정보 보호 역량은 선택이 아닌 필수입니다.

가정에서 이렇게 하면 좋아요

- SNS 사용 현황과 디지털 기기 사용 현황을 함께 점검하기
- 정보 유출 피해 시 대처 방안을 함께 논의하기
- 다양한 정보 유출 피해 사례를 직접 분석해 보고, 이와 같은 일이 사회적으로 어떤 영향을 미쳤는지 글로 써 보기

01 AI·디지털 교육이 우리에게 가져다준 것
02 기본으로 돌아가기 Back to basic
03 디지털만으로는 성공할 수 없다
04 우리 아이, 디지털 교육에서 살아남기

5

AI·디지털 교육의 미래

01 AI·디지털 교육이 우리에게 가져다준 것

Q. 디지털 교육이 기존의 교육과 다른 점은 무엇일까요?

🙂 **조기성**: 다르다는 것보다 변화를 이야기하고 싶어요. 세상의 변화를 통해 발전하는 도구들이 자연스럽게 교육에 접목되었다는 생각이 들어요. 항상 교육자들은 세상의 상황에 맞게 교육해 왔다고 자부합니다. 아이들이 살아갈 세상에서 디지털과 AI가 자연스럽게 사용될 거라면 자연스럽게 디지털과 AI를 활용해 교육을 해야 하죠.

🙂 **계호연**: 기존 교육은 교사가 주도적으로 이끌어 갔었다면, 디지털 교육은 학생들이 더 주도적인 역할을 하는 느낌이 드는 것이 가장 큰 변화예요. 교사가 강의식으로 수업을 진행하는 것이 아니라, 학생들이 직접 콘텐츠를 생성하고 산출물을 만들어 내는 활동이 많아졌거든요.

🔵 **김성준**: 한편으로 수업 준비 환경이 편하게 개선된 것도 변화인 것 같아요. 과거에는 수업 자료나 학생 산출물을 만들기 위해 종이, 풀, 가위 등 물리적 도구들을 일일이 준비해야 했는데, 이제는 디지털 기기 하나만으로도 수업 활동이 가능해졌거든요.

🟢 **계호연**: 저는 오히려 교사의 업무가 더 복잡해진 면도 있다고 생각해요. 디지털 기기를 능숙하게 다루는 교사와 그렇지 않은 교사 사이의 양극화가 발생하고 있거든요. 특히 디지털 기반 환경이 익숙하지 않은 교사의 경우 디지털 도구 활용을 어려워하는 측면도 있기 때문에 준비할 게 많다고 생각하는 분들이 생기는 것 같아요.

🟣 **박현진**: 선택지가 많아진 만큼 고려해야 할 사항도 늘어났어요. 각 수업에서 온라인과 오프라인 중 어떤 방식이 더 적합한지, 산출물을 어떤 형태로 저장하고 관리할지 등 새로운 고민들이 생겼거든요. 때로는 오히려 종이에 쓰는 전통적인 방식이 더 효과적이고 때로는 온라인이 적합할 때도 있어요. 고려해야 할 내용이 많아진 것이죠.

🔴 **이민정**: 그러니까 한마디로 환경이 개선이 된 부분도 있지만 한편으로는 교사의 고민 지점이 더 많아졌다는 얘기인 거죠. 디

지털 교육이 제대로 이루어지려면 교사가 사전에 교육과정 내 성취 기준을 어떻게 하면 효과적으로 달성할 수 있을지, 디지털 도구가 어떻게 기여할 수 있을지 치열하게 고민해야 해요.

양정은: 디지털 원주민이라 불리는 현세대 학생들의 특성을 고려할 때, 디지털 교육은 그들의 눈높이에 맞는 수업을 가능하게 해주는 것 같아요. 이를 통해 학생들의 참여도와 학습 동기를 많이 끌어올릴 수 있다고 봐요.

김지수: 디지털 교육이 시작되면서 수업의 효율성이 증가했다고 볼 수 있을 것 같아요. 원래는 서로의 의견을 공유하는 게 각자 발표를 통해 이루어졌는데, 디지털 교육을 통해 실시간으로 서로의 의견을 교환할 수 있게 된 것이 큰 변화라고 생각해요.

Q. 디지털 교육이 교사에게 가져온 가장 큰 변화는 무엇일까요?

🙂 **양정은:** 가장 큰 변화는 AI와 디지털의 도움으로 불필요한 행정 업무가 줄어들었다는 점이에요. 예를 들어, 학생들을 위한 어떤 프로그램을 진행하기 위해 예산 계획서를 작성할 때 AI의 도움을 받아 빠르게 처리할 수 있게 됐거든요. 이렇게 업무 시간이 줄어들면서 수업과 평가, 학생들에게 더 많은 시간을 할애할 수 있게 되었어요.

🙂 **계호연:** AI를 활용한 업무 보조라던가 학생들에게 피드백을 줄 수 있는 부분을 주관적 의견이나 감정에 치우치는 것이 아닌 객관적인 사실을 기반으로 해주는 게 가장 큰 부분인 것 같아요.

🙂 **이민정:** 저는 이전에는 상상할 수 없었던 일들이 가능해졌다는 점을 꼽고 싶어요. 생성형 AI의 등장으로 코딩 언어를 몰라도 프로그래밍이 가능해졌고요. 데이터 분석도 기존에 존재하는 프로그램에 맞춰서 할 필요 없이, 원하는 대로 코딩을 해서 분석 도구를 만들고 학생들과 함께 사용할 수 있게 되었어요.

🙂 **김지수:** 제가 생각하는 가장 큰 변화는 학생들에게 맞춤형

피드백을 즉각적으로 제공할 수 있게 된 거예요. 이전에는 관찰에 의존해 제한적인 피드백을 줄 수밖에 없었지만, 이제는 AI가 채점도 해주고 학생의 데이터를 누적해 주니 각 학생의 강점과 약점을 더 명확하게 파악할 수 있게 되었거든요.

🔴 **양정은**: 또 하나 중요한 점은 '허수아비 같은' 학생들을 발견할 수 있게 된 거예요. 가끔 겉으로는 집중하는 것처럼 보이지만 실제로는 참여도가 낮고 아무것도 하지 않는 학생들이 있잖아요. 수업 중 활동하는 것들이 디지털 기록으로 남기 때문에 이런 학생들을 찾아내고 집중적으로 케어할 수 있게 된 거죠.

🔴 **박현진**: 맞아요. 수업 시간에는 열심히 듣는 것 같지만, 실제 글쓰기나 과제물을 보면 근거를 쓰기 힘들어하는 학생들이 있거든요. 이제는 이런 학생들의 실질적인 학습 상태를 파악하고 적절한 지원을 할 수 있게 되었어요.

Q. 디지털 교육이 학생들에게 가져다준 가장 큰 변화는 무엇일까요?

🧑 **이민정**: 가장 큰 변화는 학생들에게 더 많은 책임이 부여된 것이라고 생각해요. 수업을 진행하다 보면 아무것도 하지 않고 그저 멍하니 앉아 있기만 하는 학생들이 있었는데, 1인 1기기가 보급되고, 뭔가 산출물을 만들어 내고, 발표하고 그런 역할들을 부여하다 보니 학생들에게 '책임', 다른 말로 하면 '기회'가 많이 부여되는 것 같아요. 모든 학생이 능동적으로 참여해야 하는 환경이 조성된 거죠.

🧑 **양정은**: 맞아요. 디지털 기록의 특성상 모든 활동이 남게 되어 책임감이 더욱 강화됐다고 생각해요. 예를 들어, 디지털 플랫폼에 자신의 생각을 서술하라고 했을 때 제출하지 않은 학생들이 누군지 바로 확인할 수 있어서, 학생들도 자연스럽게 참여하게 됩니다.

🧑 **계호연**: 디지털 교육이라고 하면 일반적으로 공동 작업, 협업 등만 생각하는데 구글 클래스룸에서도 개별적으로 학습지를 제공할 수 있고 그에 대해서 피드백을 할 수 있어 온라인상에서 교사와 1:1로 주고받을 수 있어요. 그 책임감이 공동체적인 부분

도 있지만 개인적인 책임감도 온라인상에서 기대할 수 있게 됩니다.

🧑 **조기성**: 선생님들이 좋은 말씀을 많이 해 주셨어요. 저는 잡무를 줄이고 아이들에게 집중할 수 있는 변화가 올 거라고 전망하고 있어요. 손으로 채점하지 않고 하나하나 시험을 보지 않고도 아이들이 부족한 것을 빠르게 알고 채워줄 수 있으니까요.

👩 **김지수**: 그리고 학생들이 산출물을 다양한 방법으로 창작하는 능력이 발전했어요. 과거에는 단순히 종이에 글을 쓰는 것이 전부였다면, 이제는 프레젠테이션 제작, 문서 작성, 영상 제작 등 다양한 형태의 창작 활동이 가능해졌으니 그런 것들이 학생들의 창의력 발달에 도움이 되지 않을까 생각해요.

👩 **양정은**: 그래서 학생 평가의 기준도 변화하고 있어요. 이에 따라 과거에는 단순히 암기력이나 학업 성적이 뛰어난 학생들이 두각을 나타냈었다면, 이제는 창의적인 아이디어를 가진 학생, 디지털 도구를 능숙하게 다루는 학생, 소프트웨어 활용 능력이 뛰어난 학생 등 다양한 아이들이 자신의 역량을 충분히 발휘하고, 긍정적 평가를 받을 수 있는 기회가 많아졌어요.

🔴 **이민정**: 교과 교사의 입장에서는 새로운 것들을 많이 보게 되는 것 같아요. 예를 들어, 과학 과목을 포기한 학생들은 진짜 아무것도 안 하는 경우도 있는데, 디지털 교육이 등장하고 과학을 어려워하던 학생들도 디지털 도구를 활용해 다양한 방식으로 학습에 참여할 수 있게 되었어요. 예를 들어, 이제는 디지털 플랫폼을 이용해서 효율적으로 글쓰기 활동을 할 수 있으니까 이전에는 시도하지 못했던 글쓰기 수업을 과학 시간에 적용했거든요. 그런데 과학에는 관심 없었는데, 이런 활동들에는 흥미를 보이는 학생들이 많더라고요. 학생들이 가진 장점과 역량이 다 다르니까 이전에는 빛을 보지 못했던 학생들이 새롭게 반짝이는 순간들을 자주 목격하고 있어요.

🔴 **박현진**: 맞아요. 모범생이라고 불리는 공부 잘하는 학생만 두각을 나타내는 것이 아니라, 엔터테인먼트 관련 재능이 있는 학생들도 자신의 능력을 발휘할 수 있는 기회가 많아졌어요. 각자 자신의 재능을 뽐낼 기회가 더욱 다양하게 많아진 것이죠.

🔴 **양정은**: 그리고 예전에는 모둠 활동을 할 때 성적이 높은 아이들이 주도했다면, 요즘은 사회성이 높고 활동적인 아이들이 더 주도를 많이 하기도 해요.

🔴 **이민정**: 한편으로는 모두에게 과제가 부여되고 산출물을 공유하기 때문에 오히려 소극적인 학생들도 본인을 뽐낼 수 있는 기회가 되기도 하는 것 같아요.

🔴 **김지수**: 그리고 이런 지점에서 교사들이 의외의 모습을 보기도 하죠. 다양한 활동을 통해서 이전에는 보지 못했던 또 다른 모습을 보여주니까요.

Q. 디지털 교육으로 교육의 기회가 확장된 사례가 있다면?

🧑 **김지수:** 가장 대표적인 것이 다국어 지원과 보조 기능들인 것 같아요. AI 디지털교과서에 다국어 지원이 도입되었고 청각 시각 보조 지원 기능도 추가되는 절차가 시작된 것으로 알아요. 특히 특수 교육 분야에서 보조 지원이 가능한 기술들이 도입된다면 교육의 기회가 더욱 확장되어 적용될 수 있겠죠.

🧑 **이민정:** 맞아요. 다문화 학생들의 교육 기회가 크게 확대됐어요. 제가 있는 학교만 해도 고등학생임에도 한글을 잘 읽지 못하는 다문화 학생들이 있는데, 디지털 도구를 통해 이런 학생들과도 원활한 소통이 가능해졌어요.

🧑 **계호연:** 최근 다문화 가정이 늘어나면서 제공해야 하는 가정통신문이나 평가 등 교사에게 어려운 점이 많았는데 큰 도움이 되고 있어요.

🧑 **양정은:** 개별화 학습이 가능해진 것도 큰 변화예요. AI 코스웨어를 활용하면 겉으로는 모든 학생이 같은 수업을 받는 것처럼 보이지만, 실제로는 각자 자신의 수준에 맞는 문제를 풀 수 있어요. 이전에는 교사가 그냥 일괄적으로 문제를 제시하고, 본

인 수준에서 난이도가 높으면 포기하거나 가만히 앉아 있는 학생들이 있었잖아요. 이제는 자기 수준에 맞는 문제를 출제해 주면 각자의 난이도에 맞춰 공부를 하게 되니 그런 면에서는 아이들한테 기회나 확장성이 많이 주어진 셈이에요. 어려운 문제 앞에서 포기했을 학생들도 자신의 수준에 맞는 문제로 학습을 이어갈 수 있게 된 거죠.

박현진: 같은 관점에서 상위권 학생들에게도 기회가 확장됐어요. 학교 수업이 보통 중위권 학생들을 중심으로 진행되다 보니 상위권 학생들은 지루해하는 경우가 많았거든요. 이런 학생들이 수업에서 반짝거리는 눈빛을 잃어갈 때 교사로서 마음이 안 좋았는데, 이제는 자신의 수준에 맞는 심화 학습을 할 수 있게 됐거든요.

김성준: 저는 약간 다른 관점에서, 지역 간 교육 격차 해소에도 도움이 된다고 생각해요. 흔히 말하는 시골이나 교육 인프라가 부족한 지역에서도 디지털 기기가 보급되면서 동등한 교육 환경, 기회를 제공받을 수 있게 됐거든요. 어떻게 보면 출발선이 같아졌다고 볼 수 있을 것 같아요. 이는 기회의 형평성, 교육 기회 균등을 실현하는 중요한 수단이 될 수 있지 않을까 합니다.

조기성: 김성준 선생님 말씀처럼 예전에는 도시에서만 활용이 가능했던 수업이라면 이제는 모든 곳에서 디지털 수업이 가능하기 때문에 새로운 기술이나 시도가 거의 실시간으로, 격차 없이 벌어지고 있고요. 좋은 콘텐츠들도 유튜브나 인터넷을 통해 공유되기 때문에 꼭 도시에 있지 않아도 알 수 있다는 거죠. 중고등학교의 학습 태블릿을 보면 유명한 일타 강사의 강의도 들어 있으니까요.

Q. 디지털 교육이 학생들의 창의력 발달에 어떤 영향을 미칠 수 있을까요?

🧑 **계호연**: 학생들이 다양한 자료를 훨씬 쉽게 접할 수 있게 됐어요. 예전에는 집에서 자료를 찾아오거나 인쇄해서 오려 붙이는 정도였는데, 이제는 스마트폰이나 태블릿으로 다양한 자료를 손쉽게 찾을 수 있게 됐거든요. 이러한 다양한 자료들이 창의력 발달에 도움이 되지 않을까요?

🧑 **김지수**: AR, VR 같은 새로운 기술이 학생들에게 완전히 새로운 세계를 보여주고 있어요. 이런 기술들을 접목하면서 학생들이 더욱 창의적으로 사고하고 다양한 산출물을 만들어낼 수 있게 됐죠.

🧑 **이민정**: 저는 디지털 교육이 활성화되니까 가능한 게 많아지고, 그러다 보니 많은 것들이 가능하다는 것을 전제로 깔고 '학생들에게 더 많은 것을 탐구하고 결과를 만들어보게 하자'가 요즘 교육과정의 트렌드인 것 같아요. 교육과정 자체가 창의적 활동을 더 많이 요구하게 된 거죠. 단순히 자료 조사에 그치는 게 아니라, 인포그래픽 만들기, 시나리오 작성, 영화 제작, 랩 만들기 등 다양한 창작 활동이 가능해졌고, 교과서에서도 제시하고 있

거든요. 이걸 통해 학생들이 같은 주제도 다각도로 생각하고 고민하여 표현하게 되면서 창의력을 키울 수 있다고 생각해요.

조기성: 2022 개정 교육과정에서 강조하는 문제 해결 역량도 창의력이라고 생각해요. 아무래도 우리 주변의 문제를 해결하기 위해 친구들과 함께 자료를 모으고 생각하고 아이디어를 내는 과정에서 창의력과 소통 능력, 문제 해결 역량이 함께 커질 수 있거든요.

양정은: 맞아요. 그 과정에서 온라인 공유 게시판을 통한 협업도 창의력 발달에 큰 도움이 되고 있어요. 게시판에서 서로 의견을 나누거나, 패들렛이나 미리캔버스 같은 협업 도구로 다른 학생들의 작품을 보고 피드백을 주고받으면서 새로운 아이디어를 발전시킬 수 있게 됐거든요.

김성준: 같은 생각입니다. 다른 학생들의 자료를 보는 것만으로도 서로의 생각을 촉진할 수 있죠.

박현진: 한마디로 정리하면, 참고할 수 있는 자료(Input)가 많아졌고, 그걸 표현하는 방법(Output)은 더욱 다양해진 거죠.

Q. 디지털 도구를 활용한 협업은 학습 효과를 높이는 데 도움이 되나요?

🧑 **박현진**: 디지털 도구가 사회성과 의사소통 능력 향상에 큰 도움이 되고 있어요. 협업을 하기 위해서는 오프라인 의사소통이 반드시 필요합니다. 이 과정에서 사회성이 자연스럽게 향상되죠. 자신이 속한 공동체에 자신의 능력으로 기여할 수 있다고 인식하게 되면 학습 효과를 높이는 내적 동기가 됩니다. 장기적으로 보았을 때 디지털 도구, 디지털 협업이 학생의 학습 효과를 높일 수 있게 되는 것이죠.

🧑 **양정은**: 사회성과 의사소통도 지능의 중요한 부분이에요. 디지털 도구를 사용하면서 이런 능력을 자연스럽게 배우게 되죠. 사실 순수한 지식보다 이런 능력이 더 중요할 수도 있어요.

🧑 **이민정**: 맞아요. 지식을 제대로 획득하려면 발화자의 의도를 정확하게 파악할 수 있어야 하는데, 많은 학생들이 이 부분에서 어려움을 겪고 있거든요. 그래서 이런 협업 활동들이 더욱 중요한 것 같아요.

🧑 **김지수**: 사실 디지털 도구를 활용한 협업은 프로젝트 관리

능력도 키워주고 있어요. 주제에 대한 목차를 짜고, 역할을 분배하고, 전체적인 구조를 잡는 과정에서 학생들이 자연스럽게 학습하게 되죠. 또 서로 피드백을 주고받으면서 자신의 작업을 수정하고 보완하는 법도 배우게 되고요.

🙂 **김성준**: 그리고 어떤 산출물을 개선하려면 그것을 비판할 수 있는 능력이 있어야 돼요. 비난 아니고 비판이요. 특히 협업에서는 객관적으로 바라보고 비판하는 능력이 중요하게 여겨지는데 그런 것들은 결국 공부하는 데 도움이 되지요.

🙂 **계호연**: 다만 협업에서 발생할 수 있는 문제점도 고려해야 해요. 팀 구성 방식에 따라 불만이 생기거나 일부 학생들이 피해를 볼 수 있거든요.

🙂 **양정은**: 저는 이런 문제를 해결하기 위해 프로젝트에 필요한 역할을 먼저 나누고, 그 역할에 대한 지원자를 받는 방식을 쓰고 있어요. A 역할을 할 사람? B 역할을 할 사람? 그리고 역할이 다 정해지면 거기서 랜덤으로 짭니다. 그리고 자기 평가와 동료 평가를 실시하여, 동료 평가 점수가 평균 이하인 학생의 경우 감점하는 방식으로 무임승차를 막고 있어요. 어떻게 보면 잔인할 수도 있는데, 무임승차를 막고 학생들도 어느 정도는 책임감

을 가지고 하게 되더라고요.

🧑 **조기성**: 학습 효과적인 측면에서 단순한 지식 암기나 좋은 점수를 얻는 것은 협업보다는 혼자 집중해서 공부하는 게 더 커질 수 있지요. 하지만 학습 효과를 학생의 역량 향상 측면으로 봤을 때는 앞에서 말씀드린 것처럼 문제 해결력과 창의력, 의사소통 능력이 커지면서 장기적으로 기억에 남을 수 있다고 생각합니다.

Q. 디지털 교육 시대에 교사의 역할은 어떻게 달라졌나요?

🙂 **김지수**: 교사의 역할이 '안내자'로 많이 바뀐 것 같아요.

🙂 **조기성**: 저도 2012년 3월 17일 교육기부 박람회 강연에서 교사는 가르치는 사람에서 아래와 같은 역할로의 변화를 한다는 이야기를 했습니다. 앞으로 개별화된 교육이 가능해지면 티칭도 하지만 아이들의 성장을 도와주는 역할도 하지 않을까 생각합니다.

스마트 교육에서의 교사의 역할

- 학생들을 이해하고 고민을 들어주는 상담자
- 학생들과 함께 호흡하는 친구
- 학생들이 스스로 지식을 탐구할 수 해주는 안내자
- 학생들과 평생 소통하며 바른길로 이끌어주는 멘토
- 학생들이 뒤쳐지지 않고 속도를 낼 수 있도록 해주는 페이스메이커

〈2012년 교육기부 박람회 강연 자료〉

🙂 **양정은**: 동의해요. 개인화된 학습을 지원하거나 협업, 메타인지 등을 촉진하기도 하고. 정서적 지원까지 하면서 디지털 환경에서 학습할 수 있도록 안내하고 지원하는 역할이 더 강화됐다고 생각해요.

🙂 **김성준**: '촉진자'라는 표현도 적절할 것 같네요.

🙂 **이민정**: 저는 '설계자'라는 측면도 매우 중요하다고 봐요. 하나의 지식을 획득하기 위한 활동이 너무나 다양해졌기 때문에, 어떤 방법이 효과적일지, 어떤 것이 위험할지 판단할 수 있는 안목이 필요해졌거든요.

🙂 **김성준**: 그만큼 교사가 알아야 할 것들도 많아진 거죠.

🙂 **박현진**: 때로는 교육 방법에만 너무 집중하다 보면 교육 내용을 놓치게 될 수도 있어요. 이 둘 사이의 균형을 맞추는 것도 새로운 과제가 된 것 같아요.

🙂 **김지수**: 결국 교사는 본질과 방법 두 가지를 모두 잡아야 하는 상황이 됐네요.

🔴 **이민정**: 또한, 교사는 디지털 기기 사용의 모범을 보여야 하는 위치가 됐어요. 학생들이 가정에서는 디지털 기기 사용을 제한받는 경우가 많은데, 학교에서는 오히려 이를 장려하는 입장이다 보니, 올바른 사용법을 보여주는 것도 교사의 중요한 역할이 된 거죠.

🔵 **김성준**: 모범적인 관리자로서의 역할이네요. 이걸 어떻게 조절하며 사용해야 하는지 모범이 되어 안내해야 하기도 하고, 디지털 기기의 사용을 컨트롤해 주는…….

🔴 **이민정**: 그렇죠, 관리자 역할도 있죠. 근데 쉽지 않아요. 저도 맨날 핸드폰 들고 사는걸요.

🔵 **김성준**: 결국 디지털 기기를 어떻게 해야 잘 쓰게 하는가 그 다음에 디지털 기기를 활용해서 무엇을 어떻게 가르쳐야 하는가에 대한 고민을 많이 하게 된 것 같습니다. 한마디로 정리하자면 안내자, 촉진자, 설계자, 관리자 등 다양한 역할이 요구되는 것 같아요.

Q. 교사 입장에서 디지털 도구가 가장 유용했던 순간이 있다면 언제였나요?

🙂 김지수: 저는 학급에서 공동 작업을 할 때 가장 유용했어요. 제가 학생이었을 때를 생각해 보면, 모둠 활동을 하면 한 페이지에 각자 요약하고, 글씨체도 제각각이라 마음에 들지 않았죠. 하지만 지금은 다 같이 파트를 나눠서 조사하고, 공동 문서에 동시에 작업할 수 있어 훨씬 효율적인 협업이 가능해졌어요. 교사 입장에서도 유용한 점은 예전에는 몇몇 학생들이 놀고 있었다면, 이제는 공동 작업으로 노는 학생 없이 모든 학생이 참여하게 되니까요.

🙂 박현진: 저는 교사의 역할과도 연결되는 부분인데, 디지털 도구를 활용해서 교육할 수 있는 새로운 방법들을 학생들에게 계속 제공할 수 있다는 점이 좋은 것 같아요. 그러다 보면 학생들이 "선생님, 이게 되네요!" "이렇게도 할 수 있네요!" "선생님, 이거 재미있어요. 집에 가서 해도 돼요?" 이런 식의 피드백을 주는데, 그럴 때마다 교사로서 만족감이 올라가요. 이런 반응 덕분에 계속해서 새로운 것을 연구하고 개발하고 싶은 동기가 생기죠.

🙂 이민정: 저는 아주 단도직입적으로 말씀드리면, 학교생활기

록부 작성할 때 정말 좋아요. ChatGPT 같은 것을 사용한다는 게 아니라, 학생들의 기록이 디지털로 남아 있어서 언제 어디서든 열어서 작업할 수 있다는 점이 큰 장점인 것 같아요. 예전에는 종이를 산더미처럼 들고 다니면서 하나씩 넘겨보며 '이 학생이 이런 활동을 했었지' 하고 분석해야 했는데, 이제는 클라우드에 업로드되어 있거나 플랫폼에서 바로 확인할 수 있으니까요.

양정은: 저도 완전히 동감해요. 종이가 사라져서 찾아다닐 필요가 없다는 게 정말 좋아요. 수업 시간에 학생들이 열심히 활동한 것을 제가 잃어버릴 수도 있는데, 디지털로 모든 결과물이 남아 있으니 평가도 할 수 있고 이를 토대로 생활기록부도 쓸 수 있어서 너무 편리해요.

계호연: 저는 수업할 때 스토리를 많이 만드는 편인데, 예를 들어 지진 관련 수업을 할 때 영화의 실제 촬영 장소를 구글 지도로 보여주면 학생들이 정말 신기해하더라고요. 또 일본 여행을 갈 때 필요한 지진 대비 앱을 실제로 설치해 보고 어떤 데이터가 나오는지 확인하는 것 등 실생활과 연계된 수업을 할 수 있다는 점이 매우 유용해요.

조기성: 디지털로 수업을 한 초기에 아이들에게 디지털로 질

문을 받았습니다. 대면으로 수업 내용에 대한 질문을 받으면 2명이나 3명만 질문을 받을 수 있고 적극적인 아이들만 질문을 할 수 있었죠. 수업과 관련 없는 엉뚱한 질문을 하기도 하고요. 디지털로 질문을 받으니 수업 중 가장 중요한 질문을 보면서 바로 피드백이 가능했고 평소에 소극적이었던 아이가 멋진 질문을 하는 것을 보면서 참 좋았다고 생각했어요.

Q. AI 기반 학습(AI 튜터 등)이 실제로 교사의 역할을 보완할 수 있을까요?

김지수: 정도의 차이가 있겠지만, 보조적인 역할로 한정될 것 같아요. 단순히 반복적인 업무나 기초적인 피드백 정도는 가능하겠죠.

김성준: 단순하게 반복되는 작업들. 그 정도는 충분히 보완이 가능할 것 같아요.

양정은: 최근에 영국 벳쇼(Bett)에서 탐험형 글쓰기 플랫폼을 봤는데, 인상 깊었던 건 AI가 문장을 교정하는 것을 제안하면 학생이 그것을 자신의 생각으로 수정하는 방식으로 운영되더라고요. 그러면 그 학생의 리포트 내용이 실시간으로 변하면서 그 과정들을 완료할수록 점수가 쌓이고, 동시에 교사는 학생이 어떤 과정을 거쳐서 이 글을 고치고 있는지 확인할 수 있더라고요. 당연히 학생 개인별 리포트가 제공되면서, 동시에 교사도 피드백을 할 수 있고요. 이런 면에서는 AI가 보조 교사 역할을 충분히 잘할 수 있다고 봅니다.

이민정: 학생이 그 과정에서 성취감을 좀 느낄 수도 있겠네

요. 한편으로 어떤 특정 분야에서는 AI가 교사가 파악하기 어려운 정보를 제공할 수 있어요. 학생들의 수준을 세분화해서 교사에게 제시하는 거라던가, 맞춤 학습을 추천하는 것도요.

🧑 **박현진**: 자동화된 평가 시스템이나 그에 따른 학습자별 맞춤형 학습 경로를 제공하는 것 등은 AI의 도움을 많이 받을 수 있어요. 직접 채점하고 평가하던 시간을 줄여주니 교사는 학생의 학습 활동에 더 집중할 수 있잖아요. 교사의 역할을 어느 정도는 보완한다고 생각해요.

🧑 **계호연**: 요새는 학생들이 공부하는 단원, 분량, 시간 등을 부모님이나 교사가 해주는 것이 아니라, AI가 대체를 해주는 것 같아요. 기본적으로 상담을 하고, 콘텐츠를 제공해 주는 기존의 방식에서 학생 개별적으로 특성을 분석해서 주도적으로 학습할 수 있도록 코칭을 해주는 것이 최근 트렌드라고 생각해요. 교사가 해야 하는 많은 일들이 완전히 대체되진 않지만 상당 부분에 있어 도움을 받고 보완해 준다고 생각해요.

🧑 **김성준**: 하지만 결국 수업을 주도적으로 이끌어나가는 것은 불가능할 것 같아요. AI를 활용한 피드백, 코스웨어 기능 등이 있다고 하더라도, 기본적인 개념이나 교육과정은 교사가 판단하

고 이끌어나가야 하기 때문에, AI가 학교 현장에서 교사의 역할을 완전히 대체하기는 어려울 거예요.

🙂 **조기성**: 결국 AI 보조 교사나 튜터는 도와주는 역할을 할 거예요. 일단 속도가 늦거나 이해하지 못하는 아이들에게 응원도 해주고 적당한 콘텐츠도 추천해 줄 수 있어요. 교사가 수업 중 실시간으로 다 해줄 수는 없으니까요. 교사에게 다르게 알림을 준다면 아이에게 다가가서 어떤 어려움이 있는지 알아보고 도움을 줄 수 있는 역할도 할 수 있다고 생각해요.

Q. '디지털 교육이 가져다준 것'을 한마디로 정리한다면?

🔴 **양정은**: 배움의 연대.

🔴 **이민정**: 교육 사각지대 해소.

🔵 **김성준**: 확장, 교사 주도적 수업 설계의 확장, 학생 주도적 활동의 확장.

🟣 **박현진**: 교사와 학생의 상호 작용을 늘리는 새로운 교실.

🟠 **김지수**: 변화의 바람.

🟢 **계호연**: 새로운 것에 대한 만남.

🟡 **조기성**: 아이들을 행복하게 만들어주는 교육의 변화.

02 기본으로 돌아가기
Back to basic

Q. 디지털 교육이 오히려 교육 격차를 심화시킬 가능성이 있을까요?

🔴 **이민정**: 저는 가능성이 있다고 봅니다. 디지털 리터러시 역량이 부족한 학생들이 분명히 있을 거예요. 같은 과제를 줘도 여러 도구를 능숙하게 사용하는 학생이 있는 반면, 타자도 제대로 치지 못하고 독수리 타법으로 하는 학생들도 있죠. 이런 차이가 결국은 격차를 만들어낼 거예요.

🔵 **김성준**: 그렇다면 이런 격차를 만드는 기본 원인이 무엇일까요? 아무래도 디지털 기기에 대한 경험 부족, 아비투스(생활 양식)의 차이가 아닐까요?

🔴 **양정은**: 맞아요. 집에서 부모님과 함께 디지털 기기를 사용

하고 올바른 사용법을 배운 아이들은 숙련도가 빠르게 올라가요. 반면 그런 경험이 부족한 아이들은 점점 더 차이가 벌어지죠. 많은 것을 시도해 볼 수 있는데도 시도조차 하지 않으려는 아이들이 생기기도 합니다.

🔵 **김성준**: 결국 이 격차는 환경과 하드웨어의 접근성 문제인 것 같아요. 단편적인 예로 기기를 많이 접할수록 타자도 빨라지고 인터넷이나 애플리케이션 활용도 높아지는데, 접촉이 낮으면 그 격차가 청소년기 때부터 시작되는 거죠.

🔴 **양정은**: 게다가 실제로 유용한 플랫폼들이나 AI는 대부분 유료예요. 이런 것들을 자연스럽게 사용하는 아이들과 전혀 경험해 보지 못한 아이들 사이에 차이가 생길 수밖에 없죠.

🔴 **이민정**: 부모님들의 인식 차이도 격차를 만드는 요인이 될 수 있어요. 디지털 교육에 대해 긍정적으로 생각하시는 분들도 있지만, 부정적으로 생각하시는 분들도 계시죠. 보수적으로 생각하시는 부모님들은 집에서도 디지털 기기 사용을 제한하실 테고, 그러면 아이들의 역량도 당연히 떨어질 수밖에 없죠.

🔵 **김성준**: 그렇다면 학교라는 동일한 공교육 환경에서는 어떨

까요? 격차가 더 심해질까요, 아니면 비슷해질까요?

🙍‍♀️ 김지수: 어느 정도까지는 같이 올라가다가 결국 벌어질 것 같아요. 예를 들어, 코딩 교육의 경우 절차적 사고력이 있는 아이들과 없는 아이들의 차이가 너무 커요.

🙍‍♂️ 김성준: 결국 이런 격차는 사고력의 문제네요. "창의력, 논리적 사고력, 문제 해결력을 얼마나 가지고 있느냐, 새로운 상황을 마주하였을 때 어떻게 해결할 수 있는가"라는 점에서 차이가 벌어지는 거죠.

🙍‍♀️ 박현진: 그렇다면 이러한 격차의 본질적인 원인은 디지털 교육 자체가 아닐 수도 있겠네요. 그 이전 학생들의 습관, 디지털 교육에 대한 가정의 분위기, 인식 등의 영향도 무시할 수는 없겠네요.

🙍‍♀️ 이민정: 그런데 또 다른 측면도 있어요. 기기 접근성이 높아지면서 아이들이 쇼츠나 릴스 같은 콘텐츠에 너무 많이 노출되고 있잖아요. 여기서 자제력이 있는 아이들은 살아남을 수 있지만, 자기 조절력이 없는 아이들은 수렁으로 빠져버리죠. 디지털 교육이 이런 차이를 더 부각시키는 기폭제가 될 수 있어요.

🙍‍♀️ **양정은**: 결국 아이들이 가지고 있는 기본적인 역량에 따라 차이가 심해지는 거죠. 디지털 문해력이나 활용 능력이 낮은 아이들은 스마트 기기를 SNS, 쇼츠, 유튜브 시청용으로만 사용하는 반면, 높은 아이들은 더 고도화된 기능을 활용하면서 자기 조절도 잘하고 있어요.

🙍‍♀️ **이민정**: 정리해 보면, 디지털 교육 자체만으로 격차가 생기는 건 아니고, 하드웨어가 충분히 있다면 아이들의 기질에 따라 그것이 불쏘시개 역할을 할 수 있다는 거네요. 그리고 거기서 교사의 개입이 필요한 거죠. 주변인들이 계속 지도하고 올바른 사용법을 알려줘야 아이들이 잘 활용할 수 있습니다.

🙍 **조기성**: 디지털 환경이 모든 곳에 이루어진다면 의지가 있는 아이들은 하고자 하면 기회를 얻을 수 있다고 생각해요. 유명 학원에 가야만 수강할 수 있는 강의들도 인터넷 강의로 쉽게 들을 수 있게 되고 학교에서도 맞춤형으로 관리도 가능해질 수 있기에 기회의 격차는 줄어들 수 있습니다. 하지만 선생님들 말씀처럼 아무래도 부모의 관심이나 환경적 영향도 무시할 수는 없죠. 그래서 학교와 지역 사회에서 함께 아이들을 도와줘야 환경적인 격차도 줄일 수 있다고 생각해요.

Q. 디지털 교육이 불가능한 환경에서도 인프라를 마련해 가면서 디지털 교육을 할 필요가 있을까요?

김지수: 저는 인프라를 최우선으로 설치해 줘야 할 것 같아요. 뭍으로 나오기 힘든 학생들에게는 더욱 그런 지원이 필요합니다. 출발점을 같이 설정해 주려면 디지털 인프라 관련 물품들을 전폭적으로 지원해 줘야 해요.

김성준: 저도 동의합니다. 국내에 인프라 설비가 어려운 학교들도 당연히 제공해 줘야 하지만, 더 나아가 재외 한국 학교 같은 경우도 교육부에서 교육과정을 관리하고 있으면 우리나라 국민의 교육 기회 평등성을 위해 어려운 상황이더라도 최대한 디지털 교육 환경은 만들어줘야 한다고 생각해요. 그래야 디지털 교육의 출발선을 맞출 수 있어요.

이민정: 저도 디지털 교육을 제공해야 한다고 봅니다. 구글이나 이런 기업들이 무료로 교육 서비스를 제공하는 이유가 '나중에 너희가 커서도 우리 서비스를 많이 사용해 줘'라는 의미도 있잖아요. 사실 어릴 때 이런 것들을 많이 접해봐야 대학에 가고 직업 세계에 나가서도 경쟁력이 생기는 것 같아요. 특히 지금과 같은 세대들에게는 알게 해줘야 한다고 생각해요.

🧑‍🦰 **김지수**: 맞아요. 우리를 생각해 봐요. 우리는 이렇게 다 알고 있고 배우고 있고 사용하고 있는데, 어떤 지역은 ChatGPT도 모르고 Deep Seek도 모르면 너무 차이가 많이 나지 않나요?

🧑‍🦰 **이민정**: 결국 아이들이 살아갈 환경은 그런 것들이 만연한 환경이기 때문에 필요하죠.

🧑‍🦰 **양정은**: 그런 걸 모르면 그 아이들은 더 동떨어진 모습일 테고요. 영국에 있는 중고등학교를 방문했을 때 보니까, 100% 다문화 학교에 저소득층 아이들이 많은 지역이었는데, 학교에서 모든 아이들에게 기기를 제공했어요. 그 기기는 아이한테만 가는 게 아니라 가족에게도 제공되는 거라고 교장 선생님께서 얘기하셨어요. 아이가 기기를 잃어버려도, 고장 내도 또 새로 준대요. 물론 여러 번 잃어버리면 부모님께 연락이 가겠지만, 계속해서 지원을 이어간다고 들었어요.

🧑‍🦰 **박현진**: 복지 제도로 디지털 교육을 운영하고 있네요.

🧑‍🦰 **이민정**: 넓은 범위에서 보면 평생 교육이라고도 할 수 있겠네요.

🙍‍♀️ **양정은**: 제가 초임 때 선배님들 얘기를 들어보면, 컴퓨터가 교무실에 처음 들어왔을 때 '이게 뭐야' 하면서 손으로 다 쓰고, 컴퓨터로는 지뢰 찾기를 열심히 했다고 하더라고요. (웃음) 하지만 지금은 컴퓨터 없이는 아무것도 못 하잖아요. 늘 과도기가 있는 것 같아요.

🙍‍♂️ **김성준**: 어쨌든 디지털이나 인공지능은 앞으로 계속 발전할 영역이에요. 방향성은 어느 정도 정해져 있고, 이제 속도와 깊이의 차이가 있을 뿐이죠. 완전히 불가능한 환경이라고 해서 눈을 돌리기에는 시대적 상황이 그걸 용납하지 않아요. 인프라를 구축해 가면서 디지털 교육의 기반을 조성하고, 교육의 질적인 부분도 천천히 닦아나가야 한다고 생각해요.

🙍‍♂️ **조기성**: 2021년 2월 2월 유엔(UN) 아동권리위원회에서 '디지털 환경에서의 아동 권리'라는 논평을 발표했어요. 일단 안전하고 공정한 환경에서 참여하도록 촉진하고 보호해야 한다는 것이 주라고 볼 수 있습니다. 모두에게 평등한 세상을 위해서는 기회의 균등이 필요하다는 것이죠. 관련 내용은 QR코드로 읽어 보시면 좋을 것 같아요.

Q. 디지털 학습 환경에서 가장 큰 방해 요소는 무엇일까요?

🔵 **김성준**: 유혹이죠.

🔴 **김지수**: 맞아요, 자기 조절을 못 하는 게 가장 큰 문제예요.

🔵 **김성준**: 그리고 외부로부터의 위험도 있고요.

🔴 **이민정**: 그게 가장 큰 방해 요소인 이유는 뭘까요?

🔴 **김지수**: 학생들이 아직 미성숙하기 때문에 자기 조절을 못 하고, 판단을 제대로 하지 못하기 때문에 위험 요소가 되는 것 같아요. 예를 들어 '공짜로 준다'는 광고를 보면 바로 클릭하게 되고, '돈을 쉽게 벌 수 있다'는 말에 현혹되기 쉽죠.

🔴 **박현진**: 결국 연습과 적응이 필요한 학생들이 너무 많은 유혹과 위험에 무방비하게 노출되어 있다는 거예요. 자기 조절의 어려움을 호소하며 중독 증세를 보이기도 하고요. 이런 점들이 학부모님들이 가장 우려하는 부분이기도 해요.

🟡 **조기성**: 어느 곳이나 유혹은 있을 수밖에 없죠. 학교에서 디

지털 교육을 시작할 때 가장 먼저 하는 게 학생 디바이스에 대한 제어권을 원하죠. 모니터링하고 막을 수 있는…… 하지만 이런 것이 디지털 리터러시에서는 문제라고 생각해요. 막을 때는 못 하니까 혼자 있을 때는 맘대로 하겠다. 저도 수업 초기에는 아이들 디바이스를 모니터링하고 제어했었는데 결국 아이들이 스스로 이겨내는 것이 중요하더라고요.

🙂 **양정은**: 저는 알고리즘에 의한 편향성, 확증 편향도 문제라고 봐요. 이미 영상이나 자기가 보던 것만 계속 보고, 그것과 관련된 것만 나오다 보니 사고가 너무 굳어져서 수업 시간에 새로운 관점을 얘기해도 아이들이 받아들이지 않아요. 자기들이 너무 단정 지어버리는 것 같아요. 그러니까 다양한 시각이나 관점, 다양한 이론들을 다 고루 학습해야 하는 나이에 이미 자기 세계가 너무 확고해져 버리는 거예요.

🙂 **김성준**: "내가 정답이야, 너는 틀렸어"라고 하죠. "너는 나랑 달라"가 아니라 "너는 틀렸어"라고 하면서 싸움이 시작되는 거죠.

🙂 **계호연**: 저는 필터링이 안 된 가짜 정보들도 문제인 것 같아요. 온라인 속에서 데이터가 기하급수적으로 생겨나고, 그것을 판단하는 것이 중요해졌어요. 그래서 학교에서 할 일이 더 많아

지겠지만, 앞으로 디지털 리터러시 교육이 정말 중요할 것 같아요. 학생들에게 꼭 필요한 교육이라는 사실은 확실하니까요.

박현진: 이건 가정과 학교에서 동시에 이루어져야 더 효과가 높을 수밖에 없는 영역이에요. 예를 들어 학생이 학교에서 디지털 기기에 대한 조절력, 디지털 리터러시 등이 중요하다고 배웠다면 가정에서 그것을 실천할 수 있어야 하거든요. 교육만 제공되거나, 교육 없이 실천만 강요된다면 효과를 얻을 수 없을 것이라 생각해요. 디지털 리터러시, 디지털 윤리를 자세히 인식하고 그리고 디지털 공간 속에서 자신을 방해하는 유혹 요소들을 구별하여 제거할 수 있도록 지속적으로 꾸준히 교육하는 것이 필요합니다.

조기성: 그렇죠. 디지털 리터러시를 키워주면 스스로가 유혹을 이겨낼 수 있을 거예요.

김성준: 저는 마지막으로 인프라적인 이야기도 하고 싶어요. 디지털 교육을 실행하기 위해서 기기 세팅, 와이파이 등 사전에 구축되어야 하는 인프라가 많거든요. 특히나 요즘 인터넷이 없으면 못사는 세상이고, 수업에서 학생들이 동시다발적인 활동을 위해 인터넷의 속도도 중요한 부분이잖아요. 이러한 부분이 아

직 부족한 학교들은 디지털 교육에 방해 요소가 있을 수밖에 없죠. 원활한 수업을 위해 기본적인 인프라가 잘 구축이 되어 있어야 수업에 방해 요소가 되지 않을 수 있을 것 같아요.

Q. 디지털 교육이 발달할수록 교사와 학생 간의 관계가 약해질 위험도 있을까요?

🙂 **이민정**: 저는 자기 고백적인 얘기를 하자면, 디지털 '교육'이 아니라 '디지털'에 자꾸 집중하다 보면 관계가 약해지는 것 같아요. 디지털을 활용하겠다는 생각에 집중하다 보면 정작 학생들에게 집중해야 할 시간을 뺏기는 것 같고요. 교육에 집중해야 하는데 그렇지 않으면 관계가 약해질 위험이 있는 것 같아요.

🙂 **김성준**: 상당히 중요한 포인트라고 생각해요. 우리가 막 달려가다 어느 순간 돌아보면 내가 수업이 아닌 디지털 도구에만 신경을 쓰고 있나 라고 생각할 때도 있죠. 누구나 다 한 번쯤은 겪었을 것 같아요.

🙂 **박현진**: 그래서 스스로 수업을 성찰하는 순간이 오는 것 같아요.

🙂 **이민정**: 교사의 역량이 중요한 거네요.

🙂 **양정은**: 근데 또 다른 측면으로 생각하면, 앞에서 '허수아비 같은' 애들을 찾을 수 있다고 했잖아요. 옛날에는 똑똑하고 대답

잘하는 애들이나 수업을 방해하는 아이들에게 더 신경 썼다면, 이제는 더 많은 아이들의 새로운 모습을 볼 수도 있고 피드백도 해줄 수 있어요. 잘만 활용하면 오히려 관계가 더 깊어질 수도 있는 거죠.

🙂 김지수: 맞아요. 그리고 학생들 간의 정서적 교류에 좋은 영향을 미치는 것도 있어요. 우리가 의견을 잘 공유할 수 있게 됐잖아요. 디지털 교육을 하면서 댓글을 달라고 하면 애들이 격려의 댓글을 달아요. 사실 애들이 격려의 말을 입으로 잘 안 하거든요. "네 글 너무 멋져, 나도 공감해" 이렇게 말하진 않잖아요. 근데 이렇게 써주면서 서로 긍정적인 기운을 주고받는 좋은 영향도 있어요.

🙂 박현진: 그리고 계속 나오는 얘기지만, 오프라인에서는 굉장히 소극적인 아이가 온라인에서는 되게 말을 잘하는 경우가 있어요. 그런 아이의 새로운 모습을 발견할 수 있고, 그게 오프라인에서의 정서적 교류를 이끌어내는 경우도 있죠.

🙂 이민정: 저는 근데 반대되는 생각도 있어요. 요즘 콜포비아(전화공포증)가 많잖아요. 이건 온라인에서의 소통 방식에 너무 익숙한 사람들이 실제 인간관계를 어려워하는 경향이 있어서 그

래요. 온라인에서의 소통 방식을 계속해서 아이들이 익숙해지고 익숙해지면 실제로 만나서 대화하는 것을 오히려 못 하게 될 수 있지 않나 싶어요.

🧑 **박현진**: 이건 약간 디지털 교육이 정서적 교류에 미치는 영향이 아니라, 디지털 교육 안에서의 정서적 교류와 디지털 밖에서의 정서적 교류를 따로 생각해 봐야 할 것 같아요.

🧑 **김지수**: 그러니까 교사가 그 중심을 잘 잡아야 하겠죠.

🧑 **조기성**: 디지털이 아니더라도 악화될 수 있죠. 요즘처럼 교권이 떨어질 때는 더욱더 그렇죠. 과거의 권위적인 교사의 모습이 아니라 아이들과 함께 미디어도 공유하고 고민도 상담하고 디지털을 활용해 소통을 잘한다면. 결국 하기 나름인듯해요.

Q. 모든 아이들이 코딩을 배울 필요가 있을까요?

🔴 **이민정**: 저는 배워야 된다고 생각해요. 결국 코딩이 우리가 이야기했던 것처럼, 기술자를 만드는 게 아니니까요.

🔴 **양정은**: 근데 코딩은 문제 해결력을 키우고자 하는 거잖아요. 그러니까 코딩 아니어도 문제 해결력을 키울 수 있으면 그런 걸로도 충분할 것 같아요.

🔴 **이민정**: 근데 그걸 가장 직관적으로 배울 수 있는 방법인 것 같기도 해요. 그게 또 수학적 사고력과도 연결이 되어있죠.

🔴 **김지수**: 근데 알고리즘적 사고력에 너무 재능이 없는 학생들은 코딩을 배우다가 포기해 버리고 금방 무력감을 느끼니까 사실 코딩 말고도 다른 일반 실생활의 문제를 가지고 토론하면서 문제 해결력을 기를 수도 있는 거고…… 우리 항상 얘기해 왔지만 획일적인 건 좋지 않죠.

🔴 **이민정**: 획일적인 건 좋지 않지만 모두에게 기회가 주어져야 되는 건 맞는 것 같아요. 그러니까 코딩을 배워야 할 필요가 있을까요? 했을 때 기회는 줘야 돼요. 그 이후에 자기들이 선택하

든 말든 기회는 줘야 되고, 그걸 기회로 줬을 때 학생들이 최대한 잘 학습할 수 있게 노력은 해야죠.

🧑 **박현진**: 이미 의무 교육인 초등학교 5, 6학년 실과에서 코딩이 제공되고 있기 때문에 정도와 수준의 차이는 있겠지만 모두 경험할 기회는 제공되고 있네요.

🧑 **김성준**: 근데 이제 학부모님들은 그 정도와 수준을 파악하기 어렵기 때문에 학원도 보내고, 걱정도 하잖아요. 사실은 말씀하신 대로 사고력을 배우는 것이거든요. 크게 보면 컴퓨팅 사고력, 논리적 사고력을 배운다고 할 수 있고, 그와 동시에 실생활의 문제를 해결하면서 문제 해결력을 배우는 거죠.

🧑 **이민정**: 저는 나중에, 그러니까 조금 더 한 10년 정도 지나면 이 코딩하는 능력, 언어가 약간 보편화될 것 같은 느낌이 들어요. 지금은 이게 보편적이지는 않지만 10년 후에는 보편적으로 변할 것 같아요.

🧑 **조기성**: 일단 어느 정도는 알고 있어야 한다고 생각해요. 기본 알고리즘을 알고 있어야 문제 해결에도 도움이 되고 나중에 직접 프로그래밍을 하지 않아도 흐름 정도는 이해할 수 있으니

까요.

🧑 **김성준**: 맞아요. 지금도 AI 관련 산업이 주를 이루면서 점점 마케팅, 인사, 법무 이런 일을 하시는 분들도 의사소통을 위해 프로그래밍과 관련해서 필요성을 느끼시는 것 같아요. 그래서 프로그램의 알고리즘이 어떻게 돌아가는지 기본 원리나 용어 정도는 알아두면 좋을 것 같고, 10년 후에는 개발자가 아닌 분들도 프로그래밍하시는 분들이 많아질 것 같아요. 이런 미래를 생각하면 학생들이 모두 코딩을 배울 필요는 있죠.

🧑 **이민정**: 전 그래서 되게 흥미롭게 봤던 책이 『오늘도 개발자가 안 된다고 말했다』였어요. 내용을 요약하자면 개발이랑 코딩에 대해서는 전혀 개념이 없으니까 커뮤니케이션이 안 되고, 더 나아가 일이 안되는 거예요. 이런 상황을 생각해 봤을 때 코딩은 주류 카테고리가 될 거라는 느낌이 들어요.

Q. 아날로그 교육과 디지털 교육을 비교했을 때 전통적인 교육 방식이 더 효과적일 수 있다고 생각하는 부분은 무엇인가요?

🙂 **김지수**: 당연히 지식 전달이겠죠. 지식이 있어야 그걸 활용해서 디지털로 교육을 하는데, 들어있는 지식이 없으면 디지털 교육조차 할 수 없겠죠.

🙂 **계호연**: 의외로 디지털 교육을 하다 보면 가끔 '뭐 배웠지? 뭐 했지?' 이런 경우가 있어요.

🙂 **김지수**: 맞아요. 그래서 디지털 교육을 활용해 수업을 했을 때 "오늘 학습 목표가 뭐야?"라는 말을 들을 때도 있었어요.

🙂 **양정은**: 저는 예를 들어, 경제에서 수요 공급 곡선 그리고 이동하는 거 할 때는 전체 모든 아이들이 직접 손으로 그리고 올바로 그렸는지 다 확인해요. 디지털로 안 해요. 25명이 교실에 있잖아요. 그 한 명 한 명이 그래프 이동하는 걸 다 똑바로 했는지 제가 다 보는 동안, 다 해 놓은 애들이 소란스럽기는 하지만, 뒤에 있는 애들이 만약에 못하고 있으면 "야, 그거 아니지, 이렇게 생각해 봐" 하고 옆에서 서로 가르쳐주고 이런 일들이 벌어지거

든요. 동료 코칭, 저는 그것도 되게 의미 있다고 생각해요.

🔴 **이민정**: 저도 과학과로서, 아무리 많은 가상 실험이 나와도 실제로 해봐야 해요. 조작적 역량이 진짜 중요해요. 아무리 현미경을 가상 실험으로 만지고, 프레파라트를 여기 놓고 이런 것들을 해도 직접 학생들이 현미경 안 만져보면 머리에 안 남아요.

🟢 **계호연**: 저도 동의해요. 센서가 많이 등장하고 있지만 그래도 아날로그로 온도계 보는 것도 의미가 있다고 생각해요. 센서가 자동으로 온도를 측정하면 아이들이 아무것도 안 하고 그냥 가만히 있어요.

🟣 **박현진**: 그리고 아무래도 초등 같은 경우에는 글씨 쓰기, 종이접기, 이런 손 조작 능력이 굉장히 중요하거든요. 손이 움직여야 머리가 같이 움직이기 때문이에요. 쌓기나무도 사실 얼마나 좋은 교구인가요? 에듀테크로 할 수 있지만, 직접 만져보고 자기가 쌓아봐야 해요. 줄자, 체중 등 많은 측정 도구가 있지만, 길이감, 양감 개념이 생기기 어렵거든요. 1m가 어느 정도 되는지 모르고, 1kg이 얼마 정도 되는지 모르기 때문에 이러한 것은 아날로그가 너무너무 필수적인 교육이라고 생각해요. 디지털 교육이 모든 걸 다 할 수는 없죠.

조기성: 저는 현진샘 말씀에 공감해요. 초등 저학년 때는 디지털 활용보다는 직접 쓰고 만지고 접고 하는 기본 교육이 중요하고 꼭 필요하다고 생각해요.

Q. 현재 디지털 교육이 가진 한계를 보완하려면 어떤 노력이 필요할까요?

🧑 **양정은**: 학생과 학생, 학생과 교사 사이의 정서적 교감과 이를 지원하기 위한 프로그램이 필요할 것 같아요. 디지털 교육에서 개인화된 학습 환경이 제공되고 화면을 보는 시간이 많아지기 때문에, 더더욱 마음 건강을 체크하고 눈을 맞추고 대화하는 시간을 늘릴 수 있는 프로그램이나 정책적 지원이 강화되어야 한다고 생각해요.

🧑 **김성준**: 앞에서 이야기했지만 인프라 안정화 및 접근성 문제를 해결하기 위한 노력도 필요해요. 모든 학생이 동일한 기술적 환경에서 학습할 수 있도록 보조 기술이나 장비 지원이 필요하다고 봅니다. 특히 저소득층 가정의 학생들이 디지털 교육을 충분히 활용할 수 있도록 지원하는 정책들이 필요해요.

🧑 **박현진**: 학부모와의 소통도 중요하다고 생각해요. 디지털 교육이 진행될 때 학부모가 그 과정에 적극 참여하고 지원하도록 유도해야 해요. 학부모들이 자녀의 학습에 대한 정보를 공유하고 피드백을 주는 다양한 플랫폼과 채널을 만들어 소통할 수 있도록 하는 것이 필요합니다.

🙂 **양정은:** 맞아요. 학부모의 역할도 중요한 부분이에요. 학부모가 학교 교육 활동에 더 관심을 가지고, 자녀의 학습을 지원할 수 있는 환경을 만드는 것이 필요합니다. 그래서 다양한 소통 채널이 필요하다는 의견에 공감해요. 부모님이 더 적극적으로 지원하게 되면 디지털 교육이 더 효과적으로 운영될 수 있겠죠.

🙂 **김지수:** 배보다 배꼽이 더 크지 않게, 본질에 집중해야 한다고 생각해요. 디지털 교육에서 우리가 잊지 말아야 할 것은 학습의 본질, 즉 학생의 이해와 성장입니다. 다양한 기술과 도구를 사용하는 것도 중요하지만, 모든 것이 학생의 학습 결과에 긍정적인 영향을 미쳐야 의미가 있습니다.

🙂 **계호연:** 디지털 교육을 본격적으로 실시하기 전에 교사는 학생과 수업적인 것뿐만 아니라 인간적인 요소까지도 유대 관계를 맺어야 된다 생각해요. 디지털 교육은 또 다른 세상에서 만나는 것이기 때문에 서로 간의 믿음이 필요할 것 같아요. 수업에 사용되는 콘텐츠의 방법론, 디지털 윤리 등 소통해야 할 부분이 많아 서로를 이해하는 시간이 많이 필요할 겁니다.

🙂 **이민정:** 맞습니다. 디지털 환경에서도 우리가 인간적 연결을 유지할 수 있도록 하는 방법을 고민해야 해요. 결국, 우리는 학

생의 성장을 최우선으로 두고 디지털 교육을 바라보아야 합니다. 기술적인 요소나 외부적 요인에 너무 얽매이지 말고, 학생의 인지적, 정서적 발전을 잊지 않으면서 본질에 집중해야 한다고 생각해요.

조기성: 결국 디지털의 한계는 사람이 극복해야죠. 예전 〈터미네이터〉 영화의 스카이넷을 보면서 인공지능과 로봇이 세상을 지배하는 건 결국 인간성을 포기하고 디지털에만 의지했을 때의 모습이라고 생각하거든요.

03 디지털만으로는 성공할 수 없다

Q. 디지털 교육이 기존의 교육 방식을 보완할 수 있는 구체적인 부분은 무엇일까요?

🧑 양정은: 지금까지 우리가 계속 이야기했던 것들이죠. 이전에 해보지 못했던 활동들을 할 수 있게 되었고, 창작 활동도 많이 할 수 있게 되었어요.

🧑 김성준: 비유하자면, 우리가 손으로 헤엄치던 것을 이제는 오리발을 신고 수영하는 것처럼 변화했다고 할 수 있죠.

🧑 박현진: 맞아요, 비유가 아주 적절하네요. 손과 발을 사용하는 것이 기본적인 수영 기술이지만, 오리발을 신으면 더 빠르고 효과적으로 이동할 수 있죠. 디지털 교육도 마찬가지로 기존 교육 방식 위에 새로운 도구와 자원을 추가함으로써 학습 효율성

을 높여줄 수 있다고 생각해요.

🔴 **이민정**: 그렇다면, 오리발을 신는 것이 어떤 구체적인 이점을 가져오는지 논의해 볼까요? 예를 들어, 개별 학습 속도에 맞춘 맞춤형 교육이 가능해진다는 점이 있을 것 같아요.

🟠 **김지수**: 맞아요. 디지털 플랫폼을 통해 학생들이 자신의 이해도에 따라 학습할 수 있으니까요. 이를 통해 각자가 필요한 부분을 깊이 있게 배우는 것이 가능해지고, 덕분에 학생들의 흥미와 학습 동기도 높아질 수 있어요. 이를 통해 개인화된 학습 경험을 제공할 수 있고요.

🟡 **조기성**: 교육부가 이야기하는 모두를 위한 교육! 그리고 하나하나의 속도를 존중하는 교육이 가능할 것 같아요. 잘 진행된다면요.

🔵 **김성준**: 또 하나 빠뜨릴 수 없는 장점은 다양한 학습 자료에 대한 접근이 용이하다는 것이에요. 기존의 교실에서는 교사와 교과서에 의존하는 경향이 있었지만, 이제는 인터넷을 통해 무한에 가까운 자료를 탐색하고 활용할 수 있으니까요.

🙋‍♀️ **박현진**: 바로 그 점에서 디지털 교육이 기존 교육을 보완할 수 있는 매우 강력한 수단이 되는 거죠. 그러나, 이러한 변화가 원활하게 이루어지기 위해서는 교사와 학생 모두가 기술에 익숙해져야 하고, 적절한 학습 환경과 사전 교육이 꼭 필요해요.

🙋‍♂️ **계호연**: 그렇네요. 결국, 디지털 교육의 성공은 기술 그 자체가 아닌, 그것을 사용하고 활용하는 사람들의 적응과 변화의 힘에 달려 있다고 할 수 있겠네요.

Q. 10년 후의 교육을 상상해 봅시다. 디지털 교육은 어떤 모습으로 발전해 있을까요?

🔴 **이민정**: 기존의 교육 방식이 '지식 습득'에 초점을 맞추고 있었다면, 10년 후 학교 현장은 완전히 새롭게 바뀔 수도 있을 것 같습니다. 지식은 수업 전에 미리 쌓고, 수업 시간은 활동 중심으로 변화할 것 같아요.

🔵 **김성준**: 디지털 교육의 최종점은 사실상 플립러닝에 가까울 수 있다는 생각이 듭니다. 학생들이 기기로 학습을 하고 와서 학생 주도적으로 탐구하고 토론하는 등의 방식으로 발전할 수 있을 것 같아요. 코로나 이후 인프라가 확충되면서 이제는 그럴 수 있는 기반이 점점 마련되고 있죠.

🟠 **김지수**: 하지만 지식 습득을 영상이나 디지털 콘텐츠가 완전히 대체할 수는 없다고 봅니다. 교사의 설명과 대면 수업은 여전히 필요해요.

🟢 **계호연**: 저도 동의하는데, 오히려 반대 방향으로 갈 것 같아요. 현재의 경향이 지금 거의 정점을 찍었다고 보는데, 기존의 강의식 교육이나 전통적인 교육 방식이 다시 주목받을 수도 있다

고 생각해요.

🔴 **이민정**: 10년 후면 지금 교육받는 학생들이 교사가 될 수도 있잖아요. 우리 세대는 디지털 교육이 보편적이지 않았지만, 지금 학생들은 다르죠. 디지털 교육을 어려워하는 세대의 선생님들이 정년 퇴직을 하시고, 디지털 세대가 올라오게 되면 디지털 교육이 주류가 되면서, 오히려 아날로그적인 것을 잘하는 사람이 주목받을 수도 있을 것 같아요.

🔵 **김성준**: 저는 조금 다르게 생각해요. 디지털 교육을 바라보는 기준점이 이미 올라왔다고 생각해요. 디지털 교육 인프라를 통해 디지털 교육의 수준이 향상됐고, 이게 새로운 시작점이 된 거죠. 물론 상대적으로 내려간 것처럼 보이는 아날로그가 다시 강조되겠지만, 디지털 교육의 기반 자체는 무너지지 않을 거예요. 디지털 인프라와 학생들의 습관이 이미 구축됐기 때문이죠. 디지털 교육에 이제 기본 인프라는 쭉 갈 수밖에 없고, 거기에 대해서 강조되는 내용이 어떤 부분이냐가 포인트가 되지 않을까, 뭔가 이슈가 생기지 않을까 합니다.

🔴 **박현진**: 저도 김성준 선생님 말에 동의해요. 〈레디 플레이어 원〉 영화를 보면 환경 오염 같은 것 때문에 사람이 특정 장소에

자기 공간이 있고 고글 쓰고 메타버스 안에서 활동하잖아요. 엄청나게 발전한 기술, 영화 속에서만 보던 기술이 학교 현장에서 다양하게 적용될 수도 있을 것 같아요. 이민정 선생님 생각처럼 디지털 세대가 교직에 진출하며 디지털 기술에 대한 학교 현장의 벽도 더 많이 허물어질 듯하고요.

🔴 **양정은**: 저는 기술이 정말 고도화될 것 같아요. 우리가 생각하지 못한 그런 기술과 인공지능이 교실 안으로 다 들어올 것 같고, 교실 안에 AI 스피커도 다 있을 것 같아요. 모든 아이들이 웨어러블 기기를 차고 있지 않을까요? 기술을 활용해서 학생들의 학습을 돕고, 마음 건강을 돌보기 위해 노력하는 시대가 올 것 같아요. 지금은 다 기기를 주잖아요. 크롬북, 태블릿 이렇게 주는데 그때 가면 기능 장착돼 있는 안경, 시계 등 웨어러블 기기도 줄 수 있을 것 같아요.

🔵 **김성준**: 다들 자비스 하나씩 차고 다니는 건가요. (웃음)

🔴 **김지수**: 제 생각에는 10년 후에서야, 그제야 AI 코스웨어가 다 정착됐을 것 같아요. 항상 앞서 나가는 모델이 교육 현장에서 10년이 지난 뒤에 실현된다고 얘기를 하잖아요. 그런 것처럼 지금 엄청 진통을 겪고 있는 AI 코스웨어 같은 것들이 10년 후에야

보편화될 거라고 생각해요.

🙍‍♀️ **박현진**: 저도 비슷한 의견이에요. 10년 후 정도 되면 그제서야 우리가 지금 꿈꾸는 미래형 교실이 보편화될 거라고 생각해요. 지금 우리가 상상하고, 종종 박람회 같은 곳에 가서 볼 수 있는 그런 미래형 교실처럼요. 개인별 스마트 기기는 기본이고 모둠마다 공유용 모니터도 있고, 그 다음에 AI 코스웨어도 완벽하게 정착을 하게 되고요.

🙍‍♀️ **이민정**: 저는 인구가 워낙 줄어드니까 다른 변화도 있을 것 같아요. 우리 학교 다닐 때 지구촌 얘기 많이 했잖아요. 진정한 의미의 지구촌이 이루어지지 않을까요? 학생 수가 너무 줄어서 학급의 5명에서는 할 수 없는 활동들을 학교 간, 또는 다른 나라와 함께 이런 식으로 엮어서 할 수 있을 것 같아요. 그때는 번역, 통역도 잘될 테니까요. 이런 것을 위해 디지털 기술들이 환경을 조성해 줄 수 있지 않을까 하는 생각이 드네요.

🙍‍♂️ **조기성**: 저는 또 다른 다른 측면에서 본다면 정말 하나하나에 맞춰주고 누적된 데이터를 통해 시험을 보지 않고도 진학하고 취업할 수 있는 시대가 시작될 수 있을 것 같아요. 10년이면 데이터도 쌓이고 점점 발전할 것이라 긍정적으로 생각해봅니다.

Q. 디지털 교육이 발전하면서 생길 것 같은 의외의 문제가 있다면?

🙂 **박현진**: 우리나라의 AI 개발이 어디까지 왔는가 살펴볼 필요가 있을 듯합니다. 세계적으로 AI 개발에 대해 누가 주도권을 잡을 것인지 논의가 많은 상황이잖아요. 우리나라 전체적으로 보았을 때 AI 개발 속도가 느려지면 AI를 교실에 적용해야 할 때가 왔을 때 해외 기업 것을 전면으로 써야 할 수도 있어요. 그러면 우리나라에서 생산되는 수많은 교육 관련 데이터가 해외로 넘어가는 거잖아요. 중요한 문제라고 생각해요.

🙂 **양정은**: 인구도 줄어드는데 인재도 더 줄어들 수도 있다고 생각해요. 제가 인상 깊었던 댓글이 있었거든요. "중국의 천재는 딥시크를 만드는데 한국의 천재는 병원에 있다."

🙂 **계호연**: 씁쓸한 댓글이기도 하네요. 우리나라의 자연 계열 최상위권 학생들이 의대 진학을 많이 해서 나온 내용이잖아요. 디지털 교육을 토대로 학생들이 흥미를 가져 정보 분야, 기초 과학, 새로운 기술에 대한 투자도 증가하고, 연구개발 분야에 많은 인재가 참여했으면 좋겠어요.

🔴 **이민정**: 저는 어떤 생각을 했냐면, 이렇게 AI가 많이 발전하고 학생들의 지식 습득이 빨라진다면, 지식을 습득하지 않아도 되는 시기가 올 것 같다는 생각이 들어요. 그러니까 제2의 뇌가 하나 더 생긴 거잖아요. 어떻게 보면 생성형 AI를 사용하면, '내가 몰라도 돼, 찾으면 되니까'라는 생각을 하게 되지 않을까요?

🔴 **양정은**: 저는 그런 데서 오는 가치관의 혼란이 있을 것 같아요. '이거 다 AI한테 맡기면 되는데'라는 생각을 하는 사람들이 있고, '그래도 이거는 내가 배우고 생각해야 되지 않나' 라고 생각하는 사람들로 나누어질 것 같아요.

🔴 **이민정**: 맞아요. 그런 질문도 은근히 많이 받지 않아요? "쌤, 어차피 이거 생성형 AI가 다 해주는데 이거 왜 해야 돼요?"라고요. 생성형 AI한테 물어보면 다 대답해 주니까요. 그리고 특히 고등학교는 흔히 말하는 덕후들이 있어요. 특정 분야에 대해서는 주변 학생들이나, 선생님보다 훨씬 더 깊게 잘 아는 거죠. 특히 우주, 역사, 전쟁, 군대 등 이런 부분에 있어서 저보다 많이 알기도 하고, 생성형 AI도 잘 대답해 주는데, 교사는 어떤 의미가 있나 생각해 보게 되더라고요. 지식 전달자로서의 교사의 정체성이 모호해질 수도 있다는 거죠.

🙂 **박현진**: 교사의 역할이 지식 전달자에서 다른 역할로 옮겨가는 것 같아요. 학생들이 AI에 의존하게 되면 학습의 의미에 대한 질문이 많아질 것 같아요. 교사의 역할도 점점 더 복잡해질 것 같고요. 가치관 혼란의 상황에서도 이에 대한 깊이 있는 고민을 통해 학생들이 올바른 가치를 가지고 선택할 수 있도록 돕는 역할도 중요하겠네요.

🙂 **계호연**: 그리고 이 과정에서 학생들이 비판적으로 사고하는 능력도 키울 수 있도록 도와줘야겠죠. 우리가 생각하지 못한 어떤 상황이 오거나 문제가 생겼을 때 그래서 학생들이 스스로 판단하고 결정할 수 있는 힘을 길러주는 것이 중요합니다.

🙂 **김지수**: 그렇죠. 결국, 교육의 본질은 여전히 인간의 사고와 이해에 있기 때문에 그러한 능력을 끌어내는 것이 필요하죠. 결국 디지털 교육도 학생들의 사고력을 증진시키기 위해 활용되는 하나의 도구일 뿐이죠.

🙂 **김성준**: 맞습니다. 디지털 교육의 발전과 AI의 활용이 결국 인간의 고유한 가치를 존중하고 발전시키는 방향으로 나아갔으면 좋겠어요. 기술의 발전이 교육의 질을 높이고, 우리가 잊고 있었던 중요한 인간적 가치들을 다시 발견할 수 있는 계기가 되었

으면 좋겠어요.

🙂 **조기성**: 디지털로 잘 된다고 아날로그를 배제한 교육을 할까 봐 걱정이죠. 갑자기 인간 교사 대량 해고하고 모든 것은 AI로 관리한다 이럴까 봐. 교육 모르는 정치인들이요. (웃음) 갑자기 학교 없앤다고 아파트 짓는다고 하면 어쩌죠? '교육=학습'이라고 생각하는 사람들도 있어서요. 학교라는 공간에서 사회성을 기르고 인간관계를 해봐야 하는데.

🙂 **계호연**: 참 웃픈 상상이네요 (웃음)

Q. 디지털 교육이 단순히 기술 활용이 아니라 좋은 교육이 되려면 어떤 점이 중요할까요?

🙂 **이민정**: 결국 이 모든 게 기술과 사람 사이의 균형인 것 같아요. 디지털 교육에서 가장 중요한 건 방점을 '교육'에 찍는 거예요. 기술에 집중하다 보면 정작 중요한 학생 한 명 한 명을 보지 못하게 되니까요.

🙂 **김지수**: 그래서 우리가 디지털 교육을 할 때도 항상 '왜 이 도구를 써야 하는가' '이게 학생들에게 어떤 도움이 되는가'를 고민해야 해요. 단순히 새로운 기술이니까, 트렌드니까 사용하는 것이 아니라 교육적 의미를 찾아야 합니다. '이 도구를 쓴다면 학생의 어떤 역량을 기르는 데 도움이 될 수 있을까'를 고민해야겠죠.

🙂 **계호연**: 피드백도 정말 중요해요. 디지털 도구를 활용하더라도 결국은 교사가 학생을 이해하고 적절한 피드백을 주는 게 핵심이죠.

🙂 **양정은**: 그래서 결국 교사의 전문성이 더 강조될 것 같아요. 깊이 있는 배움이나 학생의 성장을 정말 중요하게 여기는……

다른 직종들보다 우리는 아이들을 직접 만나고 부대끼면서 교육의 새로운 방향을 제시하고, 그들의 성장을 지원할 수 있잖아요. 이게 우리의 강점이 될 수 있어요.

🧑 **조기성**: '강제로 모두가 써라'라는 정책만 안 나오면 됩니다. 좋으면 자연스럽게 사용하게 될 것 같아요. 좋은 수업 사례를 많이 공유하고 긍정적인 변화의 모습을 보여주면 자연스럽게 발전할 것 같아요. 디지털 교육에 대해 고민하는 선생님께 이런 조언을 드린 적이 있어요. '선생님의 좋은 수업을 다른 선생님께 스며들게 하라.' 강요하지 말고 보여주는 거죠.

👩 **박현진**: 스며든다는 말이 인상적이네요. 교사는 경력에 따라 보이는 시야가 다른 것 같아요. 비교적 젊은 나이대의 교사들이 디지털 기술을 잘 다루는 것은 팩트예요. 하지만 고경력의 선생님들이 디지털 교육을 현장에 적용하시는 모습을 볼 때 그 전문성에 감탄한 적이 정말 많습니다. 디지털 기술의 변화 속도에 맞춘 교육보다는, 학생의 성장 속도에 맞추어 적절한 기술을 적용할 줄 아는 교사의 전문성이 좋은 교육을 만든다고 생각해요.

🧑 **김성준**: 결국은 기술이나 방법, 지식보다 더 중요한 건 정의적인 부분이에요. 우리의 태도나 인성이 더 중요하죠.

🙂 **이민정**: 네, 말씀하신 것처럼 디지털 교육의 성패는 결국 사람에 달려있는 것 같아요. 기술 사이에 사람이 껴 있는 게 아니라, 사람 사이에 기술이 껴 있다고 봐야 할 것 같습니다. 교사의 전문성과 학부모의 신뢰, 그리고 학생의 참여가 잘 어우러져야 좋은 교육이 될 수 있겠죠.

🙂 **양정은**: 맞아요. 디지털 도구는 결국 우리가 더 나은 교육을 하기 위한 수단일 뿐이지 목적이 되어서는 안 되죠. 본질을 잃지 않는 게 가장 중요할 것 같아요.

04 우리 아이, 디지털 교육에서 살아남기

Q. 다양한 기술이 새롭게 등장하는 시대, 우리 아이가 미래 사회에서 경쟁력을 가지려면 어떤 역량을 길러야 할까요?

🙂 **김지수:** 문해력과 끈기가 필요해요. 문해력은 단순히 글을 읽는 능력이 아니라 찾은 정보를 비판적으로 해석하고, 내용을 선별하고, 자기 것으로 소화하는 걸 의미해요. 정보를 단순히 소비하는 것이 아니라 활용할 줄 알아야 하는데, 그러려면 문해력이 필수죠. 또 어려운 문제에 부딪혔을 때 쉽게 포기하지 않는 것이 중요해요. 학생들이 맞닥뜨리는 문제들도 점점 복잡해질 텐데, 학생들이 끝까지 도전할 수 있으려면 끈기가 필요합니다.

🙂 **양정은:** 사회적 능력과 감정 지능이요. 앞서 AI의 발전으로 인해서 인간이 하는 많은 일들이 대체되겠지만, 기술이 대체하

기 어려운 팀워크 능력, 의사소통 능력과 같은 사회적 능력의 중요성이 더 커진다고 썼는데요. 아이들은 앞으로 다양한 배경을 가진 많은 사람들과 협업을 하게 될 텐데 타인의 의견을 존중하는 게 중요할 거예요. 이 과정에서 자기 감정과 타인의 감정을 이해하고 관리하는 감정 지능도 매우 중요한 역량이 될 거예요.

🙂 **김성준**: 저는 앞으로 특정 영역에 전문가인 스페셜리스트가 중요해질 것이라고 생각해요. 일반적인 영역은 AI가 다 해결해 줄 수 있을 거예요. AI가 발전할수록 개인이 가진 특별한 역량을 찾게 될 겁니다. 하지만 기업이든 사회든 스페셜리스트 한두 명으로는 발전하기가 어려울 겁니다. 그러면서 일반적이지 않은 자기만의 특별한 분야를 가진 전문가들이 모여서 협력하는 시대가 올 텐데, 이때에는 개인의 전문성과 함께 의사소통 역량과 협업 능력도 갖춰야 해요. 개별 특색 있는 역량은 점차 기른다고 하더라도 아직 어릴 때는 의사소통 역량과 협업 능력을 먼저 갖출 수 있어야 해요.

🙂 **이민정**: 저는 본인에 대한 이해가 가장 중요하다고 봐요. 메타인지 또는 자기 이해 역량이라고 할 수 있겠죠. 그리고 굴곡이 많은 시대잖아요. 너무 많은 변화를 겪어야 되는데, 그게 꼭 좋은 일만은 아닐 것 같아요. AI가 갑자기 등장해서 직업을 잃을

수도 있고…… 그래서 회복 탄력성이 정말 중요해요.

🙂 **양정은**: 창의융합적 사고도 필수적이에요. 내가 지금 이 직업을 하고 있지만 이 직업이 곧 사라질 수도 있거든요. 그러면 내가 걸어온 길과 현재를 융합해서 새로운 길을 찾아갈 수 있어야 해요.

🙂 **박현진**: 저는 그런 얘기를 학생들에게 진짜 많이 해요. "단순히 의사가 되는 게 아니라, 유튜브하는 의사, 그림 그리는 의사처럼 여러 재능을 찾아서 융합하는 사람이 되어야 한다"고요. 말씀하신 대로 한 분야에서만 잘하는 것이 아니라 자신의 것과 새로운 것을 융합해서 시너지를 낼 수 있도록 하는 융합 역량도 필요할 것 같아요.

🙂 **김지수**: 결국 AI나 다른 기술들을 개발하고 활용하는 사람이 경쟁력을 가질 거예요. 그렇기 때문에 문제 해결 능력, 사고력이 있는 사람이 중요해질 거예요.

🙂 **계호연**: 결국은 우리가 생각하지 못한 미래가 올 텐데, 그때 적응하고 새로운 길을 찾아갈 수 있는 유연성과 창의성이 핵심이 될 것 같아요.

🧑 **조기성**: 다양한 기술을 자연스럽게 활용할 수 있어야 하고 원하는 목표를 빠르게 설정하는 게 중요할 것 같아요. 방향성만 있다면 목표를 향해 달릴 수 있어요. 역량면으로 생각하면 창의력, 문제 해결력이 중요한데. 책 서두에도 언급했지만 디지털 환경 피할 수 없다면 잘 쓸 수 있게 하는 거죠. 디지털 리터러시를 갖춘 인재로.

Q. 우리 아이가 디지털 환경에서 건강하게 학습할 수 있도록 부모는 어떻게 도와줘야 할까요?

🙂 김지수: 우선 부모님들께서 디지털 기기에 대한 인식을 바꾸실 필요가 있어요. 태블릿으로 공부하고 있으면 아무 말씀 안 하시다가 유튜브 보면 혼내시잖아요. 결국 어떻게 활용하느냐가 중요한데, 기기 자체를 나쁘게만 보시는 거죠.

🙂 조기성: 부모도 어느 정도 알고 있어야 할 듯해요. 역시 서두에서 언급했듯이 아이가 하는 게임을 부모도 해봐야 언제 끝낼 수 있는지 알 수 있거든요. 디지털을 아이가 잘한다고 해서 부모는 몰라도 된다가 아니라 부모도 어느정도 알아야죠. 이 책을 읽고 계신 부모님들은 이미 시작을 하신거죠.

🙂 박현진: 저는 어느 정도의 강제성이 있어야 된다고 생각해요. 디지털 기기를 활용하는 바른 습관을 형성하는 것이 건강한 디지털 학습을 이끌기 때문이에요. 사용 시간, 활용 방법, 하면 안 되는 행동 들에 대해 미리 아이와 대화하며 민주적으로 가정 내의 디지털 기기 활용 규칙을 만들어 보는 과정이 선행되어야 하겠죠. 어릴 때 형성된 좋은 학습 습관이 아이의 평생을 좌우하니까요.

🔴 **이민정**: 저도 그 점에 동의하는데, 중요한 것은 안 된다는 것을 아이가 받아들이려면, 그전에 아이가 부모를 신뢰해야 하고 부모 역시 아이에 대한 신뢰가 있어야 해요. 더 나아가 적절한 어른의 개입과 함께 아이들의 동의가 중요하다고 봐요. 모든 갈등은 아이들이 그 개입을 동의하지 않아서 일어나는 거잖아요.

🟢 **양정은**: 민정쌤이 말했듯이 가장 중요한 건 신뢰 관계예요. 부모님이 감시자가 아닌 조력자라는 걸 아이가 느낄 수 있어야 해요.

🟣 **박현진**: 또 어른과 아이의 차이점을 분명히 인지시킬 필요가 있어요. 어른이 생활하는 환경과 아이가 생활하는 환경이 다르다는 걸 이해시키고, 아이는 아직 자기 조절 능력을 기르는 단계라는 걸 설명해 줘야 해요.

🔵 **김성준**: 그런데, 부모님도 디지털 기기 사용에 있어서 모범을 보여야 해요. 아이에게 하지 말라고 하면서 부모는 계속 스마트폰만 보고 있으면 안 되겠죠.

🔴 **김지수**: 맞아요. 학생에게 스마트폰 그만하고 공부해라고 말해놓고 부모는 누워서 핸드폰만 보면 애들이 어떻게 스스로

자기 조절을 할 수 있겠어요.

🟢 **계호연**: 맞아요. 규칙을 정할 때도 부모와 자녀가 함께 이야기하면서 정하는 게 좋을 것 같아요. 일방적인 통제보다는 서로 이해하고 합의하는 과정이 필요하죠.

🔴 **이민정**: 중고등학생의 경우는 좀 다른 접근이 필요해요. 사춘기 학생들의 프라이버시를 존중해줄 필요도 있어요. 다만 문제가 생겼을 때 언제든 도움을 청할 수 있도록 믿음을 주는 게 중요해요. 애들이 하는 거에 대해서 인정을 해주고 "네가 그렇게 사용하고 있구나. 네가 한번 잘 사용해 봐. 엄마는 널 믿어. 그리고 어떤 문제가 생긴다면 그때는 언제든지 엄마한테 도움을 요청해"와 같이 부모는 제재를 하는 사람이 아니라 나를 도와주고 사랑해 주는 사람이라는 걸 좀 인식할 수 있도록 하는 게 좋죠. 다시 얘기하지만 결국 신뢰가 핵심이에요.

🟢 **양정은**: 그리고 디지털 기기 사용을 완전히 막기보다는 올바른 사용법을 알려주는 게 중요해요. 이론과 원칙을 알려주기보다는 부모는 아이랑 그런 얘기 많이 해야 된다고 생각해요. "만약에 말이야, 이런 상황이 생기면 어떻게 할 거야?" "만약에 말이야, 네가 이걸 하다가 이렇게 되면 어떻게 돼?" "친구한테 어

떻게 말할 거야?" "어떤 어른한테 도움을 요청할 거야?"와 같이 이런 만약에 대한 가상 상황에 대한 얘기를 하면서 부모들이 아이들과 자연스럽게 밥상머리에서 또는 다 같이 소파에 앉아서 TV를 볼 때 이야기할 수도 있어요.

Q. 디지털 환경에서 협업과 소통 능력이 더 중요해진다고 하는데, 어떻게 하면 우리 아이가 온라인에서도 효과적으로 협력할 수 있을까요?

🔴 **이민정**: 배려와 공감 지능이 무엇보다도 필요하죠.

🔵 **김성준**: 맞아요. 그리고 온라인 환경에서는 텍스트로 주고받는 소통이 많기 때문에, 표현 방식도 신경 써야 해요. 같은 말이라도 오해를 불러일으킬 수 있거든요. 예를 들어, 짧고 직설적인 문장은 상대방에게 차갑게 느껴질 수 있어서, 의도를 명확히 전달하는 연습이 필요해요.

🔴 **이민정**: 그렇죠. 그래서 이모티콘을 적절히 활용하거나, 맥락을 고려한 말투를 신경 쓰는 것도 필요하고요. 그리고 상대방의 말을 단순히 읽는 게 아니라, 그 뒤에 숨은 감정을 이해하려는 노력도 중요해요.

🟡 **조기성**: 코로나19 때도 보여줬지만 성인들은 이미 오프라인에서 소통하는 법을 배웠기 때문에 원격 근무가 가능하지만 아이들은 온라인에서만 시작할 수 없다는 거죠. 오프라인 공간, 즉 학교에서 친구들과 다투기도 하고 상처도 받으면서 자연스럽게

소통하게 되고 다양한 협업을 통해(꼭 디지털이 아니더라도) 협업과 소통을 할 수 있어요. 보드게임을 하면서도 소통하고. 그 이후에는 자연스럽게 온라인에서도 소통이 가능해요. 아이들은 온라인과 오프라인을 동일시하는 경향도 있어서요.

🙂 **김지수**: 맞아요. 온라인에서도 진정한 협업이 이루어지려면, 단순히 의견을 주고받는 걸 넘어서 공통의 목표를 향해 나아가는 경험을 많이 해봐야 해요. 온라인에서 함께 프로젝트를 진행해 본다거나, 공동 문서 작업을 통해 협력하는 연습을 해 봐야죠.

🙂 **박현진**: 아이들이 어릴 때부터 온·오프라인 협업을 균형 있게 경험할 수 있도록 돕는 게 중요해요. 단순히 디지털 도구를 잘 다루는 게 아니라, 그걸 통해 의미 있는 협력을 해 나가는 능력을 길러주는 거죠.

🙂 **이민정**: 또 아닌 것을 아니라고 얘기할 수 있는 용기를 가져야 해요. 많은 사람들이 '예스'라고 해도 나는 '노'라고 할 수 있어야 합니다. 그러니까 고집이 있어야 하는 것 같아요.

🙂 **양정은**: 순화해서 얘기하면 내 생각을 말할 수 있어야 한다

는 거죠? 자기 표현력도 필요한 부분이에요.

🔵 **김성준**: 하지만 이게 너무 완고해지면 어떡합니까? 그게 약간 확증 편향으로도 갈 수 있잖아요.

🔴 **이민정**: 그래서 유연한 사고를 가지면서도 본인의 생각은 얘기할 수 있어야 한다고 봅니다.

🟠 **김지수**: 지금 얘기한 게 다 필요한 거예요. 사실 다양한 관점과 포용적 사고도 필요하지만, 내 의견과 내 생각도 말할 수 있어야 되고…… 그리고 현재 디지털 환경에서 협업과 소통이 더 중요해지는데 와중에 우리가 디지털로 협업과 소통을 하기도 하지만, 디지털 기술을 이용해서 줌을 활용해서 말로 소통을 하잖아요. 그러면 결국은 그냥 근본적인 소통 능력을 키우는 게 중요하죠. 그렇기 때문에 진짜 다양한 사람 만나보고 더 오프라인 활동을 더 많이 해야 된다고 생각해요.

Q. 디지털 기기를 학습 도구로 활용하기 위해 가장 중요한 것은 무엇일까요?

🔴 **양정은**: 태도가 가장 중요할 것 같습니다. '이것은 배우는 거고 학습이다'라는 인식이요. 디지털 기기가 너무 익숙한 아이들한테는 이게 오히려 놀이나 장난의 연장선이 될 수도 있거든요. 예를 들어, 아이들은 플랫폼이나 기기를 잘 다루지 못하는 친구들한테는 친절히 설명하지만, 남의 것을 장난으로 지우는 친구들한테는 매우 엄격하게 대응해요. 이게 장난이 아니고 진짜 배움이고 모두가 학습을 하는 공간과 도구라는 걸 아이들이 기본적으로 인식하고 있어야 그 위에서 배움과 학습이 일어나는 거죠.

🟡 **조기성**: 일단 제가 가르친 아이들은 학교에서 활용을 시작했던 아이들이 대부분이라 자연스럽게 학습하고 협업을 했기 때문에 스마트패드는 학습 도구라는 생각을 했던 것 같아요. 오히려 스마트폰을 게임 도구로 인식을 하더라고요. 그래도 교육적으로 먼저 접근했기에 미디어나 게임 과몰입하는 아이들이 거의 없었어요. 학교에서 잘 활용해 준다면 학습 도구로 인식하지 않을까요?

🔵 **김성준**: 부모님들도 인식의 전환이 필요해요. 보통은 디지털

기기에 대해 거부감이 크시잖아요. 근데 사실은 요즘 시대에는 반대의 관점도 가져야 될 것 같아요. 제가 최근에 경험한 예를 들어보면, 조카가 한글 교육용 태블릿을 사용하는데, 원래 한글을 별로 안 좋아했거든요. 근데 디지털 기기로 배우니까 정말 재미있어 하며 매일 하게 되었다고 하더라고요. 이런 긍정적인 면도 생각해 보셨으면 해요.

🙂 **양정은**: 저는 그런 생각이 들어요. 부모 입장에서 아이가 초등학교 입학을 앞두고 있는데 한글을 못 뗀 경우에 걱정 많이 하잖아요. 그런데 시간 좀 지나고 보면 한글 모르는 아이들 없거든요. 때 되면 다 하게 되잖아요. 그러니까 디지털 기기를 활용하거나 조작하는 능력은 결국에는 요즘 아이들은 디지털 원주민이기 때문에 다 배우게 돼 있어요. 근데 어떻게 배우고, 어떤 태도를 가지느냐 이거는 너무 사람마다 다 다를 것 같아요.

🙂 **김지수**: 그리고 어쩔 수 없이 강제성이 필요한 부분도 있어요. 생각해 보면 어른도 가끔 조절력을 잃고 쇼츠를 몇 시간씩 보는데 학생들은 더 조절하기가 힘들겠죠.

🙂 **이민정**: 네, 심지어 학생들도 그걸 알아요. 상담을 해 보면 "선생님, 제 핸드폰 뺏어주시면 안 돼요?"라고 요청하는 아이들

도 있거든요. 아이들도 자기 조절이 안 된다는 걸 알고 있는 거죠.

🧑 **계호연**: 교사와 학부모 모두 디지털 기기 사용에 대한 일관된 기준을 가져야 해요. 학교에서는 되고 집에서는 안 되고, 이런 식의 혼선이 있으면 안 되죠.

🧑 **김성준**: 그런데 현실적으로 아이들에게 자기 조절을 기대하기가 쉽지 않잖아요? 스마트폰이나 태블릿을 공부 도구로 사용하다가도 어느 순간 게임이나 유튜브로 빠지는 경우가 많고요.

🧑 **박현진**: 그렇죠. 그래서 단순히 '사용 시간 제한'만 두는 게 아니라, 사용 목적을 명확하게 설정하는 게 핵심이에요. 예를 들어, "오늘 30분 동안 과학 수업 자료를 찾아보고, 찾은 내용을 정리해 보자"처럼 구체적인 목표를 정하면, 아이들이 더 쉽게 자기 조절을 할 수 있어요. 그래도 어려워한다면, 다양한 애플리케이션으로 강제성을 두는 것도 좋은 방법입니다.

🧑 **이민정**: 그리고 궁극적으로는 디지털 기기를 학습 도구로 잘 활용하기 위해서는 다시 얘기하지만 신뢰 관계가 가장 중요한 것 같아요. 선생님이 학생을 신뢰하고, 부모님이 아이를 신뢰하고…… 그리고 아이들도 어른들을 신뢰할 수 있어야 해요.

Q. 디지털 시대에는 정보를 찾는 능력보다 정보를 선별하는 능력이 더 중요해진다는데, 아이의 비판적 사고를 어떻게 기를 수 있을까요?

🙂 **박현진**: 사실 책을 많이 읽어야겠죠. 책 읽기가 기본이에요. 비판적 사고 능력을 위해서는 주어진 주제에 대해 자신의 생각이 명확해야 하잖아요. 일상에서 벌어지는 일들을 여러 측면으로 생각해 보고 고민해 보는 과정이 필요해요. 독서가 그런 과정을 가장 쉽게 만들 수 있는 방법이죠. 책 속의 인물을 떠올리며 '나라면 어땠을까?'를 많이 생각할수록 자신만의 기준이 바르게 설 것이라 생각해요.

🙂 **김지수**: 그리고 상식이 많아야 합니다. 배경지식을 많이 쌓아야 정보를 선별하는 눈이 생기겠죠. 시사 상식에 대한 책이나 글도 많이 읽고, 뉴스도 보며 세상에서 일어나는 일에도 관심을 가져야 해요. 저는 특히 다양한 관점의 신문을 읽어보는 걸 추천해요. 한 가지 관점에 매몰되지 않도록요.

🙂 **이민정**: 저는 개인적으로 아이들끼리의 교류, 협업이 중요하다고 봐요. 그래야 본인과 다른 생각을 많이 접하고 "아, 저런 생각도 있구나" 하고 깨달을 수 있거든요. 요즘 아이들은 유튜브

에서 보는 것만 보다 보니 알고리즘에 갇히는 경향이 있잖아요. 그래서 여러 매체를 통해 다양한 관점을 접하는 게 중요해요.

🔴 **양정은**: 맞아요. 다양한 관점을 생각하고 받아들일 수 있는 포용적인 태도를 배워야 비판적으로 얘기할 수 있어요. 단순한 비난이 아닌 진정한 비판적 사고가 필요하죠.

🔵 **김성준**: 결국 보편적·포용적 관점이 중요하겠네요.

🟢 **계호연**: 근데 재미있는 건, 우리가 디지털 시대의 비판적 사고를 얘기하고 있는데 결국 아날로그적인 방법들로 돌아가네요.

🟠 **김지수**: 맞아요. 제일 중요한 건 결국 아날로그적 능력이 뒷받침되어야 한다는 거죠. 디지털은 그 위에 얹히는 거예요.

🔴 **양정은**: 정보의 출처를 확인하는 습관도 굉장히 중요해요. 요즘 아이들은 정보의 출처나 신뢰성을 확인하지 않고 그대로 받아들이는 경향이 있거든요.

🔵 **김성준**: 그래서 교사나 부모가 정보를 검증하는 방법, 신뢰할 수 있는 정보와 그렇지 않은 정보를 구분하는 기준을 알려주

는 게 중요할 것 같아요.

🟡 **조기성**: 가짜 뉴스 같은 것도 한두 번만 검색해 보면 알 수 있거든요. 초등학생에게 생성형 AI를 직접 사용하지 않게 하는 이유는 결국 직접 찾아보고 정리해 봐야 비판적 능력도 커질 수 있거든요. 그냥 찾아서 믿고 사용하는 것이 아닌 이게 맞는지 체크하는 습관이 중요할 것 같아요.

🔴 **이민정**: 결국은 기본에 충실해야 한다는 거네요. 독서, 토론, 다양한 경험…… 이런 기본적인 것들이 탄탄해야 디지털 시대의 정보 홍수 속에서도 올바른 판단을 할 수 있다는 거죠.

Q. '우리 아이가 디지털 교육에서 살아남으려면 가장 중요한 것은 이것이다!'라고 한마디로 정리한다면?

🧑 조기성: '자연스러움.' 숟가락, 젓가락 쓰듯 자연스럽게 활용할 수 있다면…….

👩 박현진: '바른 디지털 습관.' 좋은 학습 습관을 가진 학생이 결국에는 살아남는 것처럼 디지털 교육에서도 좋은 디지털 활용 습관이 우선되어야 해요. 디지털 교육이 가진 장점들이 아이들의 삶에도 좋은 영향을 줄 수 있도록 좋은 것들을 선별하는 습관이 그 기반이 된다고 생각해요. 아이들 곁에서 바른 디지털 활용 습관을 형성하는 데 도움을 줄 수 있는 부모님과 선생님이 있다면 더욱 좋겠고요.

👩 김지수: '신뢰.' 지금 저희가 대담을 하면서 사실 디지털 교육에서 살아남기 위해 필요한 역량이 굉장히 많잖아요. 이러한 기본 역량이 단기간에 생기지는 않겠죠. 아이가 천천히 그리고 단단히 성장하기 위해서는 아이를 충분히 믿어주고 전폭적인 지지를 보내주는 신뢰가 중요하다고 생각해요. 학부모와 학생, 학생과 교사, 교사와 학부모 사이의 신뢰 그리고 더 나아가 교육 현장에 대한 신뢰가 뒷받침된다면 아이는 디지털 교육에서 잘 살아남을 수

있을 거예요.

🙂 **양정은**: '믿을 만한 어른.' 사실 우리도 가보지 않은 길을 가고 있고, 새로운 변화 앞에서 시행착오도 많이 겪으며 성장하는 중이잖아요. 우리 아이들은 디지털 교육뿐 아니라 앞으로 더 많은 변화와 불확실성을 경험하며 살 거예요. 변화를 경험하는 어른이 어떻게 어려움들을 극복해 가는지 보고 배울 거라고 생각합니다. 예상치 못한 상황에서 힘든 점이 있을 때 조언을 구할 수 있는 믿을 수 있는 어른이 곁에 있으면 정말 큰 힘이 될 거예요.

🙂 **이민정**: '고민.' 교사든, 부모든 디지털 교육에 대한 고민이 필요해요. 지금까지 우리가 얘기했던 것처럼, 학생들이 어떻게 하면 디지털 환경에서 잘 커나갈 수 있을지 어른들이 고민해 볼 필요가 있어요. 고민 없이 받아들이거나, 반대로 고민 없이 배척하면 문제가 생겨요. 모든 해답은 고민에서 나옵니다.

🙂 **계호연**: '디지털 기본 교육.' 배움에 있어서 가장 중요한 것은 기본이잖아요. 우리가 운동을 배우거나 취미 활동을 배울 때, 기본 교육이나 자세를 배우는 것처럼 디지털 교육에서도 살아남기 위해 가장 중요한 것은 기초 소양 교육이라고 생각해요. '디지털 교육에 뭐가 기본이냐'라고 물으실 수도 있는데, 위에서 언

급했던 틀리지 않고 바르게 타이핑할 수 있는 타자 능력도 기초에 해당된다고 볼 수 있을 것 같아요. 기초가 튼튼해야 무너지지 않듯이 평생 사용해야 하는 디지털 교육에 있어서 기본은 가장 중요할 거예요.

🧑 김성준: '균형.' 디지털과 아날로그 사이의 균형은 자전거 타기와 같아요. 한쪽으로만 치우치면 자연스레 비틀거리게 되지요. 디지털로 소통하는 것도 좋지만, 운동장에서 땀 흘리며 느끼는 기쁨도 소중하다고 생각해요. 그리고 소비와 생산의 균형도 필요해요. 유튜브를 보는 것에서 더 나아가 자신만의 이야기를 만들어 공유하는 경험도 중요하지요. 그런데 자전거 타기를 배우는 것처럼 처음에는 누구나 비틀거리고 넘어질 수 있어요. 하지만 부모와 교사의 따뜻한 지지 속에서 아이들은 분명 자신만의 균형점을 찾아갈 수 있을 거예요. 디지털과 아날로그의 균형이야말로 미래의 디지털 교육에서 살아남기 위해 꼭 필요한 것이지 않을까 생각합니다.

에필로그

책 한 권으로 모든 것을 알 수는 없습니다. 하지만 '시작이 반이다'라는 속담처럼 학교에서의 디지털 교육을 시작으로 무궁무진한 디지털의 세상에서 멋진 디지털 시민으로 성장하고 주인공이 될 우리 아이의 모습을 그려볼 수 있습니다.

부모님이라면 이 책을 통해 디지털 교육이 무엇인지에 대해 어느 정도 그림이 그려졌을 것입니다. 우리 아이들이 디지털을 통해 문제를 해결하기 위해 자료를 찾아 정리하고 소통하면서 세상을 이롭게 하는 모습을 상상해 보세요.

아이들은 디지털네이티브로 자라서 디지털에 대해 두려워하지는 않습니다. 다만 제대로 활용하는 법을 배운 적이 없기에 친구들끼리 메시지를 주고받고 SNS 활동을 하며 짧은 영상을 보고 게임을 하면서 즐기기만 했습니다.

그러나 가정에서도 학교에서도 디지털 교육이 제대로 이루어진다면 태블릿과 노트북, 스마트폰이 소비 도구가 아닌 생산 도구로 변화할 것입니다.

본 책의 내용을 하나하나 따라 하기만 해도 아이들은 바르게 활용하는 법을 익히게 됩니다. 물론 짧은 시간에 변화하지 않습니다. 지속적으로 적용하고 실천할 때 아이들은 서서히 변화합니다.

본 책은 한 권에 정리되어 있지만 실천해야 할 내용은 많고 오래 걸릴 것입니다. 너무 조급하게 생각하지 않았으면 좋겠습니다. 한 걸음 한 걸음 전진하세요. 문제가 생기면 해결해 나가면 됩니다.

가정에서 부모님과 함께 실천하고, 학교에서 선생님과 함께 디지털을 활용한다면 어느새 아이들은 디지털 세상에서 디지털 시민성을 갖춘 사람으로 성장할 것입니다.

부록1 디지털 기기 관련 문제 발생 시 해결 가이드라인

자녀가 디지털 기기를 사용할 때 예상치 못한 문제를 겪을 수 있습니다. 아래 가이드라인을 활용하여 자녀가 스스로 문제를 해결할 수 있도록 도와주세요.

✅ 문제 해결을 위한 기본 원칙

- ☑ 당황하지 않고 문제를 차분히 분석해 보기
- ☑ 신뢰할 수 있는 어른(부모, 교사 등)에게 도움 요청하기
- ☑ 혼자 해결하기 어려울 땐 부모와 함께 방법을 고민하기
- ☑ 비슷한 문제가 반복되지 않도록 예방책 마련하기

💡 문제 상황 별 해결 가이드

📢 온라인에서 이상한 메시지를 받았어요

📌 예시: 모르는 사람이 친구 요청을 하거나 메시지를 보냈어요
📌 예시: 온라인에서 누군가 협박하거나 불쾌한 말을 했어요.

☑ 스스로 해결해 보기
- ◆ 보낸 사람이 누구인지 확인하고 모르는 사람이면 무시하기
- ◆ SNS 또는 게임 내 신고 기능 활용하기
- ◆ 개인정보(이름, 전화번호, 주소 등)를 절대 공유하지 않기

💡 부모에게 도움받기
- ◆ 메시지를 삭제하지 않고 부모에게 보여주기
- ◆ 부모와 함께 차단 및 신고 기능 사용해 보기
- ◆ 심각한 경우 경찰(사이버수사대) 또는 학교에 알리기

📢 인터넷에서 본 정보가 사실인지 모르겠어요

📌 예시: SNS에서 본 뉴스가 진짜인지 가짜인지 헷갈려요.
📌 예시: 친구가 온라인에서 본 내용을 사실이라고 말하는데 확인할 방법이 없어요.

☑ 스스로 해결해 보기
- ◆ 공식 기관(정부, 뉴스 사이트, 학술기관)의 정보를 먼저 찾아보기
- ◆ 여러 출처에서 같은 내용을 확인해 보기(편향된 정보 피하기)
- ◆ 검색할 때 '출처+주제'를 함께 입력해 신뢰할 수 있는 정보 찾기

💡 부모에게 도움받기
- ◆ 뉴스나 정보가 신뢰할 만한 곳에서 나온 것인지 부모와 함께 검토하기
- ◆ 부모와 함께 팩트체크 사이트(예: 팩트체크 서비스) 활용해 보기
- ◆ 가짜 뉴스의 특징(자극적인 제목, 근거 없는 주장 등)을 배우기

📢 디지털 기기 사용 시간이 너무 길어졌어요

📌 예시: 유튜브, 게임, SNS를 하다 보면 시간이 너무 빨리 가요.

☑ 스스로 해결해 보기
- ◆ 하루 디지털 기기 사용 목표(시간)를 정하고 타이머 맞추기
- ◆ 기기 사용 전 "몇 시에 끝낼지" 스스로 결정하고 실천하기
- ◆ 디지털 활동 외에 할 수 있는 재미있는 대체 활동 찾기 (독서, 운동 등)

💡 부모에게 도움받기
- ◆ 부모와 함께 하루 또는 주간 디지털 사용 계획표 작성하기
- ◆ 부모와 함께 '디지털 디톡스' (하루 또는 일정 시간 디지털 기기 없이 지내기) 실천해 보기
- ◆ 부모와 함께 사용할 수 있는 '스크린 타임 앱'(예: Google Family Link, 아이폰 스크린타임) 활용해 보기

📢 게임·유튜브 사용을 줄이고 싶어요

📌 예시: 하루 종일 게임하거나 유튜브를 보면 공부에 집중하기 어려워요.
📌 예시: '조금만 더' 하다가 결국 약속한 시간을 초과해요.

☑ <u>스스로 해결해 보기</u>
◆ 게임/유튜브 시청 시간을 미리 정하고 <u>스스로 지키기</u>
◆ 디지털 기기 사용 시간을 기록하며 패턴 파악하기
◆ 공부와 놀이의 균형을 맞추는 습관 기르기 (예: 50분 공부 후 10분 휴식)

💡 부모에게 도움받기
◆ 부모와 함께 대체할 수 있는 취미(운동, 독서 등)를 찾아보기
◆ 게임이나 유튜브를 무조건 금지하기보다는 학습과 균형을 맞출 수 있도록 조정하기
◆ '게임/유튜브 대신 재미있는 활동 정하기' 활동 함께해 보기

📢 친구가 온라인에서 나쁜 말을 했어요

📌 예시: 친구가 채팅에서 누군가를 놀리거나 비난해요.
📌 예시: 단체 채팅방에서 따돌림당하는 기분이 들어요.

☑ <u>스스로 해결해 보기</u>
◆ 감정적으로 반응하지 않고 차분하게 대응하기
◆ 불쾌한 대화가 지속되면 채팅방 나가기 또는 차단하기
    (필요한 경우 <u>스크린샷</u> 등으로 기록하기)

💡 부모에게 도움받기
◆ 혼자 해결하기 어렵다면 신뢰할 수 있는 어른에게 도움 요청하기
◆ 사이버폭력 예방 교육 자료 함께 보기
◆ 부모와 함께 온라인 관계에서 지켜야 할 예절 정리해 보기

📢 온라인 광고에 속을 뻔했어요

📍 예시: '당첨되었습니다!'라는 메시지가 떠서 클릭했어요.
📍 예시: '무료 선물 증정' 광고를 눌렀더니 개인정보를 요구했어요.

✅ <u>스스로 해결해 보기</u>
◆ 너무 좋은 제안(무료, 경품, 한정 이벤트 등)은 의심하기
◆ 개인정보(이름, 전화번호, 집 주소 등)를 입력하지 않고 창을 닫기
◆ 클릭했을 경우 바로 백신 앱이나 보안 프로그램으로 기기 검사하기

💡 부모에게 도움받기
◆ 이상한 광고나 메시지는 부모에게 보여주기
◆ 부모와 함께 광고와 진짜 정보를 구별하는 방법 알아보기
◆ 기기가 느려지거나 이상이 생기면 부모와 함께 점검하고 필요한 경우 초기화하기

💡 보호자를 위한 TIP

📢 디지털 문제 예방을 위한 가정 내 원칙 정하기

◆ 자녀와 함께 '디지털 문제 발생 시 어떻게 대처할지' 미리 이야기하기
◆ 문제 해결을 위해 부모와 자녀가 소통할 수 있는 시간을 정기적으로 만들기
◆ 자녀가 고민을 숨기지 않도록 부모가 열린 태도로 대화하기
◆ 인터넷 사용 가이드라인을 함께 만들어 가정에서 실천하기

부록 2 디지털 사용 약속 정하기
(가족 디지털 규칙 계획표)

디지털 기기의 사용이 일상화된 시대, 가족이 함께 디지털 사용 규칙을 정하는 것이 중요합니다.
부모와 자녀가 서로의 의견을 조율하며 합리적인 원칙을 정하면 자녀가 스스로 디지털 기기를 올바르게 활용하는 습관을 기를 수 있습니다.
부모와 자녀가 함께 질문에 답하며 규칙을 정해보고, 표를 채워보세요.
각자의 의견을 나눈 후 합의된 규칙을 작성하면 실천 가능성이 높아집니다.

💡 **이렇게 논의해보세요!**

1. **디지털 기기 사용 시간을 정해보세요!**
   — 평일에는 몇 시간 동안 디지털 기기를 사용할까요?
   — 주말에는 몇 시간 동안 사용할까요?
   — 숙제와 놀이 시간을 어떻게 구분할까요?

2. **디지털 기기 사용 장소를 정해보세요!**
   — 기기를 사용할 수 없는 장소(예: 식탁, 침실, 학교 등)를 정해볼까요?
   — 가족이 함께 있는 공간에서 사용할 때 지켜야 할 예절은?

3. **온라인에서 안전하게 행동하는 방법을 정해보세요!**
   — 부모가 반드시 확인해야 하는 행동은 무엇인가요?
   (예: 온라인 친구 추가, 게임 결제)
   — 모르는 사람이 메시지를 보낼 때 어떻게 할까요?

4. **가족이 함께하는 '디지털 없는 시간'을 만들어보세요!**
   — 하루 중 언제 '디지털 휴식 시간'을 가질까요?
   — 대신 할 수 있는 활동(산책, 놀이, 독서 등)을 정해보세요

약속 내용	누가	우리 가족의 원칙	위반 시 대처 방법
디지털 기기 사용 시간	예) 가족 전체	예) 평일 2시간 이내, 주말 3시간 이내	예) 초과 시 다음날 30분 줄이기
기기 사용 장소	예) 가족 전체	예) 침대 위, 식사 중에는 사용 금지	예) 위반 시 휴대폰 보관함에 보관
SNS 및 인터넷 사용	예) 자녀	예) 부모 승인 없이 모르는 사람과 대화하지 않기	예) 부모와 함께 올바른 온라인 소통 방법 학습하기
온라인 예절	예) 자녀	예) 상대방을 존중하는 댓글 작성, 욕설 금지	예) 위반 시 부모와 함께 댓글 다시 작성하기
디지털 사용 점검	예) 가족 전체	예) 한 달에 한 번 디지털 사용 습관 점검	예) 점검 후 필요 시 규칙 조정하기
가족 디지털 디톡스	예) 가족 전체	예) 매주 일요일은 '디지털 없는 시간' 3시간	예) 가족 활동(산책, 대화 등) 추가로 진행하기
학습 우선 원칙	예) 자녀	예) 게임, 유튜브, SNS는 숙제 후 사용 가능	예) 다음날 30분 줄이기
게임 및 유튜브 시청	예) 가족 전체	예) 하루 1시간 이내, 학습 목적 외 사용은 밤 9시 이후 금지	예) 초과 시 다음날 30분 줄이기
온라인 결제 및 다운로드	예) 가족 전체	예) 부모 승인 없이 결제 또는 앱 다운로드 금지	예) 부모와 함께 사용 현황 점검하기

💡 보호자를 위한 TIP

디지털 사용 규칙을 정할 때 주의할 점

☑ 무조건적인 금지보다는 합리적인 기준을 제시하세요.
: "게임 절대 안 돼!" → "숙제 후 30분까지 허용, 주말에는 1시간까지 가능"

☑ 자녀의 의견을 적극 반영하세요.
: 부모가 일방적으로 규칙을 정하는 것이 아니라, 자녀와 협의하는 과정이 중요합니다.

☑ 규칙을 어겼을 때의 후속 조치를 미리 정하세요.
: 규칙을 어길 경우 어떤 조치가 취해질지 명확히 하면 실천력이 높아집니다.

☑ 위반 시 처벌이 아니라 해결 방법을 함께 찾는 방식으로 접근하세요
: 자녀가 디지털 기기를 긍정적이고 건강하게 사용할 수 있도록 유도하고, 부모와의 신뢰 관계를 유지하기 위해 꼭 필요합니다.

☑ 주기적으로 규칙을 업데이트하세요
: 나이가 들면서 학습 및 생활 패턴이 달라지므로, 6개월~1년에 한 번씩 수정하는 것이 좋습니다.

부록3 가족 디지털 규칙 실천 점검표

보호자와 자녀가 함께 매주 실천 여부를 점검해 보세요.

💡 이렇게 점검해 보세요!

실천 내용	자녀		보호자		추가 조정이 필요한 점
디지털 기기 사용 시간을 잘 지켰다	✓	✗	✓	✗	
기기 사용 장소를 잘 지켰다	✓	✗	✓	✗	
SNS 및 인터넷 사용 원칙을 지켰다	✓	✗	✓	✗	
온라인에서 예절을 지키며 소통했다	✓	✗	✓	✗	
가족 디지털 디톡스 시간을 잘 실천했다	✓	✗	✓	✗	
학습 우선 원칙을 잘 지켰다	✓	✗	✓	✗	
게임 및 유튜브 사용 시간을 초과하지 않았다	✓	✗	✓	✗	

저자 소개

이민정

영신고등학교 교사. 에듀테크를 활용한 과학 수업에 관심을 가지고, 학생이 즐겁게 배우는 수업을 목표로 배움과 나눔을 실천해 오고 있습니다. 『구글 클래스룸 무작정 따라하기』(길벗, 2021), 『누구나 바로 따라하는 구글 앱 테크닉』(위즈플래닛, 2022) 등 디지털 수업 관련 저서를 집필하며, 학교 현장의 실제 사례와 교사의 시선을 담은 실용적인 콘텐츠를 꾸준히 제작하고 있습니다.

계호연

동덕여자중학교 교사. 과학교육을 바탕으로 AI와 디지털 기술을 융합한 미래형 교육을 실천하고 있는 교사입니다. 다양한 디지털 도구를 활용한 수업 설계와 실험 중심의 과학 학습을 통해 학생들의 탐구력과 문제해결 능력을 키우고 있습니다. 더 나아가 해외 학교와의 협력 및 국제교류 활동을 통해, 우리 교육 현장의 우수한 AI·디지털 교육 사례를 세계와 공유하고 있습니다.

김성준

서울양원숲초등학교 교사. SW교육부터 시작하여 현재 AI·디지털 교육을 현장에서 실천하고 있는 교사입니다. 다양한 디지털 기반 수업을 통해 얻은 경험을 바탕으로 강의와 연수 활동을 이어오고 있습니다. 아날로그에 기반을 두고 이를 확장하여, 디지털 기술을 활용한 학습의 교육적 가치와 가능성을 탐구하고 공유하며 학생들의 미래핵심역량 함양을 위한 교육을 위해 노력하고 있습니다.

김지수

서울목운초등학교 교사. AI와 에듀테크 도구를 활용한 수업 설계와 적용에 꾸준한 관심을 가지고 있으며, 학생의 주도성과 참여를 높이는 다양한 수업 사례를 개발해 왔습니다. 이러한 경험을 바탕으로 다양한 연수와 강의에 참여하여 현장에서 바로 활용할 수 있는 실천 중심의 디지털 교육 역량을 함께 나누고 있습니다.

박현진

서울전농초등학교 교사. AI·디지털 교육이 교실 현장에서 학생들에게 어떻게 유용하게 적용될 수 있을지 고민하며 실천하는 교사입니다. 디지털 기반 학생 맞춤 선도학교를 운영하며 학생이 중심이 되는 디지털 수업을 개발하고 적용하고 있습니다. 다양한 디지털 수업 사례를 강의, 연수 활동으로 나누며 교사와 학생 모두가 즐거운 디지털 교육을 실현하고자 노력합니다.

양정은

항동중학교 교사. 초등학교와 중학교 자녀를 둔 학부모이자 교사로, 변화하는 사회 속에서 모든 아이들이 스스로 사고하고 주체적인 삶을 살 수 있도록 지원하기 위해 노력하고 있습니다. 삶과 실생활에 연계된 수업이 좋은 수업이라는 믿음을 토대로 디지털 기반 수업 및 평가, 사회정서 등 다양한 분야를 연구하고 있으며, 수업 나눔 및 성찰을 통해 성장하는 교사로서의 삶을 지향하고 있습니다.

조기성

계성초등학교 교사. 2011년부터 디지털을 활용한 교육을 시작하였으며 학생들의 행복을 위한 방법으로 교육의 디지털 전환을 이야기합니다. (사)스마트교육학회 회장을 역임하였고 현재 교육부 정책 자문이며 코로나 시기 온라인개학 등의 디지털 교육 정책을 자문하였습니다. 『엄마표 스마트 수업』(스타일북스, 2013), 『뉴 이퀄리브리엄』(테크빌교육, 2021) 등 다수의 디지털 교육 관련 저서가 있습니다.

참고 문헌

- 3-4. Domo(2023). "Data Never Sleeps 11.0.". https://www.domo.com/learn/infographic/data-never-sleeps-11(2025. 1. 31. 추출)
- 4-4. 한국언론진흥재단(2024). "〈2022 10대 청소년 미디어 이용 조사〉 주요 결과 발표".
- 4-7. 한지우, 장수정, 오삼일(2024). 노동시장에서 사회적 능력의 중요성 증가. 한국은행BOOK 이슈노트, 2024-13호.
- 4-8. 이철현, 전종호(2020). "4차 산업혁명 시대의 디지털 역량 탐구". 학습자중심교과교육연구, 20(14), 311-338.
- 4-8. 교육부(2022). 2022 개정 교육과정, 초중등교육과정 총론.
- 4-8. 교육부(2022). 2022 개정 교육과정, 정보과 교육과정.
- 4-9. Security Hero(2023). "2023 STATE OF DEEPFAKES: Realities, Threats, and Impact".
- 4-9. 교육부 보도자료(2024). "학교 딥페이크 불법영상물 실태 및 청소년 인식조사 결과 발표". 2024. 12. 12..
- 4-9. 김재엽 외(2024). 2024년 청소년 생활 실태조사.

그림 출처

- 그림 1-2-3. 한국일보 이윤주 기자. "스스로 수업 따라가는 습관 만들어줘야' 전문가들의 원격수업 연착륙 솔루션". 2020. 4. 8.
- 그림 1-3-1. 연합뉴스 이효석 기자. "교육부, '한국형 원격교육' 설계 착수…정책자문단 첫 회의". 2020. 4. 23.
- 그림 1-3-2. ~ 1-3-7. 교육부 보도자료(2024). "[카드뉴스] 디지털 기반 수업혁신으로 학생 맞춤 교육을 실현해요!". 2024. 05. 10.
- 그림 1-3-8. ~ 1-3-9. 교육부 블로그. "디지털기반 교육혁신의 추진 이유."
- 그림 2-10-1. EBS eBOOK 서비스. https://www.ebs.co.kr/main(2025. 1. 31. 추출)
- 그림 2-13-1. 지표누리. "다문화 학생 비율". https://www.index.go.kr/unity/potal/indicator/IndexInfo.do?idxCd=F0084(2025. 1. 31. 추출)
- 그림 2-13-2. 세종의 소리 이재양 기자. "세종시교육청 4개국어로 가정통신문 배포". 2017. 03. 09.
- 그림 2-14-2. ~2-14-5. 교육부 보도자료(2024). "자녀의 결석 신고와 증빙자료 제출, 이제 온라인으로 할 수 있어요". 2024. 09. 02.
- 그림 3-4-1. Domo(2023). "Data Never Sleeps 11.0.". https://www.domo.com/learn/infographic/data-never-sleeps-11(2025. 1. 31. 추출)
- 그림 4-4-1. 공공 데이터 포털. "지하철 혼잡도 정도". https://www.data.go.kr/data/15085227/fileData.do(2025. 1. 31. 추출)
- 그림 4-4-2. 기상 자료 개발 포털. "조건별 통계". https://data.kma.go.kr/climate/RankState/selectRankStatisticsDivisionList.do?pgmNo=179(2025. 1. 31. 추출)
- 그림 4-9-1. 교육부 보도자료(2024). "학교 딥페이크 불법영상물 실태 및 청소년 인식 조사 결과 발표". 2024. 12. 12.

발행일	
초판 1쇄	2025년 7월 7일

지은이	이민정 외
펴낸이	김종해
펴낸곳	문학세계사
출판등록	1979. 5. 16. 제21-108호
주소	서울시 마포구 신수로 59-1(04087)
대표전화	02-702-1800
팩스	02-702-0084
이메일	munse_books@naver.com
홈페이지	www.msp21.co.kr

ⓒ 이민정 외, 문학세계사
ISBN 979-11-93001-70-7 (03370)